JN043849

京都市の教員採用試験過去問シリーズ❸

2025年度版

京都市の国語科

過去問

協同教育研究会 編

協同出版

本書には，京都市の教員採用試験の過去問題を収録しています。各問題ごとに，以下のように5段階表記で，難易度，頻出度を示しています。

難 易 度

非常に難しい　☆☆☆☆☆
やや難しい　☆☆☆☆
普通の難易度　☆☆☆
やや易しい　☆☆
非常に易しい　☆

頻 出 度

◎　ほとんど出題されない
◎◎　あまり出題されない
◎◎◎　普通の頻出度
◎◎◎◎　よく出題される
◎◎◎◎◎　非常によく出題される

※本書の過去問題における資料，法令文等の取り扱いについて

本書の過去問題で使用されている資料や法令文の表記や基準は，出題された当時の内容に準拠しているため，解答・解説も当時のものを使用しています。ご了承ください。

はじめに～「過去問」シリーズ利用に際して～

教育を取り巻く環境は変化しつつあり、日本の公教育そのものも、教員免許更新制の廃止やＧＩＧＡスクール構想の実現などの改革が進められています。また、現行の学習指導要領では「主体的・対話的で深い学び」を実現するため、指導方法や指導体制の工夫改善により、「個に応じた指導」の充実を図るとともに、コンピュータや情報通信ネットワーク等の情報手段を活用するために必要な環境を整えることが示されています。

一方で、いじめや体罰、不登校、暴力行為など、教育現場の問題もあいかわらず取り沙汰されており、教員に求められるスキルは、今後さらに高いものになっていくことが予想されます。

本書の基本構成としては、出題傾向と対策、過去5年間の出題傾向分析表、過去問題、解答および解説を掲載しています。各自治体や教科によって掲載年数をはじめ、「チェックテスト」や「問題演習」を掲載するなど、内容が異なります。

また原則的には一般受験を対象としております。特別選考等については対応していない場合があります。なお、実際に配布された問題の順番や構成を、編集の都合上、変更している場合があります。あらかじめご了承ください。

最後に、この「過去問」シリーズは、「参考書」シリーズとの併用を前提に編集されております。参考書で要点整理を行い、過去問で実力試しを行う、セットでの活用をおすすめいたします。

みなさまが、この書籍を徹底的に活用し、教員採用試験の合格を勝ち取って、教壇に立っていただければ、それはわたくしたちにとって最上の喜びです。

協同教育研究会

C O N T E N T S

第１部

京都市の
国語科
出題傾向分析

京都市の国語科　傾向と対策

問題は中高共通問題と、高等学校の問題に分かれる。中高共通問題では、現代文(評論・小説)と古典(古文・漢文)の分野から出題されている。二〇二三年度の現代文は随筆であったが二〇二四年度は小説である。一方、高等学校の問題は、評論のみである。記述式中心の出題であるが、二〇二三年度は高等学校の評論には漢文が含まれていた。二〇二四年度は文章IとIIの二つの評論が出されている。過去には中高共通問題で、国語常識や、学習指導要領、学習指導法に関する設問も見られたので、全体的な学習計画を立て研修しておく必要がある。

中高共通問題の評論は、中屋敷均『科学と非科学　その正体を探る』からの出題。①漢字の読み書き　②対義語　③傍線部説明　④傍線部の理由説明(六十字以内)　⑤品詞名　⑥学習指導(百字程度)などの出題。難易度は標準。

評論文は、論理的・体系的な文章である。そのため主題の把握には語句の検討、文と文のつながり、段落相互の関係をとらえ、要旨をまとめることが大切である。

小説は野上弥生子『真知子』からの出題。①傍線部の意味　②傍線部の生徒への説明(七十字以内)　③文中からの抜き出し(三問)　④登場人物の心情説明(七十五字以内と選択式)　⑤傍線部の状況説明　⑥単語と文節に関する問題などの出題。難易度は標準以上。

小説は評論と異なり非体系的で文芸性を主とする文章である。まず、場面のイメージをとらえること。そのために登場人物とその場面をとらえ、次に登場人物の心情の変化や状況の変化などを正しく読み取ることが大切である。

随筆は、二〇二四年度は出題されていないが次年度以降出題される可能性がある。

随筆は文芸的文章に属し、表現方法が非体系的であり断片的である。日常の具体的経験を取り上げているが、単に特殊・具体であるにとどまらず、一般性や本質の把握につながる。随筆の中心は自然や人間への興味であり、自然や人間についての新しい発見を語る特色をもつ。

古文は、『身の鏡』からの出題。①助動詞の活用形・意味　②用言の活用形　③傍線部の口語訳　④空欄補充などの四問。難易度は標準。

古文では、仮名遣い、文法、敬語、古文単語の読みや意味、活用語の意味と活用形、現代語訳などの基礎的な知識が重要になる。和歌は修辞法(枕詞・序詞・掛詞・縁語・体言止め・本歌取り)について整理しておく必要がある。まずは基礎的な知識を確実に身に付け、それを応用することで、本文の内容に関する問題に対応する力を身に付けることが大切である。

漢文は『戦国策』からの出題。①漢字の読み　②内容説明　③空欄補充　④傍線部の口語訳(三十字以内)などの出題。難易度は標準。

漢文は漢文の基本構造・基本句形・主要助字・訓点・書き下し文など基本の学習が重要。その上で、過去問を通じて応用力を身に付けることが大切である。

高校の評論は、柳与志夫『デジタルアーカイブの理論と政策　デジタル文化資源の活用に向けて』、港千尋『第三の眼　デジタル時代の想像力』からの出題。①漢字の書き取り　②語句の意味説明(十字以内)　③内容理解(選択肢・記述)　④同じ意味をもつ語の抜出し　⑤空欄補充　⑥文法的説明　⑦傍線部説明(六十字以内(二問)・百五十字程度)などの出題。難易度は標準以上。

全体的に見て、京都市の場合、論述を含む記述式中心であり、また本文の量も多いが、各問で問われているのは基礎的な知識と読解力および表現力である。そのため、基礎的知識を習得し、その応用として京都市の過去問で演習し、その出題傾向を把握することを勧める。

過去5年間の出題傾向分析

●：中高共通　○：高校

分類	主な出題事項	2020年度	2021年度	2022年度	2023年度	2024年度
現代文	評論・論説	● ○	● ○	● ○	● ○	▲● ○
	小説	●				▲●
	随筆			●	●	
	韻文（詩・俳句・短歌）					
	近代・文学史					
古文	物語	●	●	●		●
	説話					
	随筆					
	日記		○			
	和歌・俳句					
	俳論					
	歌論				▲●	
	能楽論					
	古典文学史					
漢文	思想・政治	●			○	●
	漢詩文					
	漢詩					
	歴史					
	説話		●	●	●	
	中国古典文学史					
	学習指導要領					
	学習指導法					
	その他	●		○論述		

▲は，学習指導要領・学習指導法に関する設問。
〈備考欄〉「その他」は，中高共に図表の読み取りと学習指導計画。熟語の漢字に関する問題等。

第2部

京都市の
教員採用試験
実施問題

二〇二四年度　実施問題

【中高共通】

【一】次の文章を読んで、以下の問いに答えなさい。

「科学的な知見」という[a]オオザッパなくくりの中には、それが基礎科学なのか、応用科学なのか、成熟した分野のものか、まだ成長過程にあるような分野なのか、あるいはどんな手法で調べられたものなのかなどによって、確度が大きく異なったものが混在している。ほぼ例外なく現実を説明できる非常に確度の高い法則のようなものから、その事象を説明する多くの仮説のうちの一つに過ぎないような確度の低いものまで、幅広く存在している。それらの確からしさを正確に把握して峻別していけば、少なくともより良い判断ができるはずである。

たとえば、近年、医学の世界で提唱されているevidence-based medicine(EBM)という考え方では、そういった科学的知見の確度の違いを分かりやすく指標化しようとする試みが行われている。これは医学的な知見(エビデンス)を、調査の規模や方法、また[1]分析手法などによって、階層化して順位付けし、臨床判断の参考にできるように整備することを一つの目標としている。同じ科学的な知見と言っても、より信頼できるデータはどれなのかを判断する基準を提供しようとする、意欲的な試みと言えるだろう。

しかし、こういった非専門家でも理解しやすい情報が、どんな科学的知見に対しても公開されている訳ではもちろんないし、科学的な情報の確度というものを単純に調査規模や分析方法といった画一的な視点で判断して良いのか、ということにも、実際は深刻な議論がある。一つの問題に対して専門家の間でも意見が分かれることは非常に多く、そのような問題を非専門家が完全に理解し、それらを統合して専門家たちを上回る判断をすることは、現実的には相当に困難なことである。

こういった科学的知見の確度の判定という現実的な困難さに忍び寄って来るのが、いわゆる権威主義である。たとえばノーベル賞を取ったから、『ネイチャー』に載った業績だから、有名大学の教授が言っていることだから、といった権威の高さと情報の確度を同一視して判断するというやり方だ。この手法の利点は、なんと言っても分かりやすいことで、現在の社会で「科学的な根拠」の確からしさを判断する方法として採用されているのは、この権威主義に基づいたものが主であると言わざるを得ないだろう。

もちろんこういった権威ある賞に選ばれたり、権威ある雑誌に論文が掲載されるためには、多くの専門家の厳しい審査があり、それに堪えてきた知見はそうでないものより[b]強靱さを持っている傾向が一般的に認められることは、間違いのないことである。また、科学に限らず、音楽家であろうが、塗師であろうが、ヒヨコ鑑定士であろうが、専門家は非専門家よりもその対象をよく知っている。だから、何事に関しても専門家の意見は参考にすべきである。それも間違いない。多少の不具合はあったとしても、どんな指標も万能ではないし、権威主義による判断も分かりやすくある程度、役に立つなら、それで十分だという考え方もあろうかと思う。

しかし、なんと言えばよいのだろう。かつてアインシュタインは「何も考えずに権威を敬うことは、真実に対する最大の敵である」と述べたが、この権威主義による言説の確度の判定という手法には、どこか[c]ヌグい難い危うさが感じられる。それは人の心が持つ弱さと言えばいいのか、人の心理というシステムが持つバグ、あるいはセキュリティーホールとでも言うべき弱点と関連した危うさである。端的に言えば、人は権威にすがりつき安心してしまいたい、そんな心理をどこかに持っているのでは[2]ないかと思うのだ。拠りどころの[3]ない[4]「分からない」という不安定な状態でいるよりは、とりあえず何かを信じて、その不安から逃れてしまいたいという指向性が、心のどこかに潜んでいる。権威主義は、そこに忍び込む。

　そして行き過ぎた権威主義は、科学そのものを社会において特別な位置に置くことになる。「[5]神託を担う科学」である。[d]トウサクした権威主義の最たるものが、科学に従事している研究者の言うことなら正しい、というような誤解であり(それはこのエッセイの信頼性もまた然りなのだが……)、また逆に科学に従事する者たちが、非専門家からの批判は無知に由来するものとして、聖典の寓言のような専門用語や科学論文の引用を披露することで、高圧的かつ一方的に封じ込めてしまうようなことも、「科学と社会の接点」ではよく見られる現象である。これまで何度も書いてきたように、科学の知見は決して１００％の真実ではないにもかかわらず、である。

　こういった人の不安と権威という構図は、宗教によく見られるものであり、「科学こそが、最も新しく、最も攻撃的で、最も教条的な宗教的制度」というポール・カール・ファイヤアーベントの言は、[e]シサに富んでいる。「権威が言っているから正しい」というのは、本質的に妄信的な考え方であり、いかに[f]ビジを弄しようと、とどのつまりは何かにしがみついているだけなのだ。

　また、もう一つ指摘しておかなければならないことは、[6]権威主義が〝科学の生命力〟を蝕む性質を持っていることだ。権威は人々の信頼から成り立っており、一度間違えるとそれは失墜し、地に落ちてしまう。権威と名のつくものは、王でも教会でも同じなのだろうが、この失墜への恐怖感が〝硬直したもの〟を生む。「権威は間違えられない」のだ。また、権威主義者に見られる典型的な特徴が、それを構築する体系から逸脱するものを頑なに認めない、という姿勢である。それは権威主義が本質的に人々の不安に応えるために存在しているという要素があるからであり、権威主義者はその世界観が瓦解し、その体系の中にある自分が信じた価値が崩壊する恐怖に耐えられないのである。

現在の民主主義国家では、宗教裁判にかけられたガリレオ・ガリレイの地動説のような、権威主義による強権的な異論の封じ込めはもう起こらないと信じたいが、特定の分野において「権威ある研究者」の間違った学説が、その人が存命の間はまかり通っているというようなことは、今もしばしば見られるようには思う。権威主義に陥ってしまえば、科学の可塑性、その生命力が毒されてしまうことは、その意味で、今も昔も変わらない。科学が「生きた」ものであるためには、その中の何物も「不動の真実」ではなく、それが修正され変わり得る可塑性を持たなければならない。権威主義はそれを蝕んでしまう。

そして、何より妄信的な権威主義と、自らの理性でこの世界の姿を解き明かそうとする科学は、その精神性において実はまったく正反対のものである。科学を支える理性主義の根底にあるのは、物事を先入観なくあるがままに見て、自らの理性でその意味や仕組みを考えることである。それは何かに頼って安易に「正解」を得ることとは、根本的に真逆の行為だ。

だから、科学にはg伽藍ではなく、バザールが似合う。権威ではなく、個々の自由なhエイイの集合体なのだ。〝科学的に生きる〟ことにとっては、〝信頼に足る情報を集め、真摯に考える〟、そのことが唯一大切なことではないかと思う。その考えが正しいか間違っているかは、厳密に言えば答えのない問いのようなものである。それが真摯な営みである限り、様々な個性を持った個々人の指向のまま、生物の遺伝子変異のように、ランダムな方向を持ったものの集合体で良いのだ。

そういった様々な方向で進む人々の中から、より適したやり方・仮説が生き残り、次の世界を担っていく。それが生きている「科学」の姿であり、職業的科学者だけでなく、すべての人がその生き様を通して参加できる〝人類の営み〟ではないかと思うのである。

（中屋敷均『科学と非科学　その正体を探る』より）

問一　二重線部a～hについて、カタカナは漢字に直し、漢字はその読みをひらがなで答えなさい。
問二　傍線部1「分析」の対義語を漢字二字で答えなさい。
問三　傍線部2～4の「ない」について、品詞名をそれぞれ答えなさい。
問四　傍線部5「神託を担う科学」の説明として最も適切なものを次のア～オから選び記号で答えなさい。
ア　古代における神のお告げの役割を、現代においては神に代わって科学が果たすようになること。
イ　神にすがりたい非専門家の期待に応えるために専門家が科学的知見を提供するようになること。
ウ　科学がまるで神のお告げのように信じられてしまい、その正当性を疑い得ない状態になること。
エ　科学の正しさを神の正しさに重ね合わせることで、社会での正当性をより高めようとすること。
オ　科学は時として神のお告げのように難解であるが、難解であるからこそ信じられるということ。
問五　傍線部6「権威主義が〝科学の生命力〟を蝕む性質を持っている」と言えるのはなぜか、六十字以内で説明しなさい。
問六　国語の授業において扱われる問いについて、生徒たちが様々な意見を交流して一定の答えにたどりついた後に改めて教師が「模範解答」を提示すべきかどうか、賛否が分かれることがある。本文の内容を踏まえつつ、あなたの意見を百字程度で述べなさい。

（☆☆☆◎◎◎）

【二】次の文章を読んで、以下の問いに答えなさい。

二十四歳になった曾根真知子は、周りからの結婚の勧めに辟易しながらも、東京大学の聴講生として社会学を学んでいる。ある日、母と共に年末の百貨店を訪れる。

　青銅の大きな二匹の獅子のうずくまった入口から、客は幅いっぱいの密集隊になって、無限に間断なく侵入した。各方面についた幾つかの階段と、野獣の檻に似た鉄のエレヴェイタが、まっ黒な、個を失った、人間の団塊を上へ上へと運搬した。地下室から青い空の見える七階のてっぺんまで、そのあらゆる層にわたって充満した、それもほとんど八割以上婦人の群集は、目の前の物品を手当たり次第かき回し、引ったくり、奪い合い、安いの高いのと値踏みし、または誰に似合うか似合わないかを連れと相談し、店員に呼びかけ、同じ八方からの呼び声で容易に振り向かない彼もしくは彼女に舌打ちをし、もう一度高い声を張りあげた。正月とクリスマスの需要を当て込んだ、毛物類、格安の反物、ショール、半襟、雑貨、おもちゃ、――1こういうものの売り場では、シールのコートでもったいぶった奥さんも、赤ん坊をしょった師走の引っ詰め髪のおかみさんと勇敢を争った。

　この大骨折りの買い物は、もう何時間か母とともにその中に押し揉まれていた真知子を貧血性にした。彼女は青くなった顔で、時々神経的に唇をかんだ。なにか苛々している時のそれは癖であった。しかし彼女のようなそんな不快らしい顔をしているものはほかには、誰もいなかった。三越に買い物に来て、不機嫌な風をする、それは彼らの2思惟《しい》を絶したことのように見えた。ますますひどくなる混乱と、悪い空気の中で、さらに無数の雑多な履物から生ずる、それだけの無数の雑多な跫音《あしおと》の乱れ合った、それが割合に低いコンクリートの天井と壁に反響する、騒然とした、気の遠くなるような喧噪をものともせず、ほとんど夢中で、露骨に引っ張り合いや、かき回しを続けている光景を見ていると、真知子はこの種の百貨店が持つ激しい誘惑力に対して、怖れを感じないではいられなかった。

　個々の店舗で売られたとすれば、少なくとも数丁の町を要したはずの物資が、一つの建物を何遍か上ったり下ったりするだけで手に入る。——たしかに大いなる便利に相違なかった。これらの組織は、そこに投下されている資本の最初の企図に従って、単に客を便利にするに留まるべきではなかった。便利感以上の熱情を、必要以上の購買欲を、来るほどの客の上に焚きつけなければならなかった。一月毎に変える新しい流行、店内の新しい装飾と新しい陳列法、新しい色、模様、型、音楽、絵画、花、小鳥——さえも小鳥屋の店から奪っている、その網羅と聚集《しゅうしゅう》と変化は、すべてその目的のためであった。同時にまたそれは[3]膨大な資本のみが発揮させ得る特殊の煽動力であった。

　真知子はそこに[4]無知覚状態の興奮をもっていじり回されている、ちりめんや、絹や、めりんすの一束が、知らず知らずどこかの若女房の袖に入ったり、風呂敷に包み込まれたりすることの、生ずるのを決して怪しまなかった。[5]その現象の最も深刻な実例をさえ彼女は知っていた。

　父の在世中執事をつとめていた老人の家に、遠縁のみなし児の娘が養われていた。彼女は半分女中の役を引き受けながら職業女学校に通っていた。刺繍科であった。卒業すると有名な百貨店の刺繍部に入ることになった。N―の刺繍部に勤務する。おお、何という人聞きのよい、晴れがましい地位であったろう。彼女は執事の家を出て近所で間借りをした。大事な資本の指をそれ以上水仕事で荒らさないためにも、それは、必要であった。しかし彼女の日給は一円三十銭であった。工場が郊外にあって、電車に二度乗らなければならなかった。その上積み立て金とか何とか差し引かれると、八十銭とは残らなかった。彼女はその八十銭で食べて、着て、その下に眠る屋根の代を支払わなければならなかった。その八十銭のために、朝の八時から夕方の五時まで、夜業のある時には八時過ぎまで、刺繡台に縛りつけられた。それで彼女はどんな見事な刺繡をしたであろうか。——

一年間、彼女は紋付きの裾模様につく葉の一部分を縫わされた。仲間の誰かは花の一部分を。また誰かは残りの何かの一部分を。仕上げは年取った男の職人の手に回された。あけても暮れても緑の糸で、一枚の葉の一部分だけを縫い取りする。それが全体としてどれほど美術的な図案を凝らした裾模様であろうとも、彼女はその美しいものを完成する悦びに与《あずか》ることはできなかった。[6]彼女の刺繡台で待つ仕事は常にその中の緑の葉の断片であった。

ドストエフスキーが『死人の家』において語っている言葉によれば、一つのバケツに水を入れ、それを絶えず他の一つのバケツからバケツへと移すような仕事しか与えない時、囚人は死ぬか発狂すると言う。彼女は死ななかった代わり瞬間的に狂人となった。

仕上げの老職人とのちょっとした口論から、でき上がって、仕立て部に回すばかりになっていた振り袖を、彼女は鋏でちょきちょきと切りこまざいた。

「憎らしくて、かあっとなりましたの。あれっぽちの給金で、やかましい小言の言われつづけで縫い取ったものが、さて一枚だって自分のものになるんじゃなしともったら。——一年じゅうの骨の折れる仕事の三分の二は、岩崎さんと三井さんのお誂《あつら》えだって言うんですからね。馬鹿馬鹿しくて、本気につとめられやしませんわ。」

弁償金を出してもらって、もう一度執事の家に帰った時、こう言って話した彼女の[7]利かぬ気らしい、口許に小さい傷痕のある浅黒い顔を、真知子は今でも思い出すことができた。

すぐそばの売り場で、台の上に中こごみになって、敏活に半襟を箱に詰めている、青いセルのお仕着せをはおった女店員を真知子はじっと見ていた。年恰好や顔や身体つきの印象が、8その時思い出していた娘に似ていた。

「馬鹿馬鹿しくて、本気につとめられやしませんわ。」

9ある時、この娘も同じ嘆声を洩らさないであろうか。――

10しかし今はそんなどころではなかった。彼女の前では一時に四十本以上の手が思い思いの色や刺繍の半襟の上に交錯する。競争でニッケルの環《わ》から引き抜く。彼女は他の二人の朋輩とともに、撰《えら》まれた一筋一筋について勘定し、金を受け取り、畳み、また箱へ、でなければ紙袋へ、大急ぎで包んで渡す。

「馬鹿馬鹿しくて、本気につとめられやしませんわ。」

そう言う代わりに、ちょうど機械人間の発声のように空虚に叫ぶ。

「ありがとうございます。」

(野上弥生子「真知子」より)

問一　傍線部2「思惟を絶した」、傍線部7「利かぬ気らしい」の本文中の意味として最も適切なものを、次のア～オからそれぞれ一つずつ選び記号で答えなさい。

傍線部2「思惟を絶した」

ア　思惑がはずれ予想もできない

イ　深く考えて絶望的な気持ちになる

ウ　不快な気持ちが極限に達する

エ　考えたところで想像もつかない
オ　思いが強く超越している
傍線部7「利かぬ気らしい」
ア　周りの人に気遣いのできない
イ　勝ち気で人の言うことを聞かない
ウ　自分に正直で黙っていられない
エ　賢く先の見通しをもって行動する
オ　機転がきかず思いのまま口にだす
問二　傍線部1「こういうものの売り場では～勇敢を争った。」を読んだ中学生から、この部分の意味がわからないと質問が出た。中学生にわかるように、七十字以内で説明しなさい。
問三　傍線部3「膨大な資本のみが発揮させ得る特殊の煽動力」と同様の内容を表現している部分を十二字で抜き出しなさい。
問四　傍線部4「無知覚状態の興奮」とは、誰のどのような感情か。七十五字以内で説明しなさい。
問五　傍線部5「その現象の最も深刻な実例」が書かれている場面はどこか。最初と最後の五字を抜き出しなさい。
問六　傍線部6「彼女の刺繡台で～断片であった。」の説明として最も適切なものを次のア～オから選び記号で答えなさい。
ア　緑の葉の断片を見ているだけでは全体像は見えなかったが、仕事の価値は部分を見ることで十分に判断できた。

イ　緑の葉の断片を縫うことであっても、大事な工程の一部であり、八十銭という給金に十分値するものであった。
ウ　緑の葉の断片を縫う工程は全体のほんの一部であり、彼女がものづくりの悦びや達成感を得られるものではなかった。
エ　緑の葉の断片と仕事の工程とを対比する必要はなく、美術的な価値は作品の出来映えで判断するものであった。
オ　緑の葉の断片だけを見ている彼女でも、全工程の複雑さや芸術性は日々の仕事によって理解できないはずはなかった。

問七　傍線部9「ある時、この娘も同じ嘆声を洩らさないであろうか。」とあるが、真知子がこう思ったのはなぜか。説明として最も適切なものを次のア～エから選び記号で答えなさい。
ア　百貨店の刺繍部で起きた事件から、女性たちの置かれている理不尽な立場に憤りを感じ、自分の仕事の意義について改めて考え、やりきれなさを感じると思ったから。
イ　人々の購買欲を次々と刺激し、利益を追い求める百貨店の思惑を知り、自分がその片棒を担がされていることに恥ずかしさを感じるのではないかと思ったから。
ウ　組織の歯車として働かされ、その対価として充分な給金も与えられない上に、蔑まれるような扱いを受けたことに、屈辱を感じると思ったから。
エ　膨大な資本が生み出す煽動力に突き動かされて物欲を満たす客の相手をする日々の単調な繰り返しに嫌気がさしてしまうのではないかと思ったから。

問八　この小説を読んでいた生徒三人の対話文です。［A］と［B］に当てはまる言葉をそれぞれ指定された文字数で本文中から抜き出しなさい。［A］は、最初と最後の五字を答えなさい。［B］は、十三字で抜き出しなさい。

北山さん　私は、最初の場面で真知子が、百貨店で買い物をする人たちのことを批判的に捉えているなと感じました。

四条さん　どのような描写からそう感じたのですか。

北山さん　本文四行目「目の前の物品を」から「声を張りあげた」という客の行動の描写から、そのように考えたのですが、みなさんはどうですか。

烏丸さん　私も、批判的とはいえないまでも、好意をもっては見ていないなと思いました。私も同じように客の行動を描写したところから感じました。私は、［A(二十九字)］からそう思ったのですが、みなさんはどう思われますか。

四条さん　烏丸さんが取り上げた描写も、同じように批判的に捉えているように感じますね。私は、最後の場面の「機械人間」という言葉が、気になりました。この場面で「機械人間の発声のように空虚に叫」んだのは、真知子の目の前の女店員なのですが、百貨店で買い物をする人たちのことも「機械人間」と似通った表現で描写しているところがあったと思うのですが……

烏丸さん　どこだったか探してみましょう。

北山さん　［B(十三字)］ではないですか。

烏丸さん　たしかに、私も「機械」という言葉から、そのようなイメージが連想されました。

問九　次の文法に関する問題に答えなさい。

(1)　傍線部10「しかし今はそんなどころではなかった。」を文節で分けなさい。書き方の例を参考にして答えなさい。

（書き方の例）学校に／行く。

しかし今はそんなどころではなかった。

（2）傍線部8「その時思い出していた娘に似ていた。」を単語に分け、上から五番目と八番目の単語と品詞を答えなさい。答えが用言の場合は、活用形も答えること。

（☆☆☆☆◎◎◎）

【三】次の文章を読んで、以下の問いに答えなさい。

昔右大将頼朝卿、平家にせばめられ、御牢人の中、あさましきていたらく、やうやう侍二人召し使はれけり。ある時頼朝窓前にむかひ給ひ、鏡を御覧じ、両人の侍を召され、「我天下を取るべき人相あり。天下を取る物ならば、かたがたの奉公[1]いかでか無にならん、国を望みにあておこなふべき」と[A]【仰せ】られしに、一人は心の中に、「*悪源太義衡、*太夫朝長は御自害あり、今は此の人源氏の嫡々なり、国々に内通の与力の大名[B]【多けれ】ば、一定天下取り給はん」と思ひ、君天下を取ら[a]せ給は[b]ん事疑ひあるまじ、さあらば我々にも国を仰せつけらるべきとの諚意、「*あ」と御うけを申す。今一人はとかくの返答もなく、後ろより顔を顰《しは》め、あざわらふて[C]【居】たり。そのかげ鏡に移りたるを、頼朝御覧じ、「憎き者の所存かな、我天下を取る事は成るまじきと思ふと見えたり、我天下を取りたらば彼奴に思ひ知ら[c]せん」と、思し召されしとかや。さて其の後に謀叛をおこし、処々の合戦にうち勝ち、驕る平家を西海に追ひくだし、一門郎従根をたち、葉をからし、天下*平均に治まりけり。

其の時、彼の両人の侍の内一人には国を給はり、顔を顰めたる侍には、*曾て御扶持もなかりしかば、此の侍腹立し、「君御牢人の内、両人同じやうに奉公申し上げたるに、一人には国を給はり、それがしには御心を付けられぬはいかなる事にや」と申しければ、頼朝D【聞こし召し】、「其方が奉公忘れしにはあらず。定めて汝も覚えあらん。我鏡に向かひ、天下を取りたらば、汝ら共にも国を得させdんと云ひしに、其方は頼朝天下を取る事は成るまじきとあざけり、面を顰めたり。其の時我無念にありし事を、思ひ知らせんために、今まで扶持をもせざりし」と仰せられしかば、此の侍申しけるは、「是《これ》は御諚とも覚えぬ事かな、其の儀ならば、それがしには一人の者よりは、一倍国を仰せつけらるべき事なり。其の子細は、一人の者は君天下を取らせ給はん事疑ひなし、さあらば我も立身せんと身をあきなふて奉公申したり。又それがしは、とても君天下を取らせ給ふ事は成るまじけれども、数代相伝の主君なれば見捨て申さじと、義理の奉公仕まつりたる心ざしは、一人の者の奉公とは2天地雲泥ならん」と申しければ、頼朝此の理に服し給ひ、則ち国をあてておこなはれしとかや。始め頼朝の仰せられし事も尤《もっと》もなれども、又侍の云ひ分理究なり。是理の上の理と云ふべし。

（『身の鏡』より　なお、表記を一部改めた。）

＊悪源太義衡……源義平（一一四〇―一一六〇）。源義朝の長男。
＊太夫朝長………源朝長（一一四三―一一五九）。源義朝の次男。
＊「あ」…………承諾の意を示す応答。
＊平均……………平和。
＊曾て……………少しも。まったく。

問一　二重線部ａとｃの「せ」、ｂとｄの「ん」について、ここでの文法的意味と活用形を次のア～シからそれぞれ選び記号で答えなさい。
〈文法的意味〉　ア　使役　イ　推量　ウ　意志　エ　勧誘　オ　婉曲　カ　尊敬
〈活用形〉　キ　未然形　ク　連用形　ケ　終止形　コ　連体形　サ　已然形　シ　命令形

問二　A【仰せ】B【多けれ】C【居】D【聞こし召し】について、活用の種類を答えなさい。動詞の場合は活用の行も答えること。

問三　傍線部1「いかでか無にならん」を口語訳しなさい。

問四　傍線部2「天地雲泥ならん」について、侍がこのように主張した理由の説明について、次の文の［Ⅰ］と［Ⅱ］をそれぞれ五十字以内で埋めるかたちで説明しなさい。
もう一人の侍が［Ⅰ］のに対し、自分は［Ⅱ］から。

（☆☆☆◎◎◎）

【四】次の文章を読んで、以下の問いに答えなさい。

*龐《ほう》葱《そう》与《とも》ニ二太子ト一質《ち》タリ二於邯《かん》鄲《たん》ニ一。謂ツテ二魏王ニ一曰ク、「今、一人、言ハバ二市ニ有リトレ虎、王信ゼンレ之ヲ乎ト。」王曰ク、「否ト。」「二人言ハバ二市ニ有リトレ虎、王信ゼンレ之ヲ乎ト。」王曰ク、「寡人疑ハントレ之ヲ矣。」「三人、言ハバ二市ニ有リトレ虎、王信ゼンレ之ヲ乎ト。」王曰ク、「寡人［　］矣。」龐葱曰ク、「ａ夫市之無キレ虎明ラカナリ矣。然リ而ウシテ1三人言ハバ而成スレ虎ヲ。今邯鄲ハ去ルコト二*大《たい》梁《りやう》ヲ一也遠ク二於市ヨリモ一、而ウシテ議スルレ臣ヲ者ハ過グ二於三人ニ一矣。ｂ願王察セヨトレ之ヲ也。」王曰ク、「寡人2自ラ為サントレ知ルヲ。」ｃ於レ是辞シテ

行《ク》。而《シテ》讒言先《ツ》至《ル》。後、太子、罷《ム》レ質《ヲ》。果《タシテ》3不レ得レ見《ユルヲ》。

（『戦国策』より　なお、表記を一部改めた。）

＊龐葱与太子質於邯鄲……魏の国に仕えていた龐葱は魏の太子とともに、趙の都市である邯鄲に人質として行くことになった。　＊大梁……魏の都。

問一　二重線部ａ「夫」ｂ「願」ｃ「於是」の読みをそれぞれ送り仮名も含めてひらがなで書きなさい（現代仮名遣いでかまわない）。

問二　本文中の空欄［　　］に当てはまる内容を漢字二字で答えなさい。

問三　傍線部１「三人言而成虎」について、不足している部分を補って三十字以内でわかりやすく口語訳しなさい。

問四　傍線部２「自為知」とはどういうことか。最も適切なものを、次のア～オから選び記号で答えなさい。

ア　自らのためにもそのことをよく認識しておこう。
イ　自分自身で判断して確かめることにしよう。
ウ　自分自身を知るということを大切にしよう。
エ　人々が自分で知る機会を設けるようにしよう。
オ　自然のまま入ってくる知識を大切にしよう。

問五　傍線部３「不得見」について、ｉ誰が、ⅱ誰に「不得見」という結果になったのか。次のア～オからそれぞれ選び記号で答えなさい。

ア　龐葱　　イ　太子　　ウ　魏王　　エ　三人　　オ　虎

（☆☆☆◎◎◎）

【高等学校】

【二】次の 文章Ⅰ ・ 文章Ⅱ を読んで、以下の問いに答えなさい。

文章Ⅰ

近年「アーカイブ」や「デジタルアーカイブ」という言葉の社会的認知度が急速に高まってきたように思われる。その一方で、それによって①カンキされるイメージは人によって1千差万別である。本章ではとりあえず、あまりに緩い定義だと思われるかもしれないが、文化資源の種類を問わず、特定の目的に沿ってそれらを収集・組織化・利用提供・保存できる仕組み(施設、組織、機能など)を②ソウショウしてアーカイブと呼ぶことにしておこう。そして2アーカイブとデジタルアーカイブの関係については、アーカイブのコレクションがデジタル化されたもの、それがデジタルアーカイブだというのが、多くの人がこれまで持っていた印象ではないだろうか。しかし、ことはそう簡単ではない。

アーカイブの持つ様々なコレクションのデジタル化が進んでいる。あるいは、新たに収集する資料自体が最初からデジタル文化資源である場合も多いだろう。それでは、あるアーカイブのコレクションすべてがデジタルコレクションになった時、それをデジタルアーカイブと呼ぶのだろうか。おそらくそうではない。アーカイブとデジタルアーカイブは、異なる原理・異なる機能と制度の上に成り立っているように思われる。それは結局のところ、資料という物理的媒体の中の閉じたテクストに基づくコンテンツなのか、ネットワーク性やコンテクスト性を前提にした開放的テクストであろうとするデジタル文化資源をコンテンツとするかの違いに起因している。資料がデジタル化されても、それが閉じたコンテンツのままなら、それはデジタルアーカイブとは言えないのではないだろうか。

一九九〇年代、電子図書館論の興隆と軌を一にして[3]、全国各地で様々なコンテンツのデジタル化が行われた(それらの多くはデータベースと呼ばれていた)。また、世界に先んじて我が国でデジタルアーカイブの概念も提示された。しかし、それらデータベースの多くは孤立した形で構築され、ネットワーク化もコンテンツの更新も行われることなく、ひっそりと社会的には埋もれてしまったように見える。そこには社会政策や産業政策上の様々な要因が関係しているだろうが、従来の文化資源を扱う論理や心性(マインドセット)のままでデジタル文化資源を扱おうとしてもうまくいかないのである。

文化資源を単なるモノではなく文化資源たらしめているのが、そこに盛り込まれた情報・知識であるとしても、モノに基づく「個別性」こそが文化資源の本質と考えられる。食器であれ、本であれ、衣服であれ、それらの文化資源が制作された様々な身体的・社会的・歴史的背景をもち、その一つ一つに価値がある。それらを組織化・編成したコレクションに価値があるとすれば、それを成り立たせているのは個々の文化資源なのである。別の言い方をすれば、文化資源には「単位の論理[4]」があると言ってもよいだろう。

それに対して、デジタル文化資源を成り立たせているのは、モノという器にとらわれず、様々な情報・知識が自由に行き交い統合化されていく「普遍性」にあり、そこには「結合の論理[5]」があるのではないだろうか。まさにライプニッツがめざした普遍学であり、結合法(Ars Combinatoria)である。確かに現在でもデジタル写真一枚一枚、デジタル論文一本一本は区別されている。しかし、それらは、ハイパーリンクやハイパーテクスト化などにより、次第に結合化・統合化・ネットワーク化されていくのは間違いないだろう。最近の＊ＩＩＩＦはそうした動きを象徴しているように思われる。

　デジタル文化資源には、モノに託されたこれまでの文化資源とは異なる[6]幾つかの特性がある。そのひとつは、情報・知識の断片化(マイクロコンテンツ化)と蓄積性、その裏返しである編集性と統合化、それらが同時に可能になったことだ。第二に、マルチメディア性がある。同じデジタルコンテンツとして、文字、画像、音声等を統合的に扱うことが可能になった。それこそがこれまで資料形態毎に対応しなければならなかった図書館や視聴覚センター、文書館等の③カキネを超える大きな要因である。第三の特性は、それまでの資料という器から、そこに盛られていた情報・知識を開放したことである。それは外部情報源とのネットワーク性を持つことにより、[7]テクストのコンテクスト化、逆にコンテクストのテクスト化を容易にした。電子ジャーナル論文における他論文や諸データの引用は、そのわかりやすい一例である。そして、テクストの可変性・インタラクティブ性が第四の特性としてあげられる。

　こうしたメリットの一方で、デジタル文化資源には重要な難点があることも確かだ。それをひと言で言えば脆弱性ということになる。プロトコルやアルゴリズムの改変、ファーマット変換、読み取り装置の製造中止、コンピュータウィルスなど様々な要因によって簡単に利用できなくなってしまう。何より、電気がなくなったら終わりだ。モノの文化資源は、ほっておいても残る可能性はあった。しかし、デジタル文化資源は、それを「残そう」という意思がなければ残らないのである。古い建造物や資料の保存に比べて看過されがちであるが、実は保存の問題はデジタル文化資源にとって本質的な課題なのである。

　デジタル文化資源保存の課題は④タキにわたる。モノに縛られないデジタル情報でありながら、【　　】という皮肉な事実や、ソフトウェアの頻繁な改訂への対応などの技術的問題、それに対応できるスタッフをどう確保するかの人的問題、ウィルスや情報⑤ロウエイなどのセキュリティ対策、それらのコストをどのように見積り、手当てするかの経済的問題、世界的な巨大プラットフォーマーにネットワークを握られたままでいいのかなどの政治的・政策的問題など、デジタル文化資源の便利さの中でつい看過されてしまいがちなこれらの諸問題の解決は決して容易ではない。物質的な脆弱性があることは確かだが、いったん作られてしまえば、そのまま置いておき、そのままの形で使える文化資源と比べて、デジタル文化資源は、何らかの社会的仕組みによって常に維持管理されている必要がある。そのコスト負担の問題は、いずれ大きな社会的課題になるだろう。

デジタル文化資源が、旧来のモノに基づく文化資源よりも多くの優位な側面があることは確かである。しかし、我々はその特性を活かしきれているのだろうか。たとえば、電子書籍である。それらは、PC、タブレット、スマートフォンなど様々なデバイスに配信・出力され、特定の物理的媒体に収めなければならない制約からは自由になっている。しかし、デジタル文化資源としての特性である、テクストのオープン性、インタラクティブ性、マルチメディア性、改変性などは、大半の電子書籍ではほとんど発揮されていないのが現状である。それでは、その特性を今後活かしていくためには、どのような条件が整えられる必要があるのだろうか。

現代生活を送る我々は今や大量のデジタル情報に取り囲まれ、どの情報を使うかよりも、何を捨てるかの方が大事な判断になっているように見える。しかし、一定の品質の保証があった(もちろん低質なものも少なくなかった)書籍や新聞と比べて、インターネット情報源やSNSの情報が大量にあったとしても、どれだけの部分が公共的知識として利用できるかとなると、必ずしもはっきりしない。古代からあったにせよ、近年のフェイクニュースの⑥ハンランはインターネット社会なしには考えられない。これまでは、出版社や新聞社、大学、図書館などの機関、あるいはその実務を担う編集者、ジャーナリスト、教員・研究者、司書などが担保してきた情報の信頼性や文化資源としての価値に代わる機能がまだ明確になっていないのである。デジタル文化資源のコンテンツとしての質を担保する仕組みの存在は、これからの有用なデジタル文化資源の量の確保にもつながっている。

　こうした言わば旧メディアのデジタル化としてデジタル文化資源の質・量両面で確保をしたうえで、新しい特性を発揮した本来のデジタル文化資源が創造されなければならない。

（柳与志夫『デジタルアーカイブの理論と政策　デジタル文化資源の活用に向けて』による。ただし、設問の都合上、一部改めた箇所がある。）

文章Ⅱ

　おそらく＊ボルヘスほど、書物の謎に、生涯にわたり驚きを感じ続けた作家もいないのではないだろうか。言葉と無限は、アルゼンチンの作家が生涯にわたり見つめ続けたテーマであるが、代表作のひとつである『砂の本』は、物質としての本のもつ魔術を、凝縮した形で描き出している。

　ブエノス・アイレスに住む「わたし」のアパートの戸口に、ある日灰色の服をきた人物が現われる。スコットランド出身という以外に⑦スジョウの分からぬこの人物は、ボルヘスに「ある神聖な本」を売りに来た。古い布で装丁されたその本を開けると、書かれている文字はボルヘスの知らない外国語である。奇妙なことにページの隅に打ってある数字は順番ではなく、たとえば四〇五一四ページの次は九九九ページだったりする。男は一種⑧キョウハクめいた口調で、今見ているページは、一度閉じればもう二度と見ることはできないのだ、と言う。

「左手を本の表紙にのせ、親指を目次につけるように差し挟んで、ぱっと開いた。まったく無益だった。

何度やっても、表紙と親指とのあいだには、何枚ものページがはさまってしまう。まるで本からページがどんどん湧き出てくるようだ。」

インド西部のビカネールで手に入れたというその本は、男が言うには、「砂の本」だった。つまり砂漠のようAに、始まりもなければ終わりもない本だったのである。そんなことはありえないと、なおも否定しようとするボルヘスに向かって、男は言う。

「あるはずがない、しかしあるのです。この本のページは、まさしく無限です。どのページも最初ではなく、また最後でもない。なぜこんなBにでたらめな数字が打たれているのかも、分からない。多分、無限の連続の終極は、いかなる数でもありうることを悟らせるためなのでしょう。」

結局、手持ちの聖書と交換することを条件に「砂の本」を手に入れたボルヘスは、不眠症に陥るまで、この不思議な本 ⑨ボットウしてしまう。擦り切れた背や表紙を虫眼鏡で調べても、仕掛けは見つからない。小さな挿し絵をアルファベット順に書き出してゆくと、すぐにノートはいっぱいになり、しかも一度も重複することはない。文字通り「無限の本」だということが分かるにつれ、実は「悪魔の本」ではないかと不安になったボルヘスは、これを破棄しようと決める。しかし無限の本を火にくべれば、無限の煙が立ち上り、挙句の果てCに地球を窒息させてしまうだろう。そこで彼はある日、国立図書館の書棚の隅に、わざと自分でも憶えられないように隠してしまう。こうしてボルヘスは、「砂の本」を手放すのである。

自ら国立図書館長を務めたボルヘスの、それこそ［　　］のような想像力が一握りの砂に凝縮されたような、実にD見事な物語であるが、この「砂の本」の不思議さは、それが古い布で装丁された物理的な手応えを持っているところにある。もし砂で出来ていたら、あるいはデジタル・データで出来ていたら、この不思議さは生まれない。無限にE増殖し続ける文字のイメージは、今日のデジタルアーカイブそのものだからだ。ボルヘスは、ひとつの世界の論理がその論理自身によって⑩ハンバクされるような、ありえない世界を作り出す言葉の魔術師である。書物の暗がりの中にいながら、一握りの文字の組み合わせの中から出現する、言葉の□を旅する旅人なのだ。

（港千尋『第三の眼　デジタル時代の想像力』による。ただし、設問の都合上、一部改めた箇所がある。）

＊ＩＩＩＦ……International Image Interoperability Framework　画像を中心とするデジタル資料へのアクセスを標準化し相互運用性を確保するための国際的なコミュニテイ活動。

＊ボルヘス……ホルヘ・ルイス・ボルヘス。一八九九―一九八六年。アルゼンチンの作家、小説家、詩人。

問一　太線部①～⑩のカタカナを漢字に直しなさい。

問二　傍線部１「千差万別」と同じく、一文字目が「千」、三文字目が「万」である四字熟語を二つ答えなさい。

問三　傍線部２「アーカイブとデジタルアーカイブの関係」について説明したものとして最も適当なものを、次のア～オより一つ選び、記号で答えなさい。

ア　アーカイブのコレクションに含まれる複数の文化資源をデジタル化していくべきかどうかは個別に検

討する必要がある。

イ　アーカイブをデジタル化するからには、個々の文化資源に新たな情報を付加し、より有益なものとすることが望ましい。

ウ　デジタルアーカイブは、必ずしもアーカイブに含まれるモノの文化資源だけをデジタル化したものというわけではない。

エ　デジタルアーカイブは、アーカイブと同様にコンテンツを更新し続けていくことを前提として構築されるものである。

オ　デジタルアーカイブは、アーカイブのデジタル化によって無限の情報を容易に長期間保存することを可能にした。

問四　傍線部3「軌を一にして」の意味を十字以内で答えなさい。

問五　傍線部4「単位の論理」5「結合の論理」とはどういうことか。それぞれ六十字以内で説明しなさい。

問六　傍線部6「幾つかの特性」について、次のa～dの事柄はそれぞれ本文中で述べられているどの特性と関係するものか、以下のア～オよりそれぞれ一つずつ選び、記号で答えなさい(同じ記号を複数回使用してもよい)。

a　有名人のインタビュー記事にアクセスすると、文章として表示されると同時に本人の肉声でも聞くことができる。

b　電子書籍化された実用書は、技術革新や新たなノウハウの発見が行われた際に、その都度内容を更新していくことができる。

c　親聞社がデジタル版として販売している一日分の新聞の中から、気になる記事だけを選んで買うことができる。

d　古い映画や楽曲をデジタル化することで、画質や音質を劣化させずに保存したり、必要に応じて複製したりすることができる。

ア　第一の特性　　イ　第二の特性　　ウ　第三の特性　　エ　第四の特性

オ　いずれの特性にも当てはまらない

問七　傍線部7「テクストのコンテクスト化」とはどういうことであると考えられるか。六十字以内で説明しなさい。

問八　文章Ⅰ中の【　　】に当てはまる表現を考え、二十五字以内で答えなさい。

問九　点線部A～Eの「に」について、文法的説明が同じになるものを二つ選び記号で答えなさい。

問十　文章Ⅱ中の二つの□□に共通して当てはまる語として最も適当なものを、文章Ⅱの本文中から二字で抜き出しなさい。

問十一　二重傍線部「書物の謎」とはどのようなものだと考えられるか、「単位の論理」という語を解答中に用いて百五十字程度で説明しなさい。

問十二　文章Ⅰは、デジタル文化資源についていくつかの課題を指摘しつつも、その可能性やモノの文化資源に対する優位性について述べている。では、モノの文化資源にデジタル文化資源よりも優れている点があるとすればそれはどのような点だとあなたは考えるか。文章Ⅱの内容も踏まえて百五十字程度で論じなさい。

（☆☆☆☆◎◎◎）

解答・解説

【中高共通】

【一】問一　a　大雑把　b　きょうじん　c　拭　d　倒錯　e　示唆　f　美辞　g　がらん　h　営為　問二　総合　問三　2　形容詞　3　形容詞　4　助動詞　問四　ウ　問五　権威主義は人々の不安に応えるために存在し、その信頼を失うことを恐れるため、異論を封じ込め科学の可塑性を奪おうとするから。(六十字)　問六　教師の提示した答えが言わば権威として機能し、生徒たちがそれまでに行った意見交流の意義が薄れてしまう可能性があるため、生徒たちが自力で妥当性のある答えにたどり着けたならば、それを終着点とすべきである。(九十九字)

〈解説〉問一　同音異義語が存在する場合は、文脈で判断することが必要であることから、特に熟語は意味まで学習するようにしたい。なお、g「伽藍」は、僧が集まって仏道を修行する場所を指し、一般的には寺などを意味する。　問二　1「分析」は複雑な事物をいくつかの要素や成分に分けてその構造を明らかにすること。対義語は、一つの体系のもとに全体として大きくまとめあげる「総合」が該当する。　問三「ない」には自立語の形容詞と付属語の助動詞があり、後者は動詞や助動詞に接続する。　問四「神託」とは神のお告げのこと。筆者は前の段落で、「人は権威にすがりつき安心してしまいたい、そんな心理をどこかに持っているのではないか」と述べ、権威依存の心情が行き過ぎると科学を神格化する(特別な位置に置く)懸念を示している。　問五　傍線部の前に「また、もう一つ」と話題転換を図っているので、傍線部の内容は後文にあることがわかる。「権威主義が科学の〝生命力〟を蝕む性質」とは、権威主義のマイナス要素を指す。権威主義では、それを認めると権威が失墜し人々の信頼を失うものを認めない性質を有する。さらに、権威主義は人々の不安から逃れたい、という指向性を受けたものである。しかし、権威主義に陥ると科学の可塑性、その生命力を奪うことになる。これらを踏まえて、まとめるとよい。　問六　本問は正答はなく、公開解答はあくまでも一例と考えられ、採点の要件としては、①賛否をはっきりさせ、それに基づいて文章がきちんと展開されていること、②問題文の内容を踏まえていること、③字数制限内であること、が考えられる。公開解答の立場では、生徒たちが意見交流することは生徒の主体的な対話による学びであり、課題解決能力の育成である。生徒の意見に関しての助言は必要であるにしても「模範解答」の提示は必要ないと考えている。

【二】問一　2　エ　7　イ　問二　金持ちもそうでない人たちも、欲しい物を目の前にするとなりふりかまわず必死でそれらを手に入れようとし、欲望の前には人はみな同じである。(六十六字)　問三　百貨店が持つ激しい誘惑力　問四　無意識のうちに欲望を刺激する百貨店の販売の手法に陥り、一ヵ所で買い物ができる便利感以上に、新しい物を求める熱情や購買欲に突き動かされている客の感情。(七十四字)　問五　父の在世中～ができた。　問六　ウ　問七　エ　問八　A　ほとんど夢…続けている　B　真っ黒な、個を失った、人間　問九　(1)　しかし/今は/そんな/どころでは/なかった。　(2)　(単語/品詞の順)　五番目…い/動詞、連用形　八番目…に/助詞

〈解説〉問一　2　「思惟」は「思考」と同義。「絶する」は、ここでは「(思考)の範囲をこえている」ことを指す。7　「利かぬ(ん)気」とは「人に負けたり、人のいうままになったりすることを嫌う性質」のことをいう。問二　「シール」とはアザラシのこと。ここでは「シールのコートでもったいぶった」で裕福な人を意味し、一般的な人を意味する「赤ん坊をしょった～おかみさん」と対照的に扱われている。「勇敢を争った」は傍線部と同じ段落にある「それもほとんど八割以上～」の内容とみてよい。歳末などに開催されるバーゲンでは、商品が普段よりも安く売り出されるため、取り合いになることを示している。　問三　「膨大な資本のみ発揮

させ得る特殊の煽動力」とは、資本(資金)を投じて、客の購買意欲を引き起こす力のことを指す。問四　傍線部４の前の段落の内容を中心にまとめればよい。「無知覚状態の興奮」は企業の煽動力によって高められるものであり、多くの客が物品の購入の利便性と必要以上の購買意欲に無意識に取り憑かれていることを指す。　問五「その現象の最も深刻な実例」とは「無知覚状態の興奮」の現象例であり、父の執事遠縁のみなし児の娘のことを指す。その娘に関する回想すべてを抜き出せばよい。　問六　前文に、紋付きの裾模様の一枚の葉の一部分だけを縫い取りする終日の単純作業に、「彼女はその美しいものを完成する悦びに与ることはできなかった」とあることから考えるとよい。　問七「この娘も同じ嘆声」とは、真知子が思い出していた娘の声「馬鹿馬鹿しくて～」のこと。つまり、女店員も百貨店での単調な仕事に対して嫌悪感が生じないか、という懸念を指す。　問八　それぞれには文字数が指定されているので、文脈をたどりながら問題文を追えばよい。時間がかかることが予想されるので、はじめに問題を見てから問題文を読む等の工夫を考えたい。問九　(1)　文節とは文を構成する要素の一つで、文を自然の息切れで区切った単位のことである。(2)　単語は、文を構成する最小単位。単語は品詞に分類される。本問の場合、「その(連体形)／時(名詞)／思い出し(動詞)／て(助詞)／い(動詞)／た(助動詞)／娘(名詞)／に(助詞)／似(動詞)／て(助詞)／い(動詞)／た(助動詞)」となる。

【三】問一　(意味／活用形の順)　a　カ／ク　b　オ／コ　c　ア／キ　d　ウ／ケ　問二　A　サ行下二段活用　B　ク活用　C　ワ行上一段活用　D　サ行四段活用　問三　どうして無駄になることがあろうか、いや無駄にはならない。　問四　Ⅰ　君が天下を取ることを信じ、それにより自身も出世できる可能性があるという打算のもとでお仕えしてきた(四十八字)　Ⅱ　君が天下を取ることはないと思いながらも先祖の代からの主人だからという義理を重んじてお仕えしてきた(四十八字)

〈解説〉問一　aとcの終止形は「す」、bとdの終止形は「ん(む)」である。　問二　A「仰せ」は「仰す」(他サ下二)の未然形、B「多けれ」は形容詞「多し」(ク活用)の已然形、C「居」は「居る」(自ワ上一)の連用形、D「聞こし召し」は「聞こし召す」(他サ四)の連用形である。　問三「いかでか」は「いかにてか」の略で「どうして〜しよう(〜はしない)」と訳す反語の表現。「どうして無駄になることがあろうか。無駄になりはしない」と訳す。　問四　2「天地雲泥ならん」の「雲泥」は、「雲と泥」の差。違いがはなはだしいこと。頼朝から褒賞を受けた侍は「君天下を取らせ給はん事疑ひなし、さあらば我も立身せん」の気持ちによる。もう一方の侍は、「とても君天下を取らせ給ふ事は成るまじけれども、数代相伝の主君なれば見捨て申さじ」の気持ちであった。前者は、頼朝の天下取りを認めて自身の出世も考えているが、後者は頼朝の天下取りを否定してはいるが、数代相伝の主君として仕える気持ちを伝えている。

【四】問一　a　それ　b　ねがわくは　c　ここにおいて　問二　信之　問三「虎がいる」と三人が言えば、虎がいることになるのです。(二十七字)　問四　イ　問五　i　ア　ii　ウ

〈解説〉問一　それぞれの意味は、a「夫」は発語の言葉で「さて」、b「願」は「なにとぞ(どうか)〜してください」、c「於是」は「そこで」である。　問二「市有虎」(町に虎が出た)という話を、一人だけ話したのならば王は「否(信じない)」、二人だと王は「疑之(之を疑う)」と述べており、では、三人ならばというのが空欄である。「信之」(之を信ぜん)は「これを信じるだろう」という意味である。　問三　1「三人言而成虎」の「成虎」(虎を成す)は、「いるはずのない虎が市にいることになる」と解釈する。　問四　2の「自ら知るを為さん」とは「自ら判断して他人に欺かれないようにすること」を意味する。　問五　文中、龐葱は「議臣者過於三人」(自分のことをとやかく言う者が三人どころではありません)と王に述べている。しかし、王は讒言

を見ぬけず、それを信じたため、龐葱は王と会えなかったのである。この話が由来となっている故事成語「三人市虎を成す」は『淮南子』(説山訓)にも見える。

【高等学校】

【一】問一　①　喚起　②　総称　③　垣根　④　多岐　⑤　漏洩　⑥　氾濫　⑦　素性　⑧　脅迫　⑨　没頭　⑩　反駁　問二　千変万化、千客万来　問三　ウ　問四　足並みを揃えて(七字)　問五　4　個々の文化資源がもつ様々な制作の背景一つ一つに価値があると考える、モノに基づく「個別性」に重きを置く論理。(五十三字)　5　様々な情報や知識が統合化・ネットワーク化されることで個別性を離れて普遍性を獲得することに価値があると考える論理。(五十六字)　問六　a　イ　b　エ　c　ア　d　オ　問七　複数の文章や情報について、それぞれの解釈に基づき相互に関連づけたうえで、一つのまとまりとして構成し直すこと。(五十四字)　問八　結局は何らかの媒体に蓄積・保存せざるを得ない(二十二字)　問九　B、E　問十　砂漠　問十一　デジタルアーカイブのように無限にテクストが増殖しうるものならばともかく、書物は形として固定されたものであるのにもかかわらず、非常に多様な解釈や読み取りを許容したり読者の多様な想いを引き出したりすることがあり、単位の論理を越えてあたかも無限を作り出すことができるように思われるような不思議さを秘めているということ。(百五十六字)　問十二　モノの文化資源の本質は個別性であり、様々な背景を持っている。それらの背景に対して人は特別な価値を見出したり特別な愛着を抱いたりすることがあるが、デジタル文化資源はそのような対象にはなりにくい。モノに対する特別な思い入れは、資源を大切に扱ったり、他者とその価値を共有したりしようとする行動に繫がっていくことが考えられる。(百五十九字)

〈解説〉問一　解答参照。　問二　他には「千辛万苦」「千秋万歳」「千態万状」「千軍万馬」などがあげられる。

問三　傍線部2のある段落の次の段落に、その内容がある。アーカイブとデジタルアーカイブは異なる原理・機能と制度の上に成り立つとした上で、後者はネットワーク性やコンテクスト性を前提にした開放的テクストを求めるデジタル文化資源をコンテンツとしている、と述べ、デジタル文化資源は、モノ文化資源にとらわれず、様々な情報・知識が自由に行き交い統合化されていく普遍性により成り立っていると論じている。

問四　3「軌を一にして」とは方針・やり方などが同じであることを指す。

問五　4　傍線部の前に「別の言い方をすれば」とあるので、直前の内容をまとめればよいことがわかる。「単位の論理」とは、文化資源であるモノには、制作面での様々な背景があり、その一つ一つに価値がある、このモノに基づく「個別性」が文化資源の本質である、という論理を指す。　5　これも4と同様、前にある内容を中心に考える。「結合の論理」とは、モノの文化資源一つ一つの個別性にとらわれず、様々な情報や知識がネットワーク化され行き交い統合化される普遍性に価値を置く論理を指す。

問六　形式段落第六段落にあるように、第一の特性は情報・知識の断片化と蓄積性・編集性と統合化、第二の特性は同じデジタルコンテンツとして文字、画像、音声等の統合性、第三の特性は外部情報源とのネットワーク性を持つことで、テクストのコンテクスト化、コンテクストのテクスト化を可能にしたこと。第四の特性はテクストの可変性・インタラクティブ性である。dはデジタル化による保存なので、どの特性にも該当しない。

問七　「コンテクスト化」の辞書的意味は「文脈や前後関係、状況」である。ここでは特定の資料にある情報や知識を開放し、外部の情報や文章と相互に行き交い、関連づけて統合し構成し直すことをいう。

問八　空欄の前文では、デジタル文化資源保存の課題が多岐にわたることを述べ、拘束性のないデジタル情報であっても、と負の内容を予想させ、後文では「皮肉な事実」と述べていることから、空欄にはデジタル情報の脆弱性を踏まえての負の内容が入ることがわかる。

問九　BとEは形容動詞で、B「こんなだ」の連用形とE「無限だ」の連用形である。Aは助動詞「ようだ」

の連用形の活用語尾で、Cは助詞、Dは副詞「実に」の一部である。　問十『砂の本』はアルゼンチン作家のボルヘスが「言葉と無限」をテーマにした作品で、砂漠のように始まりもなければ終わりもない本だという。「言葉と無限」の本をテーマにする作家の想像力も無限性と関わる。一握りの砂に凝縮されたような、無限の言葉を生み出すボルヘスは、砂漠のような想像力で、ありえない世界を作り出す言葉の砂漠を旅する魔術師といえる。　問十一「書物の謎」の対象となる本とは、アルゼンチン作家のボルヘスの作品『砂の本』を指す。これは「言葉と無限」のテーマによる創作であり、「砂漠」のように無限の言葉による始まりも終わりもない本という。筆者はデジタル・データによるかのごとく無限に増殖し続ける文字のイメージは、今日のデジタルアーカイブそのものだ、という。しかし、この本は物質(モノ)としての文化資源であり、作品の制作背景の多様性に価値を置く「単位の論理」を越えた異色な作品だと考えることができる。　問十二　モノの文化資源は、モノに基づく個別性を本質とする。しかも、モノの文化資源には様々な背景があり、文化遺産として継承の対象となる。文章Ⅱでは物質(モノ)としての本が、デジタル・データによるかのように無限に増殖し続ける文字で物語を創り出していることに、驚きとともに「単位の論理」の価値を発見している。モノという物質を個別的に対象にしないデジタル文化資源よりもモノの個別性を対象にするモノの文化資源の方が優れている点の一つである。こうした状況に対し人々はモノへの愛着と保存、継承、所有、共有の意義とそのための行動へ連動することが考えられる。

二〇二三年度　実施問題

【中高共通】

【一】次の文章を読んで、以下の問いに答えなさい。

今日では芸術は「感性」に、そして科学は「理性」に属するものというのが半ば常識になっていて、両者は互いに相容れない人間の精神活動の領域と考えられているふしがある。「芸術は感性なんだから、理屈なんか考えずに、自由に想像力をはばたかせればいいんだ」とか、あるいは逆に、「科学は感性じゃなくて理性なんだから、実証できないものを科学に持ち込むのは客観的じゃない」とかいった決まり文句を口にするとき、人はこの1「感性≠理性」の二分法にはまり込んでいる。しかし本当に「感性＝主観的＝証明できない」VS.「理性＝客観的＝証明できる」なのか？　両者は水と［①］のように相容れず、理性と感性の中間にオーバーラップ領域はなく、そして両者を足せばこの世の中になると信じるなんて、あまりに単細胞すぎる。

古くから芸術は深く科学的認識と結びついていて、そもそも科学性なくしては大2傑作など生まれようがないということは、たとえばダ・ヴィンチなどを考えればすぐにわかるだろう。『最後の晩餐』の構図は、芸術だの感性だのという以前に、まずは科学的空間認識だ。三次元の奥行があって、座標軸的でシンメトリックかつ均質で、すべてが中心点からの遠近によって階層化され、統合された空間。これこそデカルトやニュートンが思い描いたのと同じ世界像ではなかったか。世界の新しい見え方を数式や図の代わりに絵にすると、あのようになるのであって、それは単なる「きれいな絵」などではなく、新しい世界観の設計図なのである。3こんな例はいくらでも挙げることができるし、ハートと感性だけで芸術創作を試みるなど、物理学的知識もなしに建築設計をしようとするに等しい。そんな建物はあっという間に[a]ガカイしてしまうだろう。

同じく近代科学もまた、少なくともガリレオとかニュートンとかアインシュタイン並のブレークスルーは、単なる「発見」というより、啓示とか幻視とかに近いものだったのだと私は信じる。彼らにはきっと、ある瞬間に突如として、まったく別の法則で世界が動いているのが視えたのだ。ダ・ヴィンチのように絵を描く代わりに、彼らは数式を記した。しかし彼らにはきっと数式化する以前にもう、画家の心の中に特定の「像」が浮かぶのと同じようにして、まったく新しい「世界の像」が視えていた。それは蟻のごとくコツコツと実証を積み上げていけば自動的に至るようなものではなく、預言者が［　②　］に打たれたように別世界を視るのにも似た経験だったはずだ。

偉大な芸術家について、ある瞬間に突如としてそれまで聴いたこともないような響きが聞こえてきたとか、次の作品が眼前にまざまざと視えたといったエピソードが語られる。同じようにアインシュタインはあるとき、自分が光の速さで光を追いかける夢を見て、これが相対性理論の出発点になったと言われる。これは芸術家における霊感の一瞬ときわめて近い経験であったと想像される。

芸術は科学であり、科学は芸術である。芸術は人が思っているほど気ままでファンタスティックなものではない。科学を欠いたハートだけの芸術は主観的なたわごとの類に終始するほかない。同じように、感性と幻視を欠いた科学はただのテクノロジーであり、それは日々の生活の利便性を向上させてくれはするだろうが、[4]世界観のブレークスルーには至るまい。

天才科学者にはガリベン的勤労の美徳より天才芸術家の幻視がお似合いだ。「この」世界の中でいくら「1＋1＝2」式の労働を積み上げても、「こちら側」の世界の中で牛歩の歩みを続けるばかりで、「別の」世界への道は開けない。別世界を視るためには亀裂と跳躍が必要だ。しかし「こちら側」の世界の中にいて、その中での「客観性」を不滅の真理のように信じ込んでいる人から見るなら、別世界を視るとは狂気であり幻視であり、科学の芸術化と見えるやもしれない妄想である。

「別の世界を視る／見せる」という意味で、芸術と科学はかつての魔術師や預言者やbレンキン術師たちの双子の末裔である。周知のようにあらゆる芸術は古来、今では「科学」と称されているものとともに、神権や王権と深く結びついた「魔術」であった。たとえばピラミッドの美しい幾何学形や、巨大な尖塔をもつ教会や、そこで鳴り響く不思議なオルガンの音は、神の王国の奇跡を民衆に見せるための魔法であり、その演出には感性のみならず、ありとあらゆる同時代の科学的知識が総動員された。

統治手段としての魔術は、古くから権力(神や王)と深く結びついており、そもそも魔術もとい芸術／科学をもたなかった古代文明など皆無だろう。とりわけ音楽は芸術の中で最も情動的な芸術として、あらゆる神権統治にとって不可欠であって、図像を禁じる宗教はまれにあるにせよ、音楽(歌)を禁じた宗教というものを、私は知らない。

しかるに近代市民社会は、魔界に通じる危うい存在としての芸術／科学を、一生懸命脱魔術化してきたと言えるだろう。まだアインシュタインくらいまでは魔法使いの弟子的なオーラをまとっていたと思われる科学者たちだが、今の科学にもはや不透明な魔術性はみじんも残っていない。「もはや魔術ではない」と自己証明することこそ、近代科学の発展の最大のモチベーションだったのかもしれない。それは「社会をよりよくしていく」という国家プロジェクトにcホウシする立派なツールでなくてはならず、そこには誰もが平等にアクセスできて、原理的には誰もが理解可能で、誰がやっても同じ結果になるという透明性を担保することが、そのdシジョウ命題である。科学においてすら、本当の「客観性」などというものがはたして在るのかどうか、きわめて疑問であるにもかかわらず、である。

科学を脱魔術化するためのツールが「コレハモハヤ魔術デハナイ」という「客観性」という名の呪文だったとすれば、芸術から魔術性を剝奪するためのキーワードは「[5]娯楽性」である。つまり人は、たとえ美術館やコンサートホールで一時的に別世界に遊んだとしても、それはあくまで日々の労働のための気晴らし——リクリエーションとは要するに労働意欲の「再充塡」のことだ——以上のものであってはならず、そのままあちらの世界へワープしたりすることなく、いったん会場の外に出ればすぐに［③］に返らねばならない。

それは「マジックショー」であって、本物のマジックになってはいけない。「コレハ魔術デハナク奇術娯楽ダ」という呪文もまた、客観化の一種だ。奇術ならば——科学と同じように——「客観的な」タネと仕掛けがあるわけだし、少なくとも原理的には誰でもそれにアクセスしマスターすることができるし、練習さえすれば【　】はずなのだから。ちなみに「教養としての芸術」といった発想も、この「娯楽としての芸術」の一変種であって、芸術を「お勉強」の対象とすることでもって、その魔術性を奪い人畜無害化する方策の一つだったと言える。

しからば「魔術を手なずける近代のプロジェクト」ははたして成功したかと問えば、もちろん答えは否である。二〇世紀の科学はこの世界を一瞬で滅ぼす原爆の呪文を見出した。そして二一世紀においては、地上のほとんどの人間を不要のものとするようなＡＩという名の[e]傀儡の開発に、日々科学者たちは[f]マイシンしている。そして同じく二〇世紀において音楽や映画は、単なる娯楽のフリをしながら、世界中の人々を洗脳し続け、ときに戦争へ向かって駆り立ててきた。芸術は世界観の刷り込みである。数多のハリウッド映画やポップスは、ほとんど世界規模の洗脳装置だと言いたくなるほどだ。[6]かつてとまったく変わることなく、芸術も科学も魔術であり続けているのである。

（岡田暁生『音楽と出会う　21世紀的つきあい方』より）

問一　二重線部a～fについて、カタカナは漢字に直し、漢字はその読みをひらがなで答えなさい。
問二　本文中の空欄 ① ～ ③ に当てはまる語を、それぞれ漢字一字で答えなさい。
問三　傍線部1「『感性≠理性』の二分法」とはどのような考え方か、九十字以内で説明しなさい。
問四　傍線部2「傑作」5「娯楽」の二字と同じ構成の熟語を、次のア～カからそれぞれ一つ選び、記号で答えなさい。
ア　消火　イ　前進　ウ　未熟　エ　日没　オ　吉凶　カ　崩壊
問五　傍線部3「こんな例」とは、どのようなことの例か。二十五字以内で説明しなさい。
問六　傍線部4「世界観のブレークスルーには至るまい」とあるが、なぜこのように言えるのか。七十字以内で説明しなさい。
問七　本文中の空欄【　　】に当てはまる語句を本文中から十五字以内で抜き出して答えなさい。
問八　傍線部6「かつてとまったく変わることなく、芸術も科学も魔術であり続けているのである」とあるが、本文の内容からは、Ⅰ「アインシュタイン以前の科学」と、Ⅱ「二一世紀の科学」とでは、その「魔術性」に違いがあるようにも読み取れる。それぞれの「魔術性」とはどのようなものか、Ⅰは五十字以内、Ⅱは七十字以内でそれぞれ説明しなさい。
問九　本文の内容について述べた次のア～オについて、正しいものを一つ選び、記号で答えなさい。
ア　ダ・ヴィンチのような芸術家は、霊感のような発想をもって、作品を観る者にまるで別世界にいるかのような認識を与える魔術的な魅力を持つ作品を生み出してきた。

イ　科学の芸術化を果たし、世界を動かす法則には我々が通常考えているものとはまったく別のものがあるということに気づくことで、より客観的なものの見方ができるようになり、それが近代科学の発展につながった。
ウ　統治手段の一つとして用いられた芸術は、人間の感情に訴えかけるものとして、科学的知識などとも結び付けられ神権や王権による統治を支える魔術として機能していた。
エ　「教養としての芸術」という発想で、論理的・客観的に芸術をとらえ「1＋1＝2」式の学習を積み上げていくことによって芸術の不透明性を解消し、魔術性を奪うことができる。
オ　人類が科学の有する純粋な客観性だけで物事をとらえられず、魔術性を完全に捨てきることができなかった結果、二〇世紀の科学はこの世界を一瞬で滅ぼす原爆の呪文を生み出してしまった。

（☆☆☆☆◎◎◎）

【二】次の文章を読んで、以下の問いに答えなさい。

（前略）

当時、私は女学校の三年生だった。
軍需工場に動員され、旋盤工として風船爆弾の部品を作っていたのだが、栄養が悪かったせいか脚気にかかり、終戦の年はうちにいた。
空襲も昼間の場合は艦載機が一機か二機で、偵察だけと判っていたから、のんびりしたものだった。

空襲警報のサイレンが鳴ると、飼猫のクロが仔猫をくわえてどこかへ姿を消す。それを見てから、ゆっくりと本を抱えて庭に掘った防空壕へもぐるのである。

本は古本屋で買った「スタア」と婦人雑誌の附録の料理の本であった。クラーク・ゲーブルやクローデット・コルベールの白亜の邸宅の写真に溜息をついた。

私はいっぱしの軍国少女で、「鬼畜米英」と叫んでいたのに、聖林《ハリウッド》だけは敵性国家ではないような気がしていた。シモーヌ・シモンという猫みたいな女優が黒い光る服を着て、爪先をプッツリ切った不思議な形の靴をはいた写真は、組んだ脚の形まで覚えている。

料理の本は、口絵を見ながら、今日はこれとこれにしようと食べたつもりになったり、材料のあてもないのに、作り方を繰返し読みふけった。頭の中で、さまざまな料理を作り、食べていたのだ。「コキール」「フーカデン」などの食べたことのない料理の名前と作り方を覚えたのも、防空壕の中である。

「シュー・クレーム」の頂きかた、というのがあって、思わず唾をのんだら、

「淑女は人前でシュー・クレームなど召し上ってはなりません」

とあって、がっかりしたこともあった。


三月十日。

その日、私は昼間、蒲田に住んでいた級友に誘われて潮干狩に行っている。

寝入りばなを警報で起された時、私は暗闇の中で、昼間採ってきた蛤《はまぐり》や浅蜊《あさり》を持って逃げ出そうとして、父

に［A］突きとばされた。

「馬鹿！　そんなもの捨ててしまえ」

台所いっぱいに、蛤と浅蜊が散らばった。

それが、その夜の修羅場の皮切りで、おもてへ出たら、もう下町の空が真赤になっていた。我家は目黒の祐天寺のそばだったが、すぐ目と鼻のそば屋が焼夷弾《しょういだん》の直撃で、一瞬にして燃え上った。

父は隣組の役員をしていたので逃げるわけにはいかなかったのだろう、母と私には残って家を守れといい、中学一年の弟と八歳の妹には、競馬場あとの空地に逃げるよう指示した。

駆け出そうとする弟と妹を呼びとめた父は、白麻の夏布団を防火用水に浸し、たっぷりと水を吸わせたものを二人の頭にのせ、叱りつけるようにして追い立てた。この夏掛けは水色で縁を取り秋草を描いた品のいいもので、私は気に入っていたので、「あ、惜しい」と思ったが、さっきの蛤や浅蜊のことがあるので口には出さなかった。

だが、そのうちに夏布団や浅蜊どころではなくなった。「スタア」や料理の本なんぞといってはいられなくなってきた。火が迫ってきたのである。

「空襲」

この日本語は一体誰がつけたのか知らないが、［B］空から襲うのだ。真赤な空に黒いB29。その頃はまだ怪獣ということばはなかったが、繰り返し執拗に襲う飛行機は、巨大な鳥に見えた。

家の前の通りを、リヤカーを引き荷物を背負い、家族の手を引いた人達が避難して行ったが、次々に上る火の手に、荷を捨ててゆく人もあった。通り過ぎたあとに大八車が一台残っていた。その上におばあさんが一人、チョコンと坐って置き去りにされていた。父が近寄った時、その人は黙って涙を流していた。

炎の中からは、犬の吠え声が聞えた。

飼犬は供出するよういわれていたが、こっそり飼っている家もあった。連れて逃げるわけにはゆかず、繋いだままだったのだろう。犬とは思えない凄まじいケダモノの声は間もなく聞えなくなった。

火の勢いにつれてゴオッと凄まじい風が起り、葉書大の火の粉が飛んでくる。空気は熱く乾いて、息をすると、のどや鼻がヒリヒリした。今でいえばサウナに入ったようなものである。

乾き切った生垣を、火のついたネズミが駆け廻るように、火が走る。水を浸した火叩きで叩き廻りながら、うちの中も見廻らなくてはならない。

「かまわないから土足で上れ！」

父が叫んだ。

私は生れて初めて靴をはいたまま畳の上を歩いた。

「このまま死ぬのかも知れないな」

と思いながら、泥足で畳を汚すことを面白がっている気持も少しあったような気がする。

こういう時、女は男より思い切りがいいのだろうか。父が、自分でいっておきながら爪先立ちのような半端な感じで歩いているのに引きかえ、母は、あれはどういうつもりだったのか、一番気に入っていた松葉の模様の大島の上にモンペをはき、いつもの運動靴ではなく父のコードバンの靴をはいて、縦横に走り廻り、盛大に畳を汚していた。[3]母も私と同じ気持だったのかも知れない。

三方を火に囲まれ、もはやこれまでという時に、どうしたわけか急に風向きが変り、夜が明けたら、我が隣組だけが嘘のように焼け残っていた。私は顔中煤《すす》だらけで、まつ毛が焼けて無くなっていた。

大八車の主が戻ってきた。父が母親を捨てた息子の胸倉を取り小突き廻している。そこへ弟と妹が帰ってきた。

両方とも危い命を拾ったのだから、感激の親子対面劇があったわけだが、4不思議に記憶がない。覚えているのは、弟と妹が救急袋の乾パンを全部食べてしまったことである。うちの方面は全滅したと聞き、お父さんに叱られる心配はないと思って食べたのだという。

孤児になったという実感はなく、おなかいっぱい乾パンが食べられて嬉しかった、とあとで妹は話していた。

さて、このあとが大変で、絨毯爆撃がいわれていたこともあり、父は、この分でゆくと次は必ずやられる。最後にうまいものを食べて死のうじゃないかといい出した。

母は取っておきの白米を釜いっぱい炊き上げた。私は埋めてあったさつまいもを掘り出し、これも取っておきのうどん粉と胡麻油で、精進揚をこしらえた。格別の闇ルートのない庶民には、これでも魂の飛ぶようなご馳走だった。

昨夜の名残りで、ドロドロに汚れた畳の上にうすべりを敷き、泥人形のようなおやこ五人が車座になって食べた。あたりには、昨夜の余燼がくすぶっていた。

わが家の隣りは外科の医院で、かつぎ込まれた負傷者も多く、息を引き取った遺体もあった筈だ。被災した隣り近所のことを思えば、昼日中から、天ぷらの匂いなどさせて不謹慎のきわみだが、5父は、そうしなくてはいられなかったのだと思う。

母はひどく笑い上戸になっていたし、日頃は怒りっぽい父が妙にやさしかった。

「もっと食べろ。まだ食べられるだろ」

おなかいっぱい食べてから、おやこ五人が河岸のマグロのようにならんで昼寝をした。

畳の目には泥がしみ込み、藺草《いぐさ》が切れてささくれ立っていた。そっと起き出して雑巾で拭こうとする母を、父は低い声で叱った。

「掃除なんかよせ。お前も寝ろ」

父は泣いているように見えた。

自分の家を土足で汚し、年端もゆかぬ子供たちを飢えたまま死なすのが、家長として父として無念だったに違いない。それも一個人ではどう頑張っても頑張りようもないことが口惜しかったに違いない。

学童疎開で甲府にいる上の妹のことも考えたことだろう。一人だけでも助かってよかったと思ったか、死なばもろとも、なぜ、出したのかと悔んだのか。

部屋の隅に、前の日に私がとってきた蛤や浅蜊が、割れて、干からびて転がっていた。

戦争。

家族。

ふたつの言葉を結びつけると、私にはこの日の、6みじめで滑稽な最後の昼餐《ちゅうさん》が、さつまいもの天ぷらが浮かんでくるのである。

(向田邦子「ごはん」〈『父の詫び状』所収〉より)

(後略)

問一　文章の構成として、前半[　]で囲まれた部分があることの効果について、適切なものを次のア〜オから選び、記号で答えなさい。答えは一つとは限らない。

ア　戦時下に青春時代を過ごした作者が何を思い、暮らしていたかを具体的に描くことで、後半の作者の心情の変化がより強調される。

イ　少女時代の作者の当時の嗜好を具体的に叙述することで、後半に描かれる父の人物像との対比がより強調される。
ウ　戦時下における庶民の実際の暮らしを丁寧に描くことで、後半に伝えようとしている作者の反戦の意思がより強調される。
エ　戦争という非常事態においても、日々の暮らしが存在していたことが印象づけられ、後半の空襲時との対比がより強調される。
オ　外国に強く憧れる少女だったことを表現することで、後半の父の心情を当時察することができなかった自責の念がより強調される。

問二　傍線部1「それ」が指す内容について、五十字以内で書きなさい。
問三　本文中の空欄 A B に当てはまる語として、最も適切なものを次のア〜オからそれぞれ一つ選び、記号で答えなさい。
ア　まさに　イ　まったく　ウ　とっさに　エ　たまさか　オ　したたか
問四　幼い弟と妹のいかにも子どもらしい行動を端的に描いている叙述を本文中から十七字で抜き出しなさい。
問五　傍線部3「母も私と同じ気持だったのかも知れない」とあるが、作者は母のどのような行動から、どのような心情を推測しているか。本文中の叙述をもとに簡潔に説明しなさい。字数や書き方を踏まえて書くこと。

母の行動(五十字以内) から、 母の心情(四十字以内) があったと推測している。

問六　傍線部5「父は、そうしなくてはいられなかったのだと思う」とあるが、作者は父がそのようにした理由をどのように考えているか。最も適切なものを次のア～エから一つ選び、記号で答えなさい。
ア　戦争という一個人の力ではいかにしても抗うことのできない状況の中で、家長としての威厳も保てず、子供たちをも守ることもできないことが無念であり、家長としての威厳をなんとか堅持しようとしたから。
イ　自分の家を土足で汚し、年端もゆかぬ子供たちを飢えたまま死なすのが、家長として無念であり、何としても明日を生き延びるための活力を得ようとしたから。
ウ　戦争という一個人の力ではいかにしても抗うことのできない状況の中で、自分の家を土足で汚し、年端もゆかぬ子供たちを飢えたまま死なすのが、家長として無念であり、最後に、自分ができる精一杯のことをしてやろうと思ったから。
エ　自分の家を土足で汚し、年端もゆかぬ子供たちを飢えたまま死なすのが、家長として無念ではあったが、家族全員が空襲をくぐり抜け、生き延びられたことを神仏に感謝し、ささやかな幸せを感じたかったから。
問七　傍線部6「みじめで滑稽な最後の昼餐」とあるが、みじめで滑稽とはどのようなことを指し、最後の昼餐にはどのような意味が込められているのか百五十字以内で説明しなさい。
問八　この随筆の特徴として、最も適切なものを次のア～エから一つ選び、記号で答えなさい。
ア　当時、軍国少女だった自分を悔い、反戦の強い意志をもって、戦時下における人々の悲しみと苦しみを奥深く表現している。
イ　戦時中、どうすることもできなかった市井の人々の生活の具体的な描写から、平和な現在のありがたさを訴えかけている。

ウ　当時、少女だった作者の視点で、会話文を中心として家族の心情を描くことで、少女時代を愛おしく思う心情を表現している。

エ　当時、少女だった作者の視点で、家族の行動を詳細に生き生きとユーモアも交えて描くなかで、心の機微を繊細に表現している。

問九　次の文法に関する問題に答えなさい。

（1）傍線部2「火が迫ってきたのである」を文節で分けなさい。書き方の例を参考にして答えなさい。

(例) 学校に／行く。

（2）傍線部4「不思議に記憶がない」を品詞に分類しなさい。活用のあるものは、活用の種類や活用形も答えること。書き方の例を参考にして答えなさい。

(例) 赤い／花／も／咲い／た。

赤い	花	も	咲い	た
形容詞 連体形	名詞	助詞	五段活用動詞 連用形	助動詞 「過去」

(☆☆☆◎◎◎)

【三】次の文章を読んで、以下の問いに答えなさい。

問《とふ》。能に得手得手《えてえて》とて、ことの外に劣りたる為手《して》も、一向き上手に勝りaたる所あり。これを上手のせぬは、かなはぬやらん、また、すまじき事にてせぬやらん。

答《こたふ》。一切の事《じ》に、得手得手とて、生得《しやうとく》たる所あるものなり。*位《くらゐ》は勝りたれども、これはかなはぬ事あり。

さりながら、これもただ、*よき程の上手の事にての料簡《れうけん》なり。まことに能と工夫との極まりたら[b]ん上手は、[1]などかいづれの向きをもせざらん。されば、能と工夫とを極めたる為手、万人が中にも一人もなきゆゑなり。*なきとは、工夫はなくて、慢心あるゆゑなり。

　そもそも、上手にも悪《わろ》き所あり、下手《へた》にもよき所必ずあるものなり。これを見る人もなし。主《ぬし》も知らず。上手は、名を頼み、[2]達者に隠されて、悪き所を知らず。下手は、もとより工夫[A]【なし】ば、悪き所をも知らねば、よき所のたまたまあるをもわきまへず。されば、上手も下手も、たがひに人に尋ぬべし。さりながら、能と工夫とを極めたらんは、[3]これを知るべし。

　いかなるをかしき為手なりとも、よき所ありと[B]【見る】ば、上手もこれを学ぶべし。これ、*第一の手立《てだて》なり。もし、よき所を見たりとも、「我より下手をば似すまじき」と思ふ情識《じやうしき》あらば、その心に緊縛《けばく》せ[c]られて、我が悪き所をも、*いかさま知るまじきなり。これすなはち、極めぬ心なるべし。また、下手も、上手の悪き所もし[C]【見ゆ】ば、「上手だにも悪き所あり。いはんや初心の我なれば、さこそ悪き所多かる[d]らめ」と思ひて、これを恐れて、人にも尋ね、工夫をいたさば、いよいよ稽古になりて、能は早く上がるべし。もし、さはなくて、「我は*あれ体《てい》に悪き所をばすまじきものを」と慢心あらば、我がよき所をも、真実知らぬ為手なるべし。よき所を知らねば、悪き所をも良しと思ふなり。さるほどに、年は行けども、能は上がらぬなり。これすなはち、下手の心なり。

　されば、上手にだにも、上慢あらば、能は下がるべし。[4]いはんやかなはぬ上慢をや。よくよく*公案して思へ。「上手は下手の手本、下手は上手の手本なり」と工夫すべし。下手のよき所を取りて、上手の*物数《ものかず》に[D]【入る】事、無上至極の理《ことわり》なり。

（世阿弥『風姿花伝』より）

＊位…芸の格。
＊なきとは…なぜないのかといえば。
＊いかさま…たぶん。恐らくは。
＊公案…十分に思いめぐらすこと。
＊よき程の…ある程度の。
＊第一の…最善の
＊あれ体に…あんなふうに。
＊物数…自分の演目。

問一　二重線部a「たる」b「ん」c「られ」d「らめ」の助動詞について、それぞれ活用形を書きなさい。また、意味として最も適切なものを次のア～セからそれぞれ一つ選び、記号で答えなさい。
ア　完了　イ　存続　ウ　推定　エ　推量　オ　意志　カ　受身　キ　尊敬
ク　自発　ケ　可能　コ　不可能　サ　現在推量　シ　禁止　ス　婉曲　セ　打消
問二　A【なし】B【見る】C【見ゆ】D【入る】について、それぞれ適切な活用形に直しなさい。
問三　傍線部1「などかいづれの向きをもせざらん」の意味として最も適切なものを次のア～オから一つ選び、記号で答えなさい。
ア　どの方向から客に見られても対応することができるだろう
イ　役者としての生き方に迷うことはないだろう
ウ　あれこれと芸風を変えはしないだろう
エ　どのような演目の芸であっても行うだろう
オ　気持ちが向かないからといって芸をしないことはないだろう
問四　傍線部2「達者に隠されて」とはどのような意味か、簡潔に答えなさい。
問五　傍線部3「これ」が何を指しているかについては二通りの解釈が考えられる。それぞれ簡潔に答えなさい。

問六　傍線部4「いはんやかなはぬ上慢をや」とはどういうことか、六十字以内で説明しなさい。

問七　本文は役者としての心構えに関わるものであるが、本文の内容を踏まえると、教師として生徒と関わっていく際にどのようなことが大事であると考えられるか、五十字以内で説明しなさい。

（☆☆☆☆◎◎◎）

【四】次の文章を読んで、以下の問いに答えなさい。

董《とう》奉《ほう》字ハ君《くん》異《い》、*候《こう》官《くわん》人ナリ。*杜《と》燮《せふ》為ル二*交州ノ刺史一ト。得テレ毒ヲ病ミ死スルコト三日ナリ。奉時ニ在リ二南方一ニ。乃チ往《ゆ》イテ以テ二三丸薬ヲ一内レ二其ノ口中一ニ、[1]令人挙其頭揺捎之。*食頃ニシテ燮開キレ目ヲ動カシ二手足ヲ一、顔色復《かへ》リ、半日ニシテ[a]能起坐シテ、遂ニ活ク。奉還ツテ二*廬《ろ》山《ざん》ノ下一ニ居ル。【人・取・為・銭・病・不・治・物】。使メ三病愈《いゆ》ル者ヲシテ為ニ種《うゑ》二一株ノ杏ヲ一、数年ニシテ有リ二十萬餘株一。鬱然トシテ成シレ林ヲ、杏子大イニ熟ス。奉於イテ二林中一ニ作リレ倉ヲ、宣語スラク欲スルレ買ハントレ杏ヲ者ハ、但《ただ》自ラ取レレ之ヲ。一器ノ穀ニシテ得ヨト二一器ノ杏ヲ一。[b]毎二穀少ナクシテ而取ルコトレ杏ヲ多キ者一アル、有リレ虎逐《お》フレ之ヲ。有レバレ偸《ぬす》ムレ杏ヲ、虎逐ウテ齧《か》ミ死《ころ》ス。家人知ツテ送ツテレ杏ヲ還セバ、死スル者即チ活ク。[c]自レ是買フレ杏ヲ者、[2]自ラ平二量シテ之ヲ一、不二敢《あへ》テ欺カ一。奉以テ二所ノレ得ル糧穀ヲ一賑二救シ貧窮ヲ一、供二給ス*行旅ニ一。

民間僅カニ百年ニシテ、乃チ昇ル㆑天ニ。顔色常ニ如カリキ㆓年三十ノ時ノ㆒也。

（『蒙求』より。なお、表記を一部改めた）

＊侯官…侯官県。現在の福建省福州市中心部および閩侯県の一部。　＊杜燮…人名。
＊交州…今の広東・広西からベトナムに及ぶ地域。　＊食頃…たちまちに。
＊廬山…現在の江西省北部にある山。　＊行旅……旅人。

問一　二重線部ａ「能」ｂ「毎」ｃ「自」の漢字の読みをそれぞれ送り仮名も含めてひらがなで書きなさい（現代仮名遣いでかまわない）。
問二　本文中の【人・取・為・銭・病・不・治・物】の漢字を、「人の為に病を治し銭物を取らず」という書き下し文を参考にして、意味の通る漢文になるよう並べ替えて書きなさい（訓点は施さないこと）。
問三　本文中から董奉の話した言葉である箇所を抜き出し、はじめと終わりの三字を答えなさい。
問四　傍線部１「令人挙其頭揺捎之」は、「人にその頭を持ちあげさせ、揺り動かさせた」という意味の漢文である。この意味を参考にして、訓点を施しなさい。ただし、「揺捎」は「揺捎す」というサ行変格活用の熟語動詞として読むものとする。
問五　傍線部２「自平量之、不敢欺」とはどういうことか、三十五字以内で説明しなさい。
問六　この話から生まれたとされる、名医を表す言葉とは何か。漢字二字で答えなさい。

（☆☆☆◎◎◎）

【高等学校】

【一】次の文章を読んで、以下の問いに答えなさい。

「哲学は無用か」という問いが哲学関係の学会でまともに取り上げられること自体が驚きだが、この自虐的な今回の課題研究発表のテーマは、おそらく修辞疑問として発せられたものと思われる。だが、修辞疑問であるにせよ、たとえば日本物理学会で「物理学は無用か」という問いが真面目な議論のテーマになるとは考えにくい。また海外の哲学関係の学会で、このようなテーマが取り上げられたという例も、私はカブンにして知らない。裏を返せば、それだけわが国の哲学を取り巻く環境は厳しくなっており、哲学研究者たちが哲学の行く末に危機意識を感じているということであろう。

その理由ははっきりしている。教養部の解体、大学院重点化、国立大学法人化など一連の大学改革の嵐のなかで、人文系の学問にも産学連携、外部資金の導入、社会貢献など理工系の学問に準じた対応が求められてきていることである。その結果、「基礎学」と呼ばれる「無用の用」を本領としてきた分野、とりわけ浮世離れした学問である哲学は、予算削減やポスト減少などの「ヒョウロウ攻め」に遭い、最近では研究者の再生産さえおぼつかなくなっている状況にある。

もちろん、その責任の一斑は、□年□日のごとき「哲学史」の講義を繰り返し、哲学教育の重要性を社会にアピールしてこなかった哲学教師の側にもあるであろう。それゆえ、この窮状を突破するための短期的方策はおそらく限られている。すなわち、伝統をボクシュして籠城を決め込むのではなく、座して死を待つよりは野戦に打って出ることである。具体的には、「リベラル・アーツ」の再編を通じて教養教育のなかに哲学の立脚点を確保し、他方で生命倫理、環境倫理、科学技術倫理など「応用倫理」の分野を盾に哲学の「有用性」

を社会に訴えていくほかはない。むろん、その上で大学院教育においては基礎学に徹し、原典の④チミツな読解や筋道だった論文作法など研究者としての基本的な訓練を施す必要があることは言うまでもない。いわば、3□従□背の二段構えの対応である。

だが、哲学が「有用性」を目指す学問ではなく、むしろ「有用性」について考える学問であることは、ここで繰り返し強調しておくに値する。以前、新入生オリエンテーションの折に、学生から「哲学は何の役に立つのですか」と問われて答えに窮したことがある。そのときは「哲学は『役に立つ(有用性)』とはどのようなことかを根本に立ち返って考える学問です」と答えて急場をしのいだのだが、その考えはいまでも変わっていない。つまり、「有用(useful)」とは自明の概念ではなく、「存在」や「真理」と同様に哲学的探究を必要とする概念なのである。それゆえ「哲学は無用か」という問いに答えるためには、まずもって「有用／無用」という常識になずんだ二項対立を、デリダではないが「脱構築」しておかねばならない。

アリストテレスは『形而上学』第一巻において、学問の成立基盤を「閑暇(スコレー)」に求め、「制作的[生産的]な知よりも観照的[理論的]な知の方が、いっそう多く知恵がある」と述べていた。だが、現在では理工系の学問を中心に生産的な知が優位を占め、学問は「閑暇」どころか「実業(ビジネス)」になりおおせている。このような変化が生じたのは、近代における啓蒙主義の⑤リュウセイ以降のことである。一八世紀半ばに刊行された『百科全書』の序論で、*ダランベールは「自由学芸(liberal arts)」から「機械技術(mechanical arts)」への転換を説いて次のように論じている。

　しかしながら、4自由学芸が機械技術の上に有する優越性――それは前者が精神に課する労働とそれに秀でることの困難さとによるものだが――は、後者のほとんどが私たちに得させるはるかにまさる有用性によって十分に相殺される。(中略)私たちのために時計の円錐滑車・がんぎ・鳴鐘装置を発明してくれた人々が、なぜ代数を完成すべく次々に努力してきた人々と同様に尊敬されないのか。(中略)その名は忘却の中に葬り去られているこういう稀有の天才は、学問において新しい道を私たちに切り開いてくれた数少ない創造的精神たちとならんで席を占めるのに充分値《あた》いしていなかったであろうか。

(*ディドロ、ダランベール編『百科全書』桑原武夫訳編)

ここに見られるように、「有用性」の概念を⑥梃子にして、自由学芸と機械技術の優劣は啓蒙期において逆転したのである。逆に言えば、有用性、確実性、効率性などが学問の評価基準となったのは、高々ここ二五〇年ばかりの出来事にすぎない。それは永遠不変の基準ではなく、近代的な生活形式という歴史的刻印を帯びて生れてきたのである。

そもそも「有用」とは何かの「ために」有用であるという目的―手段関係を想定した概念である。チャールズ・テイラーは、ヘーゲルの啓蒙イデオロギー批判に触れて「あるものを有用と考えることは、それを内在的意義をもたないものと考えることであり、むしろその意義を何か他のものの目的に奉仕するためのものとすることである」と述べている。それからすれば、学問が有用であるとは、学問の営みそれ自体が内在的価値をもつのではなく、学問はそれにとって外在的な目的のために奉仕する手段として価値を持つ、ということにほかならない。そこから帰結するのは、学問それ自体の存在価値の下落であり、[5]学問の意味の空洞化であろう。フッサールが「ヨーロッパ諸学の危機」に際会して学問の実証主義的傾向を批判し、「十九世紀の後半には、近代人の世界観全体が、もっぱら実証科学によって徹底的に規定され、また実証科学に負う「繁栄」によって徹底的に眩惑されていたが、その徹底性たるや、真の人間性にとって決定的な意味をもつ問題から無関心に眼をそらさせるほどのものであった。単なる事実学は、単なる事実人をしかつくらない」とカッパ⑦したゆえんである。

だが、少なくとも二〇世紀前半までは、自然科学といえどもJ・R・ラベッツの言う「アカデミズム科学」の枠内にとどまっていた。すなわち、社会とは一定の距離を置いた象牙の（　a　）(研究室や実験室)のなかで、科学者個人の知的好奇心に基づいて自然の仕組みを探究する「真理探究型」の学問のことである。アインシュタインやキュリー夫人の研究姿勢を思い浮かべればよい。そこでは、論文はいまだ個人が単独で発表していたし、その見返りといえば個人的名誉以外にはなかったのである。

それが二〇世紀後半になると、ラベッツが「産業化科学」と呼ぶ「プロジェクト達成型」の研究開発が自然科学の主流を占めるにいたる。そのモデルとなったのは、アメリカ政府が巨額の資金を投入し、科学者を動員して原爆開発を推進した「マンハッタン計画」にほかならない。この計画の成功は、戦後アメリカの科学政策に大きな影響を与えた。すなわち、アメリカ政府は「全米科学基金(NSF)」を設立し、科学者に研究開発プロジェクトを請け負わせる形で財政援助を行ったのである。これは戦時の科学者動員を平時化するものであり、同時に莫大な予算を必要とする「ビッグ・サイエンス」の始まりでもあった。

この「プロジェクト達成型」科学の特徴は、政府や企業から研究資金を調達し、科学者を組織して期限までにプロジェクトの達成を請け負うところにある。そこで指導的な科学者に求められているのは、「研究者」であるよりは「組織管理者」あるいは「企業家」としての役割なのである。さらに、外部資金の援助を受けている以上、研究成果については専門学会における「同僚評価(peer review)」に加えて「社会的説明責任(accountability)」が要求されることになる。出資者に対して短期的成果を提示する必要があることから、このタイプの科学研究を「ファストフード」になぞらえて「ファストサイエンス」と呼ぶことができる。

それに対して、哲学をはじめとする人文学は「ファストサイエンス」ではありえない。人文学ではさほど巨額の予算を必要としない個人研究が主流であり、あったとしても共同研究は二次的役割をしか果たしていない。また、原稿の締め切りはあっても、引用頻度やインパクトファクターのような形で短期的成果を求められることは稀である。その意味で、人文学は「スローサイエンス」と呼ばれてよいであろう。ギリシアの学問が「閑暇(スコレー)」から発したように、もともと人文学は市場価値や流通速度とは無縁の学問であった。

だとすれば、「ファストフード」に対して伝統的な「スローフード」の価値が見直され、「スローライフ」に人々の関心が集まっている今日、人文学はむしろ「スローサイエンス」としてのアイデンティティを確立すべきではないだろうか。「スロー」とは「スローライフ」という言葉が生き方のスタイルを表しているように、知の成立を支える学問的態度に関わる特質である。とりわけ哲学は、「有用性」の有無に⑧拘泥するのではなく、この世界やわれわれの生には、有用性や効率性を掲げる市場原理には還元できない価値が厳として存在することを積極的に言挙げせねばならない。

だが、哲学が「スローサイエンス」としてのアイデンティティを確立しようとしても、そこには前門の虎と後門の(　b　)が立ちはだかってそのアイデンティティを脅かしている。前門の虎とは、現代自然科学の飛躍的発展とそれに依拠した「自然主義(naturalism)」の勃興である。とりわけ二〇世紀後半における生命科学、情報科学、脳科学の発達は、これまで哲学固有の研究領域と考えられてきた「精神」や「意識」、あるいは「倫理」や「規範」までをも科学的方法によってその射程に収めようとしている。たとえば生命科学者の利根川進は「宗教とか哲学が対象にしてきたいろいろな概念とか問題は、脳科学がもっと進めば、説明がついていくだろうと思っています」と述べ、心的現象もまた物質的説明が可能であることを示唆しているのである。

こうした⑨趨勢に呼応して、哲学内部においても、このところ自然主義の潮流が力を増してきている。自然主義とは、心的現象のみならず「倫理」や「価値」をも含めたいっさいの人間的事象はつまるところ自然現象であり、したがって自然科学的解明が可能であると主張する哲学的立場のことである。その主唱者であるW・V・クワインは、自然主義を「第一哲学という目標の放棄」として特徴づけた上で、「自然主義は認識論を拒絶するわけではないが、それを経験心理学に同化させる」と述べている。つまり、哲学は科学的認識の「基礎づけ」という伝統的役割を放棄すべきであり、代わりに科学と哲学との境界線は連続的となり消滅するのだから、哲学は科学的成果を循環に陥ることなく自由に利用できる、というわけである。

もちろん、哲学が「万学の女王」の地位を誇った時代はすでに過去のものであろう。それゆえ「第一哲学の放棄」を掲げる自然主義の主張にも一理はある。しかし、自然主義を徹底化すれば、哲学は「無用」とはいわないまでも、「科学の婢」すなわち科学の補助学科の位置に甘んずるほかはない。[6]哲学固有のアイデンティティを否定するという意味で、自然主義は哲学無用論の一形態なのである。

自然主義の世俗化されたヴァージョンは、現在「遺伝子(DNA)決定論」や「脳科学的決定論」のような形で一般に流布している。自然科学が現象間の因果的必然性を法則化する学問である以上、人間的事象を自然現象に還元してしまえば、それは一種の「決定論」に行き着かざるをえない。人間の行動は遺伝的にプログラムされており、意志や意図などの心的状態もまた大脳過程のミクロな遷移によって因果的に決定されている、というわけである。だとすれば、「殺意」を抱くことも脳状態の因果的帰結であり、殺人者の責任は問えないということになろう。(中略)

そもそも「原因—結果」の関係を表す因果性(causality)は、現在でこそ自然科学の専売特許となった観があるが、もともとは日常用語であり、生活世界のカテゴリーにほかならない。因果性が決定論的意味を帯びるようになったのは、近代科学成立以後のことである。それゆえ、「心身因果」のような自然科学を逸脱した事象を考察する場合には、むしろ因果性を生活世界のカテゴリーとして捉え直す必要がある。その際に手がかりとなるのは、＊ラッセルの「因果概念不要説」である。彼は「どの学派に属する哲学者もみな、因果性は科学の根本的な公理ないしは公準であると想像しているけれども、奇妙なことに、重力天文学のような発達した科学においては、『原因』という言葉は決して姿を見せないのである」と述べ、続けて「物理学が原因を探し求めることを止めた理由は、実際のところ、そのようなものは存在しないからなのである」と断言している。いささか⑩キキョウとも見える主張だが、その理由は以下のようなものである。

重力の法則は、いかなる発達した科学においても生じていることの例証となるであろう。相互に重力で引き合っている物体の運動には、原因と呼びうる何ものも、また結果と呼びうる何ものもなく、あるのはただ公式だけである。（中略）このような系には、正確に「原因」と呼びうるものも、正確に「結果」と呼びうるものも存在しない。（中略）疑いもなく、古き「因果律」がかくも長く哲学者たちの著作に浸透し続けてきたのは、関数という概念が彼らのほとんどに馴染みがなく、それゆえ彼らは不当に単純化された言明を探し求めるということにすぎない。「同一」原因が「同一」結果を生み出すことが繰り返される、という問題は存在しない。科学法則の恒常性は、原因と結果のいかなる同一性にも存するわけではなく、諸関係の同一性にこそ存する。さらに「諸関係の同一性」という語句すら単純すぎるのであって、「微分方程式の同一性」というのが唯一の正しい文言である。

（ラッセル『Mysticism and Logic』）

すなわち、成熟した科学においては、「原因」や「結果」の概念は無用の長物であり、「微分方程式の同一性」

さえあればよい、というのである。この乱暴ともいえる提案は、しかし因果関係についての二つの示唆を与えてくれる、微分方程式で記述できる自然現象(たとえばリンゴの落下)は、時間的に連続的な現象であり、どの時点の事象を原因および結果と見なすかについては、任意性が存する。だが、リンゴが木の枝を離れた時点を原因、それによって地上の蟻が押しつぶされた時点を結果と呼ぶとすれば、そのときわれわれは連続的現象のなかから二つの事象を分離可能な出来事として特定し、それに理解可能な人間的意味を与えているのである。したがって、原因―結果のカテゴリーが適用可能なのは自然現象であるよりは、人間的事象だと言うことができる。より具体的には、因果関係のプロトタイプとなっているのは人間の行為にほかならない。そのことを、以下のE・M・フォースター*の小説論は鮮やかに照らし出してくれている。

われわれはストーリーを「時間の進行に従って事件や出来事を語ったもの」と定義しました。プロットもストーリーと同じく、時間の進行に従って事件や出来事を語ったものですが、ただしプロットは、それらの事件や出来事の因果関係に重点が置かれます。つまり「王様が死に、それから王妃が死んだ」といえばストーリーですが、「王様が死に、そして悲しみのために王妃が死んだ」といえばプロットです。時間の進行は保たれていますが、二つの出来事の間に因果関係が影を落とします。(中略)ストーリーなら「それから?」と聞きます。プロットなら「なぜ?」と聞きます。これがストーリーとプロットの根本的な違いです。

(E・M・フォースター『小説の諸相』)

ここで「それから?」という問いに応ずるストーリーは、いわば自然現象を記述する微分方程式に相当する。

それに対して、「なぜ？」という問いに応ずるプロットは人間的事象を記述する因果関係に対応している。それが通常の自然科学的因果概念に反するというのであれば、これを「物語り的因果性」と呼び換えてもよい。いずれにせよ、物語り的因果性は決定論からはほど遠い概念であり、「なぜ？」という問いに答えて人間的行為の理由を説明する生活世界的カテゴリーにほかならない。その意味で、人間的事象を自然現象に還元する自然主義のプログラムは、木に縁りて（　c　）を求むるごとく、物語り的因果性を微分方程式で記述することを求めているに等しいのである。

（野家啓一『はざまの哲学』による。ただし、設問の都合上、一部改めた箇所がある。）

＊ダランベール……………一七一七―一七八三年。フランスの哲学者、数学者、物理学者。
＊ディドロ…………………一七一三―一七八四年。フランスの哲学者、美術批評家、作家。
＊ラッセル…………………一八七二―一九七〇年。イギリスの哲学者、論理学者、数学者。
＊Ｅ・Ｍ・フォースター…一八七九―一九七〇年。イギリスの小説家。

問一　本文中の太線部①～⑩について、カタカナは漢字に改め、漢字は読みをひらがなに改めて書きなさい。

問二　本文中の傍線部1「修辞疑問」について、「哲学は無用か」という問いが「修辞疑問」として発せられたととらえると、結局この問いはどのようなことを言おうとしていると考えられるか、二十五字以内で説明しなさい。

問三　本文中の傍線部2「□年□日」3「□従□背」について、□にそれぞれ適当な漢字を補って四字熟語を完成させなさい。

問四　本文中の傍線部４「自由学芸が〜相殺される」について、ここでダランベールが主張しようとしているのはどのようなことであると考えられるか、百字以内でわかりやすく説明しなさい。

問五　本文中の傍線部５「学問の意味の空洞化」とはどういうことか、本文中の言葉を用いて六十字以内で説明しなさい。

問六　本文中の傍線部６「哲学固有のアイデンティティ」とはどのようなものか、百字以内で説明しなさい。

問七　本文中の空欄（　a　）〜（　c　）にそれぞれ適当な漢字一字を入れて、ことわざ・慣用表現を完成させなさい。

問八　本文中の傍線部７「物語り的因果性」とはどのようなものかに触れつつ、あなたの考える「物語る」ことの意義について百六十字以内で述べなさい。

問九　次の文章Ｘは、本文中の波線部「無用の用」に関連する『荘子』の一節です。文章を読んで、以下の問いに答えなさい。

Ｘ　荘子行《キ》㆓於山中《ニ》㆒、見《ル》㆓大木《ノ》枝葉盛茂《セルヲ》㆒。伐《ル》㆑木《ヲ》者、止《マルモ》㆓其《ノ》旁《ラニ》㆒而不㆑取《ラ》也。問《フ》㆓其《ノ》故《ヲ》㆒、曰《ク》、「無㆑所《シト》㆑可《キ》㆑用《フ》。」荘子曰《ク》、「此《ノ》木《ハ》以《テ》㆓不材《ヲ》㆒得《タリト》㆑終《フルヲ》㆓其《ノ》天年《ヲ》㆒。」夫子A出《デ》㆓於山《ヨリ》㆒、舎《ヤドル》㆓於8故人之家《ニ》㆒。故人喜《ビ》、命《ジテ》㆓竪子《ニ》㆒殺《シテ》㆑雁《ヲ》而B烹《ニシム》㆑之《ヲ》。竪子請《ヒテ》曰《ク》、「其《ノ》一《ハ》能《ク》鳴《キ》、其《ノ》一《ハ》不㆑能《ハ》㆑鳴《ク》、請《フ》奚《イヅレヲ》殺《サント》。」主人曰《ク》、「［　　　　　］。」

明日、弟子問《ヒテ》㆓於荘子《ニ》㆒曰《ク》、「昨日《ノ》山中之木《ハ》、以《テ》㆓不材《ヲ》㆒得《タリ》㆑終《フルヲ》㆓其《ノ》天年《ヲ》㆒。今主人之雁《ハ》、以《テ》㆓不材《ヲ》㆒C死《ス》。先生将《ニ》㆓何《レニ》D処《ラント》㆒。」

荘子笑ヒテ曰ク、「＊周ハ将ニレ処ラント下乎材ト[9]与ノ二不材一之間上。材ト与ノ二不材一之間ハ、似テレ之ニ而非也。故ヨリ未ダレ免レ二乎累《わづらひ》ヲ一。若キハ下夫ノ乗リテ二道徳ニ一而浮遊スルガ上、則チ不レ[10]然ラ。無クレ誉レ無クレ謗リ、＊一竜一蛇シ、与レ時倶ニ化シテ、而無シ二肯ヘテ専ラニ為スコト一。一上一下シ、以テレ和ヲ為シレ＊量ト、浮二‐遊シ乎万物之祖一、物トスルモレ物ヲ而不レ物トサレ二於物ニ一、則チ胡ゾ可ケン二得テ而累ハサル一邪。此レ＊神農・黄帝之法則也。若キハ二夫ノ万物之情、人倫之伝ノ一、則チ不レ然ラ。合ヘバ則チ離レ、成レバ則チ毀《こぼ》タレ、廉ナレバ則チ挫《くじ》カレ、尊ケレバ則チ＊議セラレ、有為ナレバ則チ＊虧《か》カレ、賢ナレバ則チ謀ラレ、[11]不肖ナレバ則チ欺カル。[12]胡ゾ可ケン二得テ而必スル一乎哉。[13]悲シイ夫、弟子志《しるせ》レ之ヲ、其レ唯ダ道徳之郷ト乎。」

＊周…荘子の名。

＊一竜一蛇…あるときは竜のように天に昇りあるときは蛇のように地面を這う。自在に変化すること。後の「一上一下」も同様の意味で用いられている。

＊量…行動の基準とする。

＊神農・黄帝…ともに伝説上の天子の名。

＊議…批判する。

＊虧…そこなう。さまたげる。

(i)「無用の用」に相当する内容を直接的に表している部分を、Xの本文中における荘子の発言の中から十字以内で抜き出して書きなさい(訓点不要。句読点は一字に数えない)。

(ii) 傍線部8「故人」11「不肖」の語句の意味をそれぞれ簡潔に答えなさい。
(iii) 二重傍線部A～Dに含まれる動詞について、活用の行と種類をそれぞれ答えなさい。
(iv) Xの本文中の空欄□にはどのような内容が入るか。現代語を用いて十五字程度で答えなさい。
(v) 傍線部9「与」について、この漢字には訓読する際に複数の読み方があります。動詞として訓読する場合の読み方について、送り仮名を参考にしてそれぞれ答えなさい(現代仮名遣いでよい)。
① 与る　② 与す　③ 与にす
(vi) 傍線部10「然」が指している内容をXの本文中より五字以内で抜き出して書きなさい(訓点不要。句読点は一字に数えない)。
(vii) 傍線部12「胡可得而必乎哉」の解釈として最も適当なものを次のア～オより一つ選び、記号で答えなさい。
ア　何を絶対的なものとして当てにできようか。
イ　全く得られるものがないではないか。
ウ　どうして絶対的なものを得ようとしないのか。
エ　必ずしも得られるものがないわけではない。
オ　絶対的なものが必要になるのではないか。
(viii) 傍線部13「悲夫、弟子志之、其唯道徳之郷乎。』」を書き下し文にしなさい。

(☆☆☆☆◎◎◎)

解答・解説

【中高共通】

【一】問一 a 瓦解 b 錬金 c 奉仕 d 至上 e かいらい f 邁進 問二 ① 油 ② 雷 ③ 我 問三 感性と理性は互いに相容れない人間の精神活動の二領域であって重なる部分はなく、事物はどちらかに分類することができ、両者を足せば世界全体をとらえることができるとする考え方。(八十四字) 問四 2 イ 5 カ 問五 芸術が科学的認識と深く結びついていることの例。(二十三字) 問六 感性と幻視を欠いた科学はただのテクノロジーであり、今ある世界の中での歩みを進めることはできても、別世界への道を開くことはできないから。(六十七字) 問七 誰がやっても同じ結果になる(十三字) 問八 Ⅰ 天才科学者に啓示や幻視のようなかたちで突如としてもたらされ、別の世界への道を開かせてくれるもの。(四十八字) Ⅱ 不透明性を排除し、誰にでも理解可能なものであるという客観性を重視していく動きの中で生まれた、人間が制御不可能な新しい世界の像をもたらすもの。(七十字) 問九 ウ

〈解説〉問一 漢字は表意文字である。文脈に整合する漢字を楷書で書くこと。また、同音異義語や類似の字形に注意すること。読みは音訓に注意する。 問二 ①は、「性質が正反対で、融和しないことのたとえ」である「油」。②は、ガリレオやニュートン、アインシュタインの発見が「ある瞬間に突如として、まったく別の法則で世界が動いているのが視えた」の比喩表現である。雷による瞬間的な閃光と轟音の中での別世界を視るような発見というのである。③は、日常の生活世界から美術館、コンサート等の芸術世界へ入っても、そこから出ることで、この別世界から再び生活世界へ返る、(我に返る)ことを述べている。 問三 1の二分法とは、芸術と科学は、水と油のように互いに相容れない人間の精神活動の領域であり、両者の中間にオーバーラップ

領域はなく、この両者を足せばこの世界全体になるという考え方。　問四　２「傑作」は、修飾・被修飾。５「娯楽」は、類語の組合せ。アは、述語・目的語。イは、修飾・被修飾。ウは、否定・単語。エは、主語・述語。オは、対語の組合せ。カは、類語の組合せである。　問五　３「こんな例」は、レオナルド・ダ・ヴィンチの「最後の晩餐」の構図の科学的空間認識における世界の新しい見え方を指す。芸術が深く科学的認識と結びついていることの例である。　問六　４「世界観のブレークスルー」の「ブレークスルー」とは、「(科学・技術の)画期的な発展」をいう。科学を欠いた芸術は、「きれいな絵」ではあっても、新しい世界観の設計図にはなりえないと同様に、感性と幻視を欠いた科学は単なるテクノロジーであり、生活面での利便性はあっても、新たな世界を開拓することはできないというのである。　問七　脱魔術化の手段が「客観性」であれば、奇術のタネと仕掛けを客観化することで、誰もが理解できて練習さえすれば「同じ結果になる」はずである。問八　Ⅰ　「アインシュタイン以前の科学」の魔術性は、啓示とか幻視に近いかたちで瞬間的に新しい「世界の像」を視て、別世界のブレークスルーに至るもの。Ⅱ　二一世紀の科学＝「今の科学」の説明は、第九段落に出てくる。要点は「原理的には誰もが理解可能で、誰がやっても同じ結果になるという透明性」を確保するもの。そのようにして「脱魔術化」し「客観化」したはずの科学だが、にもかかわらずそこに「魔術性」があるとはどういうことか？　それは、傍線部の二行前で「二一世紀においては、地上のほとんどの人間を不要のものとするようなＡＩという名の傀儡の開発に、日々科学者たちは邁進している」とあるとおり、今日の科学は、「人間」主体を「不要」とするような世界に向かいつつあるという事態を指し示している。すなわち、この事態は〈人間の制御を越えた新たな世界の訪れ〉をもたらす点で、第十一段落の「別の世界を視る／見せる」という魔術のあり方に該当しているのである。　問九　アは、「作品を観る者に」以下、イは、「より客観的なものの見方」以下、エは、「論理的・客観的」以下、オは、全文が不適切。

【二】問一　ア、エ　問二　警報が鳴り響く中、蛤や浅蜊を持って逃げようとする危機感のない私を父が激しく叱るという出来事。(四十六字)　問三　A　オ　B　ア　問四　救急袋の乾パンを全部食べてしまった　問五　母の行動…母が一番気に入っていた着物を着、父のコードバンの靴をはき、縦横に走り廻り、盛大に畳を汚していたこと(四十九字)　心情…もうここで死ぬのかもしれないという気持ちとこの非常事態を面白がる気持ち(三十五字)　問六　ウ　問七　戦争という一個人ではどうしようもない状況の中で、昼の日中から白米と精進揚げをお腹いっぱいに食べ、家族全員で、昼寝をするというささやかな抵抗を「みじめで」と表現し、そんなことを思いついて大真面目に実行した当時の家族の姿を「滑稽」と捉え、明日をも知れぬ命だった状況を「最後の昼餐」と表現している。(百四十六字)　問八　エ　問九　(1)　火が／迫って／きたので／ある。

(2)

不思議に	記憶	が	ない。
形容動詞　連用	名詞	助詞	形容詞　終止形

〈解説〉問一　枠で囲まれた部分は、空襲前の戦時下の私の生活の様子である。本文の三月十日の東京大空襲の様子が刻明に描写されたこととの関係では、私の空襲前の日常の生活に比べ、空襲により生死の境をさまよう状況が対比されて描かれている。この部分の表現効果として適切な記述は、アとエ。　問二　1　「それ」の指示内容は、私が空襲警報で避難するとき、昼間採ってきた蛤や浅蜊を持ち出そうとして父に突きとばされ叱られたことを指す。　問三　空欄には、その前後の文や語句に整合する語が入る。Aには、蛤や浅蜊を持って逃げる作者を激しく突きとばす語、Bには、空襲の状況を表す語が入る。　問四　私が記憶している弟妹の行為は、救急袋の乾パンを全部食べてしまったことである。　問五　母の行動は、「一番気に入っていた松葉の模様の大島のモンペをはき～走り廻り」と書かれている。母の心情について作者は「私と同じだったかもしれな

い」と言っている。作者の心情は、「このまま死ぬのかもしれないな」という思いと「泥足で畳を汚すことを少々面白がっている気持」である。　問六　空襲でいつ死ぬかわからない状況の中での父の「この分でゆくと次は必ずやられる。最後にうまいものを食べて死のうじゃないか」という言葉を踏まえての昼日中の「ご馳走」である。家長である父親の家族への思いを考える。　問七　6「みじめで滑稽な」は、「最後の昼餐」を修飾する「戦争」と「家族」の二つの言葉を結びつけての、作者のイメージである。「みじめで」とは、人為による破壊と生命の収奪により現実を無の世界に化す戦争の悲しさ惨めさであり、「滑稽」とは、空襲による死を予想して、命あるうちに美味しいものを食べておこうと真剣になって、取り置きの白米と精進揚げで満腹するまで食べ、そのあと親子そろって昼寝をしたことをいう。　問八　この作品は、「私」(作者)の視点で、少女時代の戦争体験と家族の行動を会話をまじえながらユーモラスに表現している。特に、三月十日の東京大空襲の体験描写は迫真性がある。　問九　(1)「文節」は、文を自然の息切れで区切った単位。「火が／迫って／きたので／ある。」と区切る。　(2)品詞は、「不思議に」(形容動詞「不思議だ」の連用形)、「記憶」(名詞)、「が」(主格を表す格助詞)、「ない」(形容詞・終止形)となる。

【三】問一　(活用形、意味の順)　a　連体形、イ　b　連体形、ス　c　連用形、カ　d　已然形、サ　問二　A　なけれ　B　見　C　見え　D　入るる　問三　エ　問四　芸達者であることに覆い隠されて　問五　・自分や他人の長所と短所。　・人に自分の長所や短所を尋ねること。　問六　芸の上手な者でさえ慢心によって自身の芸を下げてしまうことがあり、まして下手な人が慢心すればなおさらだということ。(五十六字)　問七　生徒を自分よりも未熟な者と決めつけず、生徒の良いところを真似て自身の学びにつなげていくこと。(四十六字)

〈解説〉問一　a「たる」は、存続の助動詞「たり」の連体形(「所」)を修飾している。　b「ん(む)」は、婉曲の助動詞「む(ん)」の連体形(「上手」を修飾している)。　c「られ」は、受身の助動詞「らる」の連用形(「て」に接続)。　d「らめ」は、現在推定の助動詞「らむ」の已然形(係助詞「こそ」と呼応して、已然形になっている)。　問二　A「なし」は、既成条件を表す接続助詞「ば」に接続しているため、活用形は已然形で、「なけれ」。Bも A と同様に接続助詞「ば」に接続しているが仮定条件のため「見る」の未然形「見」。C の「ば」も B と同じ仮定条件のため「見ゆ」の未然形「見え」。D「入る」は、名詞「事」を修飾しているので連体形「入るる」。　問三　1「などかいづれの向きをもせざらん」の「などか」は、(下に打消の語を伴い)反語を表す副詞。(どうして〜か。そうではない)と解釈する。「いづれの向きをも」とは、「いかなる方面の芸であろうと」と訳す。「せざらん」は、「す(為)」の未然形＋打消の助動詞「ず」の未然形「ざら」＋推量の助動詞「ん(む)」の連体形。「などか〜ん(む)」は係り結び。「どうしてやらないはずがあろうか。いかなる方面の芸もやるだろう」の意である。　問四　2「達者に隠されて」の「達者」は、「物事に熟達していること。」「(上手は、名声に甘え)芸達者にうぬぼれて」の意。　問五　3「これ」が指しているのは、一つは、能の技術と工夫を極めた為手が自分の長所と短所を承知していること。もう一つは、「上手も下手も、たがひに人に尋ぬべし」とあり、「人に自分の長所、短所を尋ねること」の意が考えられる。　問六　4「いはんやかなはぬ上慢をや」は、抑揚形。「されば、上手にだにも、上慢あらば、能は下がるべし」を受けている。この文は、「A。況B乎」のAにあたる。「上慢」は「慢心」とほぼ同義。「いはんや」は、「まして」の意の副詞。「かなはぬ上慢」は、「(下手の)不相応の慢心」の意。「をや」は、一例をあげ、他を推定する意を表す。「〜においてはなおさらである」の意。Aにあたる部分の解釈は、「上手な人でさえ慢心があれば芸力は低下してしまうだろう。」これを受けて4の部分は「まして下手な役者の身の程知らずの慢心の場合はなおさらである」と解釈する。以上の内容を説明する。　問七　教師は、これからの社会の変化に対応し、主体的に生きる力を生徒に育成する。そのため、深い専門性とともに豊かな心、健やかな体を必要とする。生徒の学びや純粋な心、健康な生き方から良い所を見つけて学ぶ効果を考えてみよう。

【四】問一 a よく b ごとに c より 問二 為人治病不取銭物 問三 欲買杏～一器杏

問四 令《ム》人《ヲシテ》挙《ゲテ》其《ノ》頭《ヲ》揺捎《セ》之《ヲ》。 問五 自分で穀物と杏子を同じ量にはかって、決して董奉を欺かなかった。(三十一字) 問六 杏林

〈解説〉問一 a「能」は、「よく」と読む。「うまく。できる」の意。b「毎」は、「ごとに」と読む。「そのつど。そのたびごとに」の意。c「自」は、「より」と読む。起点を表す。 問二 書き下し文に従い、「人の為に」の「為」は返読文字。「病を治し」は、「治」(述語)＋「病」(目的語)、「銭物を取らず」も、「不取」＋「銭物」の関係、これを漢文に返り点をつけず並べ替える。 問三 董奉は、病薬として、「病愈者」に一株の杏を植えさせ、数年にして十万株に生長した杏を収穫し倉に入れ、「宣語」して、「欲買杏者」に、「但自取之。一器穀得一器杏」と述べている。 問四 1「令人挙其頭揺捎之」は、書き下し文では、和文(古典文)で「(人をして)其の頭を挙げて之を揺捎す」の使役形。 問五 2「自ら之を平量にして敢て欺かず」とは、董奉の「一器穀」で「一器杏」の約束に反し、「穀少而取杏多者」は、虎に殺されるため、「穀」と「杏」を平量にして董奉を欺かなくなった、というのである。 問六 「杏林」は、三国時代の呉の董奉が文中の「病愈者」に一株の杏を植えさせ、数年後、十万余株の林になった故事にちなむもので、医者の美称である。

【高等学校】

【一】問一 ① 寡聞 ② 兵糧・兵粮 ③ 墨守 ④ 緻密 ⑤ 隆盛 ⑥ てこ ⑦ 喝破 ⑧ こうでい ⑨ すうせい ⑩ 奇矯 問二 哲学では無用なものではないはずだということ。 問三 2 十年一日 3 面従腹背 問四 従来学問の世界では生産的な知よりも観照的な知に重きを置いてきたが、機械技術の分野における偉大な発明がもたらす有用性は、精神に関わる自由学芸の分野における新たな発見と同等の価値を持つものだということ。(九十九字) 問五 学問が単に外在的な目的のために奉仕する手段としてとらえられ、それ自体としては価値を持たない空虚なものになってしまうこと。(六十字) 問六 生産的な知が重視され短期的な研究成果が求められる傾向にある学問の領域において、知の成立を支える学問的態度を堅持し、有用性や効率性を掲げる市場原理には還元できない価値を有するものであるということ。(九十七字) 問七 a 塔 b 狼 c 魚 問八 本来は「原因」や「結果」という概念では捉えられない、時間的に連続的な自然現象の中から、特定の事象を任意に取り上げてそこに因果関係を見出そうとするのが「物語り的因果性」であり、「物語る」ことによって我々は経験を別の経験とつなげて意味づけたり、自己を他者や世界と関係づけながら価値あるものとして意識したりすることができる。(百五十九字) 問九 (i) 此木以不材得終其天年(十字) (ii) 8 旧友 11 愚か (iii) A ダ行下二段活用 B ナ行上一段活用 C サ行変格活用 D ラ行変格活用 (iv) 鳴けないほうの雁を殺しなさい(十四字) (v) ① あずか(る) ② くみ(す) ③ とも(にす) (vi) 未免乎累(四字) (vii) ア (viii) 悲しいかな、弟子之を志せ、其れ唯だ道徳の郷か。」と。

〈解説〉問一 漢字の表意性に留意し、文脈に整合する漢字を楷書で書くこと。同音異義語や類似の字形にも注意すること。 問二 1「修辞疑問」とは、「美しく巧みな表現による疑問」のことである。この疑問に対して筆者は、今日の哲学が窮状にあることを認めながらも、哲学の「有用性」(無用の用)を強調している。問三　2の空欄には、以下の文にある変哲のないマンネリ化した教育に関わる「十年一日」の「十」と「一」。3は、従来の哲学教育を墨守するのでなく、新たな教育により哲学の有用性を教育することに関わる「面従腹背」の「面」と「腹」が入る。　問四　ダランベールを引用した趣旨は、引用部直後の段落で「ここに見られるように~自由学芸と機械技術の優劣は啓蒙期において逆転した」とまとめられている。「逆転した」というのは、引用部直前の段落でアリストテレスが「『制作的[生産的]な知よりも観照的［理論的］な知の方が、いっそう多く知恵がある」とした優劣関係が、逆転したということ。すなわち〈従来学問の世界では生産的な知よりも観照的な知に重きを置いてきた〉が、傍線部およびその直後にあるような〈機械技術の分野における偉大な発明がもたらす有用性〉によって、〈精神に関わる自由学芸の分野における発見〉の価値と相殺される(＝同等の価値を持つと見なされるようになったということ。　問五　「空洞化」とは、〈周辺部を残して中心部が無意味な空洞となること・実質を失って外形だけが残ること〉。ここでは、直前から「学問の営みそれ自体が内在的価値をもつ」あり方を失い、「外在的な目的のために奉仕する手段」となること、すなわち〈「外在的な目的」に奉仕するだけで、「学問の営み」そのものの価値が失われた無意味なものになる〉ことを意味する。問六　「哲学固有のアイデンティティ」とは、前後にある「自然主義」が否定するもの。このアイデンティティは、第十三・十四段落に出てくる「スローサイエンスとしてのアイデンティティ」を指している。「スローサイエンス」とは、第十一段落の〈短期的成果を提示する〉必要のある「ファストサイエンス」とは異なるものである。その性質としては、特に第十三段落で「知の成立を支える学問的態度」をとり、「有用性や効率性を掲げる市場原理には還元できない価値」をもつものであるという点が重要。　問七　空欄前後の語句や文と整合する必要がある。ａには、「研究室や実験室」。ｂには、「アイデンティティ」を脅かす猛獣。ｃには、人間的(心理的)事象を自然現象に還元する自然主義のプログラムの見当違いに関する漢字(a「塔」、b「狼」、c「魚」)が入る。　問八　「物語り的因果性」とは、傍線部7直前の「人間的事象を記述する因果関係」を指す。つまり、本文の終わりから三段落目に書かれているとおり、「時間的に連続的な現象」について、人間が任意に、ある時点を原因、ある時点を結果と呼ぶと、そこに「理解可能な人間的意味」としての因果関係が生じる。これが「人間的事象を記述する因果関係＝物語り的因果性」である。この「物語り的因果性」はフォースターの小説論で人間の行為を筋道立てて捉える際に機能するものであり、第十八段落に示されたとおり、もともと「因果性」とは「日常用語であり、生活世界」で作用するものであった。すなわち、人は自分の考えや体験を物語ることにより他者との交流を深め人間関係を構築する。また他者との語り合いによる経験交流で見識を深め視野を広げ、相互理解による協働の心を培い、未来開拓の生きる力を養成することができるのである。　問九　(i)「無用の用」とは、「一見役に立たないと思われるものが、実は大きな役割を果たしていること」をいう。荘子が伐木者に、枝葉盛茂する木を伐らない理由を尋ねたところ「無所可用」と無用の木であることを告げた。すると荘子は「此木以不材得終其天年」と述べ、材として無用の木が天寿を全うする利点を教えている。　(ii)　8「故人」の「故」は、「古なじみ」の意で、「旧知。旧友」をいう。11「不肖」は、「賢」(賢人)、「不肖」(愚人)の後者のこと。　(iii)　A「出で」は、「出づ」(ダ行下二段活用)の連用形。B「烹」(に)は、「烹る」(ナ行上一段活用)の未然形。C「死す」(サ行変格活用)は、終止形。D「処(をら)」は、「処り」(ラ行変格活用)の未然形。　(iv)　鳥は鳴くことで人に愛される。鳴かない鳥は不用である。主人の言葉は、「殺不能鳴者」である。　(v)　①の「与る」は、「あずかる」と読む。「関係する」の意。②の「与す」は、「くみす」と読む。「同じ組となる」の意。③の「与にす」は「ともにす」と読む。「一緒に行動する」の意。(vi)　10「(不)然」の「然」(しから)は、「然り」(ラ行変格活用)の未然形で、「そのとおりである」の意。指示する内容は、まず「材と不材との間にいようと思う」と述べたあと、「材与不材之間、似之而非也」と述べ、「材と不材の中間は『道』に似ているが真の『道』ではない」とし、「故未免乎累」（それゆえわざわいを全く免れるわけにはいかない）と述べている。しかし、「若夫乗道徳而浮遊」（自然の道である宇宙の根源に身を置き世俗の外に逍遥することになれば）「不然」というのである。このことから「然」は「故未免乎累」を指す。

（vii）「胡可得而必乎哉」（胡ぞ得て必すべけんや）の現代語訳。「万物之情、人倫之伝」（この世の万物の実情や人事の常態）は、材も不材も何も当てにできず、わざわいから免れることは絶対にできない、というのである。

（viii）13「悲夫」の「夫」は、「かな」と読む。「乎」は「か」と読む。返り点、送り仮名を踏まえて書き下す。

二〇二二年度　実施問題

【中高共通】

【一】次の文章を読んで、以下の問いに答えなさい。

　[1]チンパンジーは非常に賢い。イギリスの人類学者、心理学者のリチャード・バーンとアンドリュー・ホワイテンは、霊長類の社会において、他者を出し抜くような行動がどれほど観察されたかを集計したが、観察時間当たりのそのような行動の頻度はチンパンジーがもっとも高かった。他者を出し抜くには、他者の心に関する何らかの推測が必要である。

　もともとこの問題は、心理学者のデイヴィッド・プレマックらが、一九七〇年代に提起していた。[2]他者の心の状態を類推する「心の理論」と呼ばれる機能は、チンパンジーでどれほど発達しているのだろうか？　プレマック以後、ヒトの乳幼児やチンパンジーをはじめとする霊長類を対象に[a]ボウダイな研究が行われてきたが、その結論は一様ではなかった。そこに新たな展開をもたらしたのは、進化人類学者のブライアン・ヘアらによる研究である。彼らは、チンパンジー社会には厳格な社会的序列があり、劣位の個体は優位の個体の行動を阻止できないことに着目した。そうであれば、利害関係に関して切実なのは劣位の個体である。もしも、劣位の個体が優位の個体の心の状態を推論できるのであれば、それは競争的な場面で現れるに違いない。彼らは、そのような状況を用いて実験を行った。

　彼らは、劣位個体からは見えるが、優位個体からは見えないところに餌を置いた。それと同時に、双方から見えるところにも餌を置いた。さて、餌を取りに行くことができるようになったとき、劣位個体は、どちらの餌を取りに行くだろうか？　もしも劣位個体が優位個体の心的状態を推測することができるのならば、優位個体はその個体からは見えない餌のほうには行くわけがなく、見える餌のほうに行くに違いないと劣位個体は考えるだろう。それを劣位個体が理解していれば、劣位個体は、彼にしか見えない餌のほうに向かうに違いない。実験の結果は、その通りであった。チンパンジーは、競争的状況においては、他者の心的状態を推測する「心の理論」を持っているのである。

では、彼らはその心の理論を使って協力的な行動ができるだろうか？　京都大学霊長類研究所の山本真也らは、そちらのほうを試す実験を行った。隣どうしの部屋に入れられたチンパンジーが、異なる状況に直面している。一方は、ジュースの缶が手に届かないところにあるが、ジュースを飲むためのストローを持っている。もう一方のチンパンジーは、ジュースの缶はないが、ステッキを持っている。ジュースが手の届かないところにあるチンパンジーは、隣のチンパンジーからステッキをもらえれば、それでジュースの缶を手元に引き寄せて飲むことができる。ステッキを持っているほうのチンパンジーにとっては、ジュースの缶とは関係がないので、ステッキはいわば無用の長物だ。

この隣どうしのチンパンジーを隔てる壁は透明なので、互いの状況は手に取るようにわかる。ジュースの缶に手が届かないチンパンジーは、必死になって手を伸ばしている。その一部始終を見ているチンパンジーは、ステッキを持ってはいるが使いようがない。さて、彼らはどうするだろう？

ジュースの缶に手の届かないほうのチンパンジーは、隣のチンパンジーがステッキを持っているのを見ると、「ちょうだい」と言うように手を伸ばした。それに対して、七五パーセントの場合、隣のチンパンジーはステッキを渡したのである。このチンパンジーにとって、ステッキを渡すことによる見返りは何もないのであるから、これは驚くべき結果である。しかし、私たち人間にとって非常に違和感があるのは、ジュースに手が届かなくて困っているチンパンジーが、隣のチンパンジーに「ちょうだい」というサインを出さない限り、隣のチンパンジーがステッキを自発的に渡すことはなかったということだ。山本らはこれを、「チンパンジーはおせっかいをしない」と表現している。

ここに、彼らの知能と私たちの知能の大きな違いが象徴されている。

ヒトに繁栄をもたらしているのは文化的発展であり、文化は、言語というコミュニケーション手段によって支えられている。言語は、[4]単なる一方的な信号ではない。抽象的なアイデアを表現することができるという特殊性はあるが、それらのアイデアをみなで「共有する」ことを可能にしている。それがあるからこそ、アイデアは多くの人々によって改良、改訂されていく。これが、蓄積的な文化を産み出す土台である。ここで、言語を可能にしている[5]認知・心理的基盤について考えてみたい。私は、言語を可能にした認知的・心理的基盤こそ、協力的知能の基盤をなすものだと考えるからだ。

動物のコミュニケーションのほとんどは、発信者である個体の状態を表す信号であり、受け手がそれに応じて適切な行動をとることで成り立っている。たとえば、[c]ハンショク期の雄が発する求愛の信号は、その雄が配偶可能な状態であることを表しており、雌は、その信号を査定して配偶相手を決める。威嚇の信号は、発信者が攻撃的ムードであることを表しており、受け手は、自分の状態に応じて、逃げたり闘ったりする。

警戒音は、これとは異なり、発信者自身の状態ではなく、「世界について」の情報を表している。「自分たちを脅かす捕食者が近くにいる」という、世界の状態について発信しているのだ。受信者は、発信者の状態ではなく、発信者の指し示す世界の状況に対して適切に対処すればよい。いずれにせよ、信号は、発信者にとっては、その信号によって他者の行動を変化させる手段であり、受信者にとっては、自分の行動を変化させる手段である。双方が、個体にとってもっとも適切な発信と受信をすればよい。

しかし、ヒトの言語コミュニケーションは、これらのものとは根本的に異なっている。現在のヒトにとっては当然のことであるが、言語コミュニケーションでは、発信者の心的状態であれ、発信者の世界についての認識であれ、信号(情報)そのものだけではなく、信号を発している個体と受信している個体とが、心的表象を共有しようとしているのである。

赤ちゃんとお母さんが一緒に散歩していて、イヌに出会ったとしよう。赤ちゃんは、イヌを指さして「わんわん」と言う。そしてお母さんの目を見る。お母さんは、赤ちゃんの目を見て、指さしの方向を見て、「そうね、わんわんね」と言う。それに答えて、赤ちゃんがまた「わんわん」と言う。このきわめて単純なコミュニケーションの中には、ヒトの言語コミュニケーションの真髄が凝縮されている。このコミュニケーションが行われるには、赤ちゃんと母親との間に、三項関係の理解と呼ばれるものが成り立っていなければならない。つまり、「赤ちゃん」が「イヌ」を見る、「お母さん」も「イヌ」を見る、そしてお互いの視線を共有することで、双方が「赤ちゃん」「お母さん」「イヌ」の三項の関係を理解しているのである。

このコミュニケーションを論理的に書けば、「［①］は、［②］が［③］を見ていることを知っている、ということを［④］は知っている、ということを私は知っている」となる。心の入れ子構造の理解である。

もちろん、赤ちゃんも母親も、このような論理的な理解に基づいて会話しているわけではない。しかし、このようなコミュニケーションをして両者がうなずくという行為は、論理的にはこのように書けるものなのである。そして、こうして世界に関する認識を共有してうなずくことは、誰にとっても心地よいことであり、ヒトは、赤ん坊のころからそれを欲するのである。

チンパンジーに言語を教える実験は、一九三〇年代から[d]レンメンと行われてきた。そのすべてをメタ分析した認知心理学者のスティーブン・ピンカーによると、チンパンジーは、強度な訓練の詰果、三〇〇語以上の単語を覚えるが、彼らが自分から発する発話のほとんどは要求である。彼らは、「この花はピンク」、「これ固い」、「あ、〇〇ちゃんだ」といった、世界の描写を発話することはほとんどない。しかし、先に示した例のように、ヒトの子どもは要求を示すために発話するだけではなく、自分が見た世界を描写し、他者が同じ心象を持っていることを確かめる努力をする。そして、そうやってうなずくことが確かに快なのである。この出発点があるからこそ、その後の複雑な計画や目的の共有へと発展していけるのだ。

先に記述したヘアらによる実験で示されるように、チンパンジーは、「私はあなたが〇〇を見ていることを知っている」ということまではできる。しかし、そのあとでさらに入れ子状に深め、「〇〇ということをあなたは知っている、ということを私は知っている」まで行かないと、心の状態の共有ができない。心の状態の共有があれば、意図が共有でき、共通の目的のために共同作業ができるようになる。これは、大いなる進歩である。

言語は、抽象的な概念や、今目の前にない事柄について伝達する非常に優れたコミュニケーションのシステムである。言語によって可能になった、抽象性、一般性などの表現は重要ではあるが、そんなことのずっと前に、[6]心的表象の共有がなければ、言語はその威力を発揮できないだろう。これが可能になるには、チンパンジーとの共通祖先の脳の状態に、どんなことが付け加わったのだろうか？　自己の認識は、その重要な鍵であろう。

（長谷川眞理子『世界は美しくて不思議に満ちている――「共感」から考えるヒトの進化』より）

問一　二重線部a「ボウダイ」　b「隔てる」　c「ハンショク」　d「レンメン」について、カタカナは漢字に改め、漢字はその読みをひらがなで、それぞれ楷書で書きなさい。
問二　傍線部1「チンパンジーは非常に賢い」とあるが、筆者はどのようなことを根拠にこう述べているか。五十字以内で説明しなさい。
問三　傍線部2「他者の心の状態を類推する『心の理論』と呼ばれる機能は、チンパンジーでどれほど発達しているのだろうか?」について、この後の本文で紹介されるブライアン・ヘアらの実験と山本真也らの実験により、チンパンジーについてどのようなことが明らかになったか。百二十字以内で説明しなさい。
問四　傍線部3「隣のチンパンジーはステッキを渡した」とあるが、これはヒトの言語コミュニケーションと同じといえるか、それとも同じとはいえないか。その根拠とともに説明しなさい。その際、必ず「信号」という語を用いること。
問五　傍線部4「単なる一方的な信号」とあるが、その例示として適当でないものを次のア～オの中から一つ選び、記号で書きなさい。
ア　ミツバチが8の字ダンスを用いて、蜜のありかを仲間に伝える。
イ　コウモリが超音波を発し、その反響を捉えて周囲の状況を把握する。
ウ　イタチの接近に気付いた雀が、独自の鳴き声で他の雀に注意を促す。
エ　ゴリラがドラミングを行うことで、他の個体に自身の存在を示す。
オ　雄の孔雀が雌に対して羽を広げて震わせ、求愛のダンスを行う。
問六　傍線部5「認知・心理的基盤」とはどのようなことか。五十字以内で説明しなさい。
問七　空欄［①］～［④］に当てはまる語として最も適当なものを、次のア～ウの中からそれぞれ一つずつ選び、記号で書きなさい。

ア　私　　イ　あなた　　ウ　イヌ

問八　傍線部6「心的表象の共有がなければ、言語はその威力を発揮できない」とあるが、心的表象の共有がない場合にできることの限界を示した事例を本文中から五十字以上六十字以内のひと続きの表現で探し、その最初と最後の五字をそれぞれ書きなさい。

問九　本文の内容について述べた次のア～オについて、適当なものを全て選び、記号で書きなさい。

ア　チンパンジーは、困っている他者に自発的に手を貸す「おせっかい」ができないことから、他者の心的状態を推測することができないと考えられる。

イ　動物のコミュニケーションにおいては、発信者は自身の状態を表す信号を発することはできても、世界についての情報を表す信号を発することはできない。

ウ　赤ちゃんとお母さんの単純な対話の例には、発信者の示した要求に受信者が適切に対応するという言語コミュニケーションの真髄が凝縮されている。

エ「おせっかい」ができるということは、心の状態の共有を前提として、意図が共有でき、共通の目的のために共同作業ができるということである。

オ　物事の抽象化や「今、ここ」を離れたメタ的な思考においても言語は優れた機能を果たすが、心の状態の共有においてこそ、言語の最も根源的な力を発揮する。

(☆☆☆◎◎◎)

【二】次の文章を読んで、以下の問いに答えなさい。

ふと見慣れた文字が目の端をとらえ私は立ち止まった。

それをつかまえようと、ゆっくりと目線を移す。ずらり並ぶ各国語のタイトルのなかに、今視界を横切った何かを捜す。

それはすぐに見つかった。

ロンリープラネットのメキシコ編と、フランス語版マザーグースの真ん中に、窮屈そうにその本はあった。私が大学に入った年に売ったのと同じ、翻訳小説だった。本当にこれを売っていいのと古本屋の主人に訊かれた、あの本だ。私は学生街のあの本屋のことを——主人のはじくそろばんと、売っていいのかと訊くしわがれた声を、一瞬にして思い出した。

何が売っていいの、だ。ネパールの、ポカラの古本屋にもあるような本じゃないか。鼻で笑いながらその本を抜き出し、ぱらぱらとめくり、けれどいつのまにか笑いは消えていた。

本の一番最後のページ、物語が終わって奥付があり、めくるとほかの本の宣伝があり、そのあとに空白のページがある。空白のページに、Kの文字とちいさな花の絵が書いてある。シャープペンシルで引っ掻《か》くように書いてある。

この本は、ほかのだれかが売ったものではなく、私が売った本であると、数秒後、私は認めた。

このアルファベットと花の絵は、高校生の私自身が描いたものだった。放課後のケーキを我慢してこの本を買った高校生の私は、友達に貸してと頼まれ、絶対返してね、大切な本なんだからねと言い、冗談交じりに自分のイニシャルと絵を描いたのだった。学生街の古本屋で売ったときはすっかり忘れていたが、高校生の記憶はポカラの古本屋で鮮明に思い出された。

どういうことなんだろう。だれかがあの店でこれを買い、わざわざ持参してネパールを旅したんだろうか。日本人旅行者が多く見受けられる町だから、1あり得ないこともない。

私は抜き出した本をぱらぱらとめくった。

これを買うべきだろうか。それとも、ここに戻しておくべきだろうか。

迷って、結局、買った。これも何かの縁なんだろうと思ったし、ぱらぱらとめくった感じでは、私はストーリーの大半を忘れていた。暇つぶしに読もうと思ったのだった。

壁と屋根があるだけの、屋台同然のお茶屋で、甘いミルクティを飲みながら私は自分の売った本を読んだ。実際ストーリーはほとんど忘れていた。というより、ものすごい思い違いをしていたことに気づかされた。

主人公の友達の妹だと思っていた女性は彼の恋人だったし、彼らはホテルを泊まり歩いているとなぜか思いこんでいたが、実際は、安アパートを借りて住んでいた。

しかも、おだやかな日常を綴った青春系の本だという印象を持っていたが、そうではなく、途中からいきなりミステリの様相をおびはじめ、緊迫した場面がいくつも続く。

私は夢中で本を読んだ。記憶のなかのストーリーとの、間違い捜しに夢中になって。

雨はなかなか降り止《や》まなかった。店を手伝っているちいさな子どもが、私の広げた本の表紙をのぞき込んで肩をすくめる。雨の音が店じゅうを浸している。2いつのまにか、活字の向こうに、高校生だった私が見え隠れする。ネパールという国の場所も、恋も知らないおさない私。

3その本を、私はカトマンズでもう一度売った。

本当は、これも何かの縁だろうから持って帰るつもりだった。けれど荷物がどうにも重くて、ポカラで買った本と、古びたパーカと、ネパールのガイドブックを、路上で店を出しているバックパッカーに買ってもらった。世界放浪中らしい彼は、旅行者からなんでも買い、なんでも売っている。穴の開いた靴下も、色あせたトランクスも売っている。私の持ちこんだそれらも、彼は気やすく買ってくれた。それらを売った代金で、その夜私はビールを飲み、水牛の串焼《くしや》きを食べた。ネパール最後の夜を祝した一人きりの晩餐《ばんさん》だった。帰り道、路上に品物を並べたバックパッカーが街灯に照らされていた。売り物のなかには私の本もあった。ドラえもん柄の腕時計の隣でひっそりと、だれかの手に取られるのを待っていた。

（中略）

そして三度目に私がその本にあったのは、アイルランドの学生街にある古本屋だった。その学生街に、私は仕事で立ち寄っていた。その町では毎年十月に、盛大な音楽フェスティバルが行われる。町の至るところでジャズやロックやクラシックが毎日演奏される。その取材のために私はその町に滞在していたのだった。

（中略）

ふつうの本屋だとばかり思っていたのだが、ドアを開くと、古本屋の、あの独特のにおいがする。数日前の雨を残したような、静寂に活字が沈み込んだような、あのなじみ深いにおい。そうなのだ、古本屋は世界じゅうどこでもおんなじにおいがする。たとえそれが路上の店であっても。

時間をつぶすだけなのだから、普通の本屋でも古本屋でもかまわない。私はドアの内側にすっとからだをすべりこませ、店に充満するにおいを嗅《か》ぎながら、ずらりと並ぶ本の背表紙を眺めて歩いた。

学生のとき自分が売って、ポカラで見つけ、カトマンズで再び売ったその本のことを、私はすっかり忘れていた。だから、見覚えのあるその背表紙を見たときも、何がなんだかわからなかった。ぽかんとそれを眺めて数秒後、この本を私はとてもよく知っていると気がついた。

けれどまさかおんなじ本であるはずがなかった。そんな偶然が続くわけはなかった。

それが私の売ったのと同じ本でないことを確認するためだけに、私はそれを本棚から抜き出した。私の本には、最後のページにいたずら書きがあるはずだった。イニシャルと、たしか花の絵だ。私はゆっくりと、奥付をめくり、宣伝をめくり、そしてそこに見つけてしまう。もうかすれかけたイニシャルと、花の絵を。

それは私が十八のときに売り、卒業旅行でまた売った、同じ本に間違いがなかった。

私はその本をレジに差し出した。その本を抱え、目当てのパブに向かって歩いた。パブはもう開いていたが、まだがら空きで、私はカウンターに腰かけてギネスを頼み、本を取り出してページを開いた。

現実味がまるでなかった。これは夢なのではなかったか。アイルランドも音楽祭も、取材も古本屋も全部、長い長い夢ではなかったか。

けれど運ばれてきたギネスはきちんとギネスのもったりとした味がしたし、煙草《たばこ》の先から手の甲に落ちた灰はきちんと熱かった。私はギネスを飲み、ちいさくかかるアイルランドの音楽を聴きながら、本をとばし読みした。

本はまたもや意味をかえているように思えた。ミステリのように記憶していたが、そうではなく、日々の断片をつづった静かで平坦な物語だった。若い作者のどこか投げやりな言葉で書かれた物語のように記憶していたが、単語のひとつひとつが慎重に選び抜かれ、文章にはぎりぎりまでそぎ落とされた簡潔なうつくしさがあり、物語を読まずとも、言葉を目で追うだけでしっとりと心地よい気分になれた。

そうして私は、薄暗いパブの片隅で気づく。

かわっているのは本ではなくて、私自身なのだと。ケーキの代金を節約したむすめは、家を離れ、恋や愛を知り、その後に続くけっしてうつくしくはない顚末《てんまつ》も知り、友達を失ったり、またあらたに得たり、かつて知っていたよりさらに深い絶望と、さらに果てのない希望を知り、うまくいかないものごとと折り合う術《すべ》も身につけ、けれどどうしても克服できないものがあると日々確認し、そんなふうに、私の中身が少しずつ増えたり減ったりかたちをかえたりするたびに、向き合うこの本はがらりと意味をかえるのである。

[4]売っていいの、とあのとき古本屋は私に訊いた。そう訊かれなければ、きっと私はネパールでもアイルランドでも、古本屋でこの本を見つけることはできなかっただろう。

たしかにこの本は、売ってはいけない本だったのかもしれない。だって、ここまでついてくるのだもの。どういうわけだか知らないが、この本は私といっしょに旅をしているらしい。また数年後、どこかの町の古本屋で私はまたこの本に出会い、性懲《しょうこ》りもなく買うだろう。最後のページに書かれた印を確認し、そしてまた、お茶屋やパブで、ホテルの部屋や公園で、ページを開き文字を追い、そこでかわったりかわらなかったりする自分自身と出会うだろう。

（角田光代「旅する本」〈『1日10分のごほうび』所収〉より。ただし、出題の都合上、一部改めた。）

問一　傍線部1「あり得ないこともない」とあるが、どんなことがあり得ないこともないのか。簡潔に説明しなさい。

問二　傍線部2「いつのまにか、活字の向こうに、高校生だった私が見え隠れする」とあるが、このように語っている「私」の心情を五十字程度で説明しなさい。

問三　傍線部3「その本を、私はカトマンズでもう一度売った」とあるが、この後、アイルランドでもう一度この「本」と再会した後、「私」は「本」をどうしたと考えられるか。本文全体から考えて簡潔に書きなさい。

問四　「私」が「本」をネパールの本屋で見つけた場面と、アイルランドの古本屋で見つけた場面とを読み比べ、それぞれの場面での「私」の心情や様子について次のように表に整理するとき、空欄（　A　）～（　D　）に当てはまる表現を考えて簡潔に書きなさい。

	ネパールの古本屋	アイルランドの古本屋
「本」を手に取る瞬間の心情や様子	学生街の古本屋の主人を思い出し、鼻で笑いながらページをめくった	（　B　）
自分の売った「本」だとわかった後の心情	あり得ないこともない	（　C　）
「本」を買う際の心情や様子	（　A　）	自分の売った「本」だとわかるとすぐに、レジに差し出した
「本」を読み返して気づいたこと	前回読んだときは、さまざまな思い違いや読み間違いをしていたこと	（　D　）

問五　傍線部４「売っていいの、とあのとき古本屋は私に訊いた」とあるが、かつて「私」にこう訊いた「古本屋の主人」は、「私」にとってどのような存在だと考えられるか。簡潔に説明しなさい。

問六　この作品の表現上の特徴について説明した文のうち、最も適当なものを次のア～オから一つ選び、記号で書きなさい。

ア　一文一文が短く、余分なものをそぎ落とした硬質な文体で、人との関わりを避ける若者の心情を表現している。
イ　聴覚や嗅覚等、五感に訴えかける詩的な表現を用いて、不思議な物語が謎を解くように展開されている。
ウ　いきいきとした会話を順序立てて描くことで、人生を前向きに解釈して生きていく様子を表している。
エ　比喩や象徴的な言葉を多用しながら、空想の世界に生きる主人公の心を鮮やかに描き出している。
オ　ひとつの出来事を、色々な人の視点から描き出すことで、読み手の真相への興味を掻き立てている。

（☆☆☆◎◎◎）

【三】次の文章を読んで、以下の問いに答えなさい。

むかし、大和《やまと》の国《くに》、葛城《かつらぎ》の郡《こほり》にすむ男女《をとこをんな》ありけり。この女、顔かたちいと清《きよ》らなり。年ごろ思ひかはしてすむに、この女、1いとわろくなりにければ、思ひわづらひて、かぎりなく思ひながら妻《め》をまうけaてけり。この今の妻は、富みたる女になむありける。ことに思はbねど、いけばいみじういたはり、身の装束《さうぞく》も2いと清らにせさせけり。かくにぎはしき所にならひて、来《き》たれば、この女、いとわろげにてゐて、かくほかにありけど、3さらにねたげにも見えずなどあれば、いとあはれと思ひけり。心地《ここち》にはかぎりなくねたく心憂《こころう》く思ふを、しのぶるになむありける。とどまりcなむと思ふ夜《よ》も、なほ「いね」といひければ、わがかく歩《あり》きするをねたまで、4ことわざするにやあらむ。さるわざせずは、恨《うら》むることもありなむなど、心のうちに思ひけり。さて、いでていくと見えて、前栽《せんさい》の中にかくれて、男や来《く》ると、見れば、はしにいでゐて、月のいといみじうおもしろきに、*かしらかいけづりなどしてをり。夜ふくるまで寝《ね》ず、いといたううち嘆きてながめければ、「人待つなdめり」と見るに、使ふ人の前なりけるにいひける。

風吹けば沖つ*しらなみたつた山夜半《よは》にや君《きみ》がひとりこゆらむ

とよみければ、わがうへを思ふなりけりと思ふに、いと悲しうなりぬ。この今の妻の家は、龍田山《たつたやま》こえていく道になむありける。かくてなほ見をりければ、この女、うち泣きてふして、*かなまりに水を入れて、胸になむすゑたりける。あやし、いかにするにかあらむとて、なほ見る。さればこの水、熱湯《あつゆ》にたぎりぬれば、湯*ふてつ。また水を入る。見るにいと悲しくて、走りいでて、「いかなる心地したまへば、かくはしたまふぞ」といひて、かき抱《いだ》きてなむ寝にける。かくてほかへもさらにいかで、つとゐにけり。

（『大和物語』〈新編日本古典文学全集12所収〉による）

*かしらかいけづり……髪の毛をとかすこと。
*しらなみ……盗賊の異称。
*かなまり……金属製の碗。
*ふてつ……捨てた。

問一　二重線部a「て」　b「ね」　c「な」　d「めり」の助動詞について、それぞれ活用形を書きなさい。また、意味として最も適当なものを次のア～セの中からそれぞれ一つずつ選び、記号で書きなさい。

ア　過去　イ　完了　ウ　推定　エ　推量　オ　意志　カ　受身　キ　尊敬
ク　自発　ケ　可能　コ　断定　サ　現在推量　シ　反実仮想　ス　強意　セ　打消

問二　傍線部1「いとわろくなりにければ」について、この場合の「わろく」の意味を、本文のこの後の展開から考えて書きなさい。

問三　傍線部2「いと清らにせさせけり」を、(例)にならって品詞分解して文法的に説明しなさい。

(例)　知ら／ぬ／な　る／べ　し。

ラ行四段動詞　打消の助動詞　断定の助動詞　推量の助動詞
「知る」の未然形　「ず」の連体形　「なり」の連体形　「べし」の終止形

問四　傍線部3「さらにねたげにも見えず」について、次の各問いに答えなさい。
(i)　実際にはこのときの「女」はどのような心情であったか。説明しなさい。
(ii)　(i)のような女の心情の表れとして、本文中でどのような現象が描かれているか。二十字以内で説明しなさい。

問五　傍線部4「ことわざするにやあらむ」について、次の各問いに答えなさい。
(i)　「ことわざする」とはどういうことか。簡潔に書きなさい。
(ii)　「男」がこのように考えた理由として最も適当なものを次のア～オの中から一つ選び、記号で書きなさい。

ア　男がたまたま立ち寄っただけであっても、女はつれなく「出ていけ」と言ってくるため。
イ　男がこの女のもとに泊まろうと思う夜でも、女は今の妻の所へ行くように促してくるため。
ウ　男が今の妻のもとから女の所へ戻ろうとしても、女は、男を自宅に帰らせようとするため。

エ　今の妻と違い、非常に容姿が整っていることから、様々な男が求婚してくると思ったため。

オ　今の妻と違い、男が訪れても全く労わる様子がなく、衣服もきれいにしてくれないため。

問六　本文中の和歌「風吹けば沖つしらなみたつた山夜半にや君がひとりこゆらむ」について、波線部「わがうへを思ふなりけり」を踏まえて解釈しなさい。

問七　傍線部5「ほかへもさらにいかで」とあるが、このときの「男」の心情について、本文を踏まえて五十字程度で説明しなさい。

（☆☆☆☆◎◎）

【四】次の文章は、明末に編まれた笑話集の一節である。これを読んで、以下の問いに答えなさい。

蘇人《ニ》有《リ》二二《に》*婿《せいアル》者一。長《ハ》*秀才《ニシテ》、次《ハ》*書《しよ》手《しゅタレバ》、毎《つねニ》薄《かろンズ》二次《じ》婿《せい》之*不文《ナルヲ》一。次婿《ハ》恨《ムコト》甚《ダシク》、1請《フ》レ試《ンコトヲ》。翁《をうハ》指《ゆびさシテ》二庭前《ノ》*山茶《ヲ》一為《ス》レ題《ト》。咏《えいジテ》曰《ハク》、

*拠《レバ》レ看《ルニ》庭前一樹《ノ》茶、2如何《ゾ》*違《ヒテ》レ限《ニ》不《ル》レ開《カ》レ花《ヲ》、

*信牌即《チ》*仰《たのミテ》二*東風《ニ》一去《ゆカシメ》、*火《くわ》速《そくモテ》明朝便《チ》発《ひらカシメヨト》レ葉《ヲ》。

翁曰《ハク》、3詩非《ズ》レ不《ルニ》レ通《ゼ》。a但純《じゅんニ》是《レ》*衙《が》門《もんノ》気《ナリト》。再《ビ》命《ズ》レ咏《よムヲ》レ月《ヲ》。咏《ジテ》云《フ》、

領《シテ》二甚《なにノ》公文《ヲ》一離《レ》二*海角《ヲ》一、【天涯・何・到・*信票・奉】、

私《ひそカニ》渡《ルハ》二*関《くわん》津《しんヲ》一b猶可レ恕《クモゆるス》、不合《ナリ》*夤《いん》夜《やニ》入《ルハト》二人家《ニ》一。
翁笑《ヒテ》曰《ハク》、汝《ガ》*大《だい》姨《い》夫《ふモ》亦《タ》有《リ》二此《ノ》詩一、何《ゾ》不《ルト》レ学《バ》也。c因請《フ》レ誦《しょうセンコトヲ》レ之《ヲ》、聞《キ》四首句《ニ》
云《フヲ》三、清光一片照《ラスト》二*姑蘇《ヲ》一、*譁《かまびすシクシテ》曰《ハク》、此《ノ》句便《チ》差《あやまチ》了《をはレリ》。月豈《ニ》偏《ひとへニ》照《ラサン》二姑蘇《ヲ》一
乎。4須《ラク》レ云《フ》、照《ラスト》二姑蘇等《ノ》処《ヲ》一。

（『笑府』〈中国古典小説選12所収〉による。なお、表記を一部改めた。）

＊婿……娘婿。　＊秀才……県学府学の生員。童試に合格し、郷試の受験資格を持つ。
＊書手……役所の書記。下役人。　＊不文……学問芸術に通じていない。
＊山茶……さざんか。　＊抝看……この目でしかと見る。公文書にしばしば用いられる言い方。
＊違限……期限に遅れる。公文書で用いられる言い方。
＊信牌……役所で用いる、命令を書き付けたふだ。　＊仰……おおせつける。命令する。
＊東風……春風。　＊火速……速いスピード。
＊衙門気……役所気質。形式的で、四角四面である様子。
＊海角……海の彼方。月は東の海の方から昇ってくる。
＊信票……信牌に同じ。命令を書き付けたふだ。　＊関津……関所や渡し場。
＊夤夜……真夜中。　＊大姨夫……妻の姉の夫。義理の兄。　＊姑蘇……蘇州。
＊譁……騒ぎたてる。

問一　二重線部ａ「但」　ｂ「猶」　ｃ「因」の漢字の読みをそれぞれ送り仮名も含めてひらがなで書きなさい（現代仮名遣いでかまわない）。
問二　傍線部１「請試」とあるが、「次婿」がこのような行動をとったのはなぜか。三十字以内で説明しなさい。
問三　傍線部２「如何違限不開花」を現代語訳しなさい。
問四　傍線部３「詩非不通」を書き下し文に改め、必要な語を補って現代語訳しなさい。
問五　本文中の【天　涯・何・到・信　票・奉】の語句を、「どのような指示があって空の果てに沈むのか」という意味になるように並べ替えて書きなさい（訓点は施さないこと）。
問六　次に掲げるのは、傍線部４「須云、照姑蘇等処」に関して、生徒と教師が交わした授業中の会話である。空欄［A］～［C］に当てはまる内容を考え、それぞれ（　）内に指定された字数で書きなさい。
生徒　先生、この「須云、照姑蘇等処」という部分は何が面白いのでしょうか。
先生　それは、「次婿」が義兄の詠んだ詩のどんなところを指して「此句便差了」、つまり「誤りがある」と主張しているのか、そこがわからないと難しかっただろうね。
生徒　それは……、反語で書かれた「月豈偏照姑蘇乎」のところかな。
先生　そうだね。特に「偏」の字に着目してみようか。今回は副詞の位置で「ひとへに」と読んでいるけれど、「かたよる」とも読む漢字だよね。
生徒　そうすると「次婿」は、［A（十字以上十五字以内）］のはおかしい、といったことを主張しているのですか。
先生　そう、理屈では「次婿」のいうとおりだよね。でも、例えば露の降りた葉っぱの美しさを詩にしたときに、「露が降りているのは葉だけじゃない」なんて指摘されたらどう?

生徒　「え?」と思いますね。それはそうだけど、「なぜそこ?」って。

先生　うん、その感じこそ、この場面のおかしさじゃないかな。その上で、「次婿」が示した詩の訂正案に書き加えられた字に注目したらどうだろう?

生徒　ああ、「次婿」はそれで［B（一字）］の字を加えたんですね。詩の中にまるで［C（五字）］のような表現を使うなんて「次婿」はやっぱり「不文」な人物だ、というのがこの話のオチなんですね。

（☆☆☆☆◎◎◎）

【高等学校】

【一】次の文章を読んで、以下の問いに答えなさい。

近代工業社会の建設に邁進する欧米列強が生み落とした[1]万国博覧会というメカニズムは、大衆の欲望を掻き立てながら巨大化・強靱化し、史上最強の空間メディアとして19世紀世界に君臨しました。

それが【万博1・0】です。世界から集められた最新のモノや珍しいモノに直にふれ、「未来」と「世界」を実感する。驚くべきモノたちに感激しながら、まもなくやってくる豊かで幸せな社会に想いを馳せる。

万博は近代精神を直観で感得する学びの場であり、知的好奇心を満たしてくれる最上のエンターテインメントでした。陳列と実演を駆動原理とする『モノで語る博覧会』は右肩あがりの成長をつづけ、五千万人を呼び込んだ1900年パリ万博で最高潮に達します。

直後にエネルギーがドロップしますが、自ら体質改善を図って環境変化に適応し、新しいスタイルへの転換を果たしました。主戦場がヨーロッパからアメリカに移り、マーケティング思想と展示技術の革新とがあいまって、空間体験をとおして理念やビジョンを表現する『思いを伝える博覧会』へとジャンプしたのです。

これが【万博2・0】です。先の戦争で技術のダークサイドが白日に晒され、「技術の進歩が幸せな未来をつくる」と啓蒙してきた万博は自らの役割を自問自答しますが、このときもテーマ重視の理念を掲げてふたたび上昇気流に乗ることに成功します。こうして迎えた2度目の頂点が1970年大阪万博でした。

もっとも、2体質改善を果たしたとはいえ、本質が変わることはありませんでした。未来への扉をひらいて「次の時代」の実感を与える。産業技術の進歩がひらく「輝かしい未来」をプレゼンテーションする。まもなく訪れる「より良き世界」への期待を育む。

万博はア〝すぐそこにある未来〟を疑似体験させることで、こうした感覚を大衆に植えつけるものです。ふたつの世紀を生き延びてこられたのは、権力者の①思惑と大衆の欲望がぴたりとフィットしたからで、この（　a　）が万博のエンジンでした。現在の低迷は、この（　a　）が成り立たなくなってきている状況にほかなりません。

【万博2・0】が胎動をはじめたのは1933年シカゴ～1939年ニューヨークのころですから、それ以前の第1世代＝【万博1・0】は1851年ロンドンからおよそ80年つづき、その中間点(1900年前後)でピークを迎えたことになります。

いっぽう1930年代の②萌芽からおよそ80年が過ぎた【万博2・0】は、大阪万博後に深刻な環境変化に見舞われ、権威と信頼をすり減らしながらもなんとか生き延びていますが、もはや役割を終えたと言われてもしかたがない状況です。

おもしろいことに、ふたつのフェーズはともにライフがおよそ80年で、真ん中あたりにピークが来ています。

感覚的な印象論ではありません。歴代の入場者数のグラフを描いてみると、1900年と1970年を頂点としたふたつの山があることがわかります（［　　　　　　　　］、全体傾向を見るうえでは除外して考えたほうがいいでしょう）。

ふたつの山は、形はちがいますが、裾野の幅がともに80年なのでボリュームはほぼおなじ。ふたつの間に2度の世界大戦があって、そこが谷間になっています。このときに自己改革が胎動し、2番目の山に向かうエネルギーを蓄えたわけです。

このシンプルな「万博80年ライフ論」はあながち的外れではないかもしれません。【万博1・0】はまさしくそうでしたし、80歳を過ぎた【万博2・0】がいま〝余生〟にあることも論をまたないでしょう。

もしそうなら、そして万博がこの先も存続しつづけるとしたら、すでに【万博3・0】が芽吹いていなければならないはずです。80年前がそうであったように、自己変革への胎動がはじまっていなければなりません。

もしかしたら、2000年ハノーバー万博以降に散見される、個々のパビリオン単位でのチャレンジングな試みがその予兆なのかもしれません。ハノーバーの『knowledge館』や『スイス館』、上海の『イギリス館』などでは、いずれもイ〝思いを伝える〟プレゼンテーションというよりアートに近く、めざしているのはメッセージの伝達ではなく共感の媒介です。大衆の支持を得るためには、さらなるエンターテインメント成分の積み増しが必要で、アートとディスプレイの断層を飛び越えるブレークスルーが待たれますが、新たな地平を模索していることはたしかです。

しかし、いまのところ、それが【万博3・0】の萌芽であるとまで明言できる状況にはいたっていません。

トライアルが単発の「点」として顔を出しているだけで、ムーブメントにはなっていないからです。波は来ていないし、山も見えない。ゆえにまったく先が読めない。

この間抜けな答えが、おそらく現時点での正しい状況判断だろうと思います。

ひとつだけたしかなことは、「万博がどんどんつまらなくなっている」という単純で深刻な事実です。30年にわたって万博を見つづけてきた経験から、はっきりとそう言えます。個人の印象に過ぎないと笑い飛ばしてもらいたいところですが、残念ながら、その段階はとうに過ぎてしまいました。

先進国の3モチベーション低下はあきらかですし、観客の態度や表情も大きく変化しています。一言でいえば、情報の送り手が情熱を失ってクオリティが下がり、期待に届かない出来具合に受け手がつまらなそうに接している、という構図です。

*韓国ではじめて開かれた1993年大田《テジョン》万博のとき、自国での万博開催を喜ぶ観客はあきらかに高揚し、誇らかな表情で場内を闊歩していました。ひとりの老婆が「よい冥土の土産になった」と嬉しそうに話してくれたことを思い出します。

ところが、20年後の2012年麗水《ヨス》万博では、企業パビリオンが満を持して送り出した映像アトラクションの最中に、若者たちは退屈そうに携帯電話をいじり、③大仰な演出のクライマックスでは失笑が漏れる始末でした。もはや初回と2回目のちがいだ、などと片づけられる状況ではありません。

ぼくは嘘も計算もない大衆の素直な行動に愕然としました。目の前に広がる生々しい表情の変化は、机上の理屈ではなくまぎれもない現実であり、動かしがたい事実だからです。

〝大衆の体験レベルが跳ねあがっているのに、展示技術のイノベーションはいっこうに進まず、かつてのように観客を驚かせることができない。インターネットによる情報革命で大衆の情報感性が激変し、もはや都合のいいコンテンツを一方的に垂れ流すだけでは共感してもらえない。なにより「近未来を予言し、疑似体験させる」という推進原理そのものがほとんどリアリティを失っている〟。

大阪万博を過ぎたころから徐々に④ケンザイ化し、世紀末に大きなうねりとなった環境変化は、（　b　）で首を絞めるように万博から体力を奪っていきました。4打開策としてハノーバー万博が打ち出した環境博構想が不発に終わり、一時は「死の床」にあったものの、愛知万博が〝救済〟したことでいまは小康状態を取り戻していますが、衰弱は依然としてつづいています。

それにしても、なぜ万博はここまで凋落してしまったのでしょう？

⑤コウカンいわれているのは、インターネットの出現により情報ステーションとしてのポジションを失ってしまったから。世界の情報に瞬時にアクセスできるようになり、わざわざ万博に足を運ぶ必要がなくなった、という理屈です。

もちろんそういった面があることは否定しません。しかし5問題の本質は、インターネットという「〝競合相手〟の出現」ではないとぼくは考えています。

インターネットが万博から仕事を奪ったわけではないからです。万博を追い詰めている環境変化はさまざまなレイヤーが複合したものであり、インターネットが普及するはるか以前からはじまっていたこと。インターネットの出現はたしかにインパクトがあったけれど、直接的な打撃はジャブ程度でしょう。もしこの先万博が倒れることがあったとしても、それはインターネットによるノックアウトではありません。

凋落の本質は、大衆の欲望とのズレが日を追うごとに大きくなっていること、しかもそのズレにいまもって万博界が気づいていないことにあると考えるべきです。

〝街なかの施設にはない特別な体験を期待していたのに、プロジェクター映像を見せられただけだった。ワクワクする未来が見られると思ったのに、「このままではダメだ」と説教された。驚きと感動が待っていると聞かされていたのに、論理と納得しかなかった……〟。

現場で生じているこうした事態については見てきたとおりですが、最近とみに感じるのは、ぼくたちの情報観の変化に万博がまったく気づいていないという現実です。いうまでもなく、万博とは送り手から受け手に向けられた情報伝達の場ですが、いっぽうの主役である受け手の情報感性が大きく変わりつつあるのに、送り手の意識が従来のまま止まっていて、このズレが日を追うごとに大きくなっているのです。

21世紀になって十数年が経ったいまも、万博を支配しているのは「知識の送達」を根幹とするマスメディアのメカニズムであり、6「〝中心〟にいるエリートが〝末端〟の大衆を啓蒙する」という20世紀の情報観です。

1990年代までは、末端の大衆は受け手の立場をわきまえていました。かならずしも従順に受け入れるとはかぎらず、ときに反抗することもあるけれど、送られてくるパッケージ情報を〝箱〟のまま受け取ることに抵抗はなかったし、中心にいる情報生産者に対する信頼とリスペクトの感覚も現在とは比較にならないくらい大きなものでした。「与えられること」を期待していたし、それで満足していたわけです。

しかし、いまはちがいます。〝中心〟が制作する完パケ情報をイノセントに受け取るほどナイーヴではないし、自身に都合のいいコンテンツを垂れ流しているだけと見なせば、相手に共感するどころか裏に隠された意図を読み解こうとさえします。

情報は与えられるものではなく ウ〝捕獲〟するもの。ぼくたちはいま、情報とは空から降ってくるものではなく、主体的に探索したり捕獲したりするもの、と認識しています。言い換えれば、「答え」は一方的に与えられるものではなく自ら見つけ出すもの、みんなと一緒に探していくものと感じはじめているのです。

情報のデジタル化とインターネットの出現は、マスメディアの時代にはなかった新しい感性をぼくたちのなかに宿らせました。いま進行している情報革命とは、技術革命であると同時に意識革命です。万博にとってインターネットの影響は、直接的な競合よりむしろこちらのほうがはるかに大きいと考えるべきです。

「インターネット時代の万博」というと、展示コンテンツをインターネットと連動させるとか、スマホを使って観客のレスポンスをリアルタイムで展示に反映するといった類の話になりがちですが、問題の本質はそんなことではありません。

感性が変われば、とうぜん欲望も変わります。万博が考えねばならないのは、新しい感性を⑥携えてのり込んでくる観客とどう向き合うか、であり、いかにして彼らの欲望に応えるか、なのです。ネットで手に入る「答え」程度では人は呼べません。

先に「ふたつの世紀を生き延びてこられたのは、権力者の思惑と大衆の欲望がぴたりとフィットしたからで、この（　a　）が万博のエンジンです」と言いましたが、いまの万博にあるのは権力者の思惑だけで、大衆の欲望に対するまなざしを著しく欠いています。それをなおざりにしたまま「3つ目の世紀」を生き延びることはできないでしょう。

世界はどうなっているのか、近未来になにが起きるのか、これからの社会はどうなっていくのか……。

万博はこれまで、一貫して「答え」を見せてきました。自ら答案を書くことができない大衆が、魅力的な「答え」を求めていたからです。大衆にとって、エキサイティングな「答え」を見せてくれる万博は、欲望を満たしてくれるエ〝良きもの〟であり、「答え」自身も希望を掻き立てる良質なコンテンツでした。

いっぽう権力者サイドからすれば、万博は打ち出したい完パケ情報を一気に社会に浸透させることができるありがたいメディアでした。万博が大衆に支持され、群を抜くエンターテインメントとして君臨してきた背景には、両者の欲望が溶けあうハッピーな状況があったわけです。

しかしいま起きているのは、送り手側はこれまでのような魅力ある「答え」を提示することができず、受け手側はかならずしも完パケの「答え」を求めていない、という不幸な状況です。１６５年の歴史ではじめて経験する事態であり、存立基盤をゆるがす環境変化であることは疑いがありません。

生き延びるためには、こうした変化に⑦ツイズイする構造レベルの変革が不可欠です。80年前、陳列と実演だけでは立ち行かなくなることがわかった段階で【万博２・０】にジャンプしたように、思い切って【万博３・０】へとシフトさせる覚悟と戦略が必要なのです。

しかし現状の万博にそうした動きは見られません。それどころか、むしろ時代に逆行しているのではないかと⑧キグされる状況がつづいています。

愛知万博の〝遺産〟オとして『課題解決』と称する概念がクローズアップされていることが象徴的です。「万博はたんなる産業技術のショールームではなく、地球規模の課題を解決する場である」とする考えで、90年代半ばに*ＢＩＥが掲げた『社会のお役に立つ万博』路線に忠実な立場を表明するものです。

「継承すべきは『課題解決型万博』という新しい理念であり、それが21世紀の万博だ」と語られているわけですが、ぼくはこの考えに大きな違和感をもっています。理由は単純で、プレゼンテーションだけでものごとが〝解決〟するはずがないからです。

ありていに言ってしまえば、万博とは〝パビリオン対抗プレゼンテーション大会〟です。*条約に定められたこの原則をキープするなら、やれるのはせいぜい「解決への道筋を提案する」「解決に向かう機運を（　c　）する」「解決への行動を（　d　）する」ことまででしょう。

だから意味がないと言いたいわけではありません。志の高さには疑いがないし、ほんとうに〝解決〟できるなら結構なことです。ぼくが問題だと思うのは、発想の是非より、むしろ底流にある情報観のほうです。

『課題解決』がどのレベルを指すかはともかく、解決と言うからには最低限「答えを示す」ことが必要です。「こうすれば解決できる」とアナウンスするにしろ「こうやって解決しよう」と呼びかけるにせよ、解決策が示されなければアクション自体が成立しません。

〝大衆にSolution《解決策》を示し、それに向けて行動すべく啓蒙する〟。

万博自身が実際的な解決の場にはなり得ない以上、『課題解決』をそう定義するほかないわけですが、このメカニズムはマスコミュニケーションの原理そのものであり、前提にあるのは20世紀の情報観です。

情報を有する権力者が大衆に知識を授ける。中央のエリートが特権的立場から大衆を啓蒙する。答えを知る者が知らざる者にわけ与える。

万博はいまもこのコミュニケーション構造を少しも疑っていないどころか、強化することで存在意義を回復させようとしているのです。

[7]万博が為すべきことは解決策の提示などではない。

万博の価値は「答え」ではなく、むしろ「問い」のほうにある。

未来に向けた価値ある問いを多様に放射する。もしいまも万博に意義があるとすればその1点においてのみであり、射程の長い問いかけができるかどうかで勝負は決まる。ぼくはそう考えています。

ヒトは問いが立てられたときに知のステージに立つからです。誤解を恐れず言い切ってしまえば、知的活動においては問いの強度こそが問題なのであって、回答の合理性や緻密さなどは本質的な問題ではありません。

知的エンターテインメントたる万博においてはなおさらです。とりわけ新しい情報感性を身につけた大衆を引き込むうえでは、答えより上質な問いのほうがはるかに有用でしょう。

ぼくたちは「問いの強度」だけで勝負している営みを知っています。

芸術です。

振り返ってみれば、革新的なパビリオンの多くは「強度ある問い」を武器に、芸術的なアプローチでつくられていました。半世紀が過ぎてなお強烈な存在感で見る者を圧倒する太陽の塔、近代《モダニズム》思想と対極の価値観で勝負に出た『テーマ館』、純度の高い前衛表現を結晶させた『せんい館』など、大阪万博のときもそうでしたし、２０００年ハノーバー万博の『Knowledge館』や『スイス館』、２０１０年上海万博の『イギリス館』など、近年のチャレンジングなパビリオンもみな同様です。

これらに共通するのは、いずれもレンジの長い根源的な問いかけをしていること、安直な答えあわせをしていないこと、つくり手が受け手と同じ地平に立っていること。そしてなにより、唯一無二の「空間」と「体験」で観客を迎えようとしていることであり、「啓蒙」ではなく「対話」に情熱を傾けていることです。

ハノーバー以降に散見されるアートマインドが【万博３・０】の予兆かどうかはわかりません。ただ、少なくとも主戦《ホーム》場である空間体験で闘おうとしているし、21世紀のメディア観に立脚していることはたしかです。

そう考えていくと、１９５８年ブリュッセル万博以来守りつづけてきた〝あたりまえ〟を疑うことからはじめなければならないのかもしれません。「万博とはテーマに対する答えをもち寄り議論する場である」という大原則です。そのくらいドラスティックに変えないかぎり、【万博３・０】にはジャンプできないでしょう。じっさい【２・０】はそうやって立ちあがってきたのですから。

厳しい状況をありのままにお話ししてきましたが、望みはないと絶望しているわけではありません。「ヒトが1ヵ所に集まってコミュニケートする」ことへのモチベーションを、ぼくたちはけっして失っていないからです。それどころか、インターネットの登場以降、ライブコミュニケーションへの欲望はむしろ強さを増しているように見えます。

夏フェス、アートフェス、コミックマーケット……。少なからぬイベントが、まるでインターネットと呼応するかのように存在感を高め、動員を伸ばしています。インターネット上での情報流通がきわだって活発である点も特徴のひとつです。

共通しているのは、いずれも可能なかぎり「完パケ」から逃れようとしていること。同時多発プログラムや多層レイヤー展開で観客が自ら探索・捕獲できるよう工夫していることにくわえて、コンテンツも「問いの強度」があるものを揃えるよう配慮しています。そうであるからこそ、現場での体験がプライベートなコンテンツに編集され、ネットを通じて再度送り出されるという正の循環が起こるのでしょう。

つくり手側に「大衆に与えよう」「正解を教えてやろう」などという意識はおそらく皆無ですし、受け手側も完パケの〝箱〟を受け取りたいとは考えていないはずです。つくり手が意識しているのは刺激的・挑発的な素材の提供であり、受け手が望んでいるのは自分だけの〝物語〟をつくることでしょう。驚異的な動員と強い支持は、そうした双方の欲望が響きあっているからにちがいありません。

そこにあるのは、情報とは「送達《デリバリー》」するものではなく「交換《シェア》」するものであり、めざすべきは情報の「連鎖」である、という感覚＝21世紀の情報感性です。

〝情報とは相手《ターゲット》に打ち込むものではなく、シェアするもの。観客は情報を吸い込むスポンジではなく反射板のようなもの。「演説」ではなく「対話」〟。

成功イベントが「空間メディアを単純なメッセージデリバリーの道具だと考えてはいけない」ことを教えてくれています。重要なポイントは、いずれも〝良質な問いかけ〟に満ちていること。それが空間コミュニケーションにとっていちばん大切な『共感』を呼び込むのです。

いずれにせよ、20世紀のメディア観で21世紀の万博がつくれないことだけははっきりしています。このままでは遠からず終焉を迎えることになってしまうかもしれません。

万博ファンとしてはもちろん再興して欲しいし、3番目の山を見たい。しかしどうなるかはわかりません。

（平野暁臣『万博の歴史　大阪万博はなぜ最強たり得たのか』による。ただし、設問の都合上、一部改めた箇所がある。）

＊韓国ではじめて開かれた……万博には、大型で総合的なタイプの「一般博覧会」と、スリムで専門的なタイプの「特別博覧会」という、大まかにふたつのカテゴリーがある。出題範囲の本文では筆者は「一般博覧会」を主眼に論じており、大田万博、麗水万博や１９８５年つくば万博などは「特別博覧会」であるため、グラフに登場していない。

＊ＢＩＥ……博覧会国際事務局(the Bureau International des Expositions)。万博の開催を管理する政府間機関で、パリに本部がある。

＊条約……ＢＩＥの創設と同時期の１９２８年に31ヵ国間で締結された国際博覧会条約。万博のあるべき姿、開催方法や開催頻度、主催国と参加国それぞれの権利義務などを規定している。

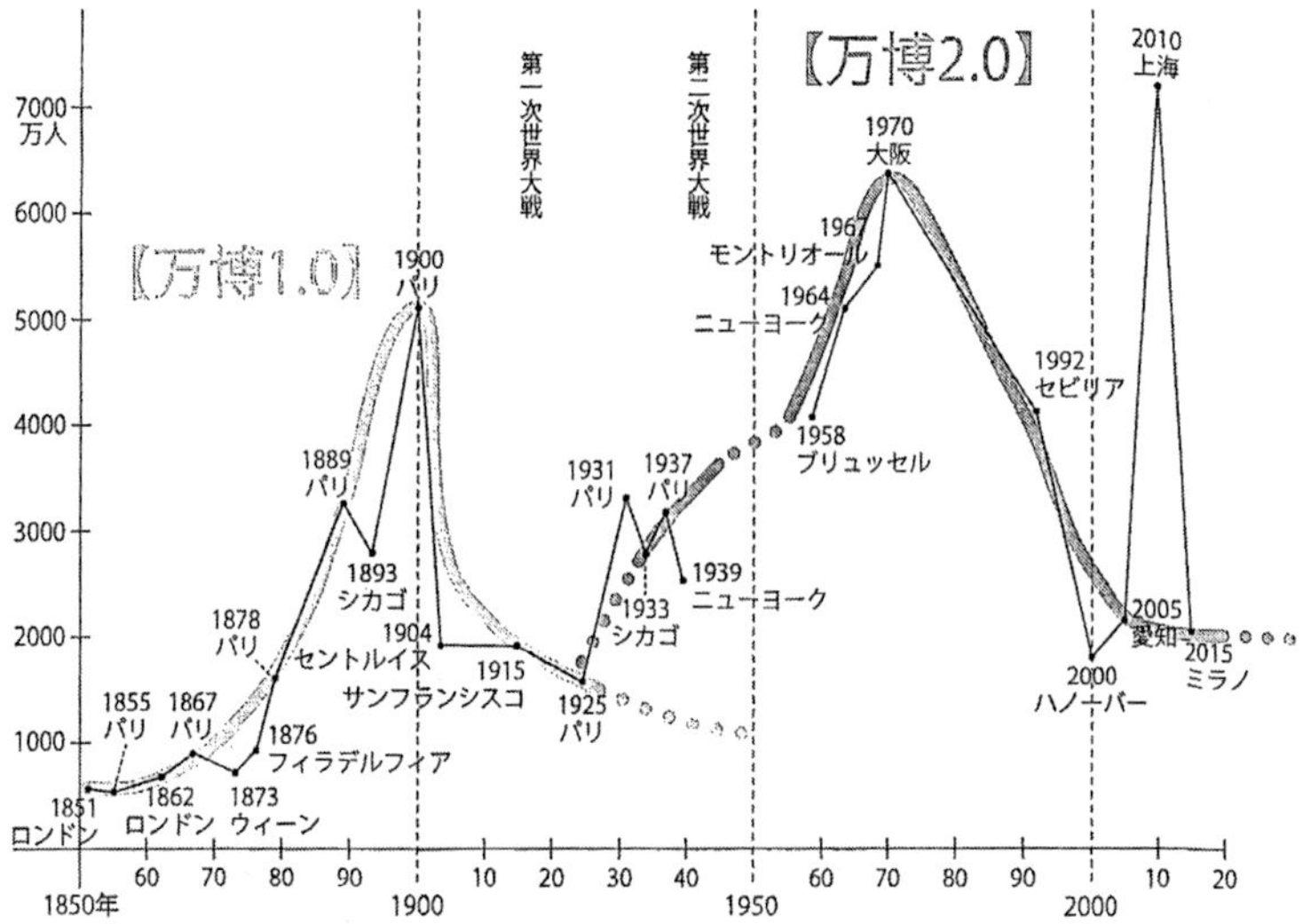

（平野暁臣『万博の歴史—大阪万博はなぜ最強たり得たのか』p.229より）

問一　本文中の太線部①～⑧について、カタカナは漢字に改め、漢字は読みをひらがなに改めて書きなさい。

問二　本文中の傍線部1「万国博覧会」について、筆者のいう「【万博1・0】」と「【万博2・0】」を、本文を読んでいない人に伝えることを意識して、それぞれわかりやすく説明しなさい。

問三　本文中の傍線部2「体質改善を果たしたとはいえ、本質が変わることはありませんでした」とあるが、「【万博1・0】」と「【万博2・0】」で変わらなかったのはどのような点か。適当なものを次のア～オから二つ選び、記号で書きなさい。

ア　技術の進歩が約束する幸せな未来を体験したいという大衆の欲望と合致している点。

イ　展示技術の創意工夫により、メッセージの伝達よりも共感を志向している点。

ウ　最新のモノや珍しいモノを一堂に集める陳列と実演が最大の目玉である点。

エ　情報を有する権力者が大衆に知識を授けるというメディア観に立脚している点。

オ　「問い」よりも、「課題解決」という概念に焦点化することに価値を置いている点。

問四　本文中の傍線部3「モチベーション」と同じ意味で用いられている言葉を、本文中より漢字四字で抜き出して書きなさい。

問五　本文中の三か所の空欄（　a　）に共通して当てはまる語として最も適当なものを次のア～オから一つ選び、記号で書きなさい。

ア　相克　　イ　蜜月　　ウ　秋波　　エ　乖離　　オ　甘受

問六　本文中の空欄［　　］の箇所では、グラフについて、本文の論の展開に当てはまらない点に関する言及がなされていた。それはどのような点か、グラフから読み取って、簡潔な一文で書きなさい。

問七　本文中の空欄（　b　）に当てはまる語を、適当な慣用表現になるように漢字二字で書きなさい。

問八　本文中の傍線部４「愛知万博が〝救済〟したことでいまは小康状態を取り戻していますが、衰弱は依然としてつづいています」について、次の各問いに答えなさい。

(1)　本文と同じ出典の別の箇所に、筆者が次のように述べた箇所があります。この記述を参考に、筆者がなぜ「〝　〟」という括弧を付したかを考え、簡潔に書きなさい。

> 愛知万博は２２０４万人を迎えて閉幕しました。じつは１８１０万人だったハノーバーの2割増に過ぎないのですが、目標を４０００万人と過去の一般博レベルに置いたハノーバーに対して、愛知はあらかじめ１５００万人にまで下方修正していたことから、成功の評価を手にします。

(2)　本文中の波線部ア～オの括弧「〝　〟」を付された表現のうち、傍線部４の「〝救済〟」と最も近い意図で括弧が付されていると考えられるものを一つ選び、記号で書きなさい。

ア　〝すぐそこにある未来〟　イ　〝思いを伝える〟　ウ　〝捕獲〟　エ　〝良きもの〟

オ　〝遺産〟

問九　本文中の傍線部５「問題の本質は、インターネットという『〝競合相手〟の出現』ではない」とあるが、では、筆者は問題の本質をどのようなことと捉えているか。八十字以内で説明しなさい。

問十　本文中の傍線部６「『〝中心〟にいるエリートが〝末端〟の大衆を啓蒙する』という20世紀の情報観」とあるが、筆者によれば、21世紀の情報観はどのようなものか。「～という情報観」に続く形で三十字程度で書きなさい。

問十一　本文中の空欄（　c　）・（　d　）に当てはまる語を、次の語群からそれぞれ一つずつ選び、適当な漢字に改めて書きなさい。

ヨクシ　カンキ　カンスイ　ソガイ　ジョウセイ　バイゾウ

問十二　本文中の傍線部7「万博が為すべきことは解決策の提示などではない」とあるが、筆者がこのように考える根拠を三つに整理して書きなさい。なお、傍線部7の前から二つ、傍線部7の後ろから一つ書くこと。

問十三　筆者のいう「【万博3・0】」を考えるとしたら、どのような万博像を提示できるか。二百字以内で論述しなさい。ただし、次の条件に従って書くこと。なお資料文の番号【一】～【四】は一字と数えて構わない。

(1)　全二段落で書くこと。

(2)　第一段落で、次の資料文【一】～【四】から二つを選んで引用しつつ、本文の問題提起に対するあなたの意見の方向性を示すこと。引用に際しては、「【一】で述べられているように～」「【二】の筆者によれば～」などの表現で資料番号を明記すること。

(3)　第二段落で、本文中の二重傍線部「『ヒトが1ヵ所に集まってコミュニケートする』ことへのモチベーション」に関してあなたの考えを示した上で、あなたなりの万博像を提示すること。

【一】

　以前、筆者が動物園で子ども向けに実施したワークショップの事例を紹介しましょう。それは動物園の飼育員さんから教えてもらった動物観察のヒントにあります。「キリンって、牛みたいに反芻する動物だから、食べたものを胃から口に戻して咀嚼し直すんだよ。キリンは首が長いから、飲み込むのとは逆向きに食べ物が喉を通って戻ってくるところも見えるんだよ。でもそのためにはキリンがご飯を食べた後に5～10分そのまま見続けないとダメなんだ」。

このことを聞いて、子どもたちが動物ごとにじっくりと観察できるような仕掛けや問いかけを考えることになりました。そこから生まれたのが、「踵だけ注目しよう」「モグモグ口の動き、ピクピク耳の動き、ヒクヒク鼻の動きだけ注目しよう」など、動物の前でじっくり観察したくなるような問いかけの数々です。

そのなかでも明らかに参加した親子の対話が劇的に変わったのが、「ゾウの鼻くそはどこに溜まるの？」でした。「先の方じゃないとほじれないいんじゃない？」「いやどうせあの大きな前足では鼻の穴に指が入らないでしょう」「じゃあ奥の方だ」「いや真ん中くらいに溜まっているのが、水を吸ったり吹きだしたりするときに一緒に出ていくんじゃない」と、次々に仮説が生まれると同時に、みんなの目線がゾウの鼻に向けられます。すると、「鼻がしわしわ」「なんか毛が生えてる」「鼻の付け根にあるのは唇かな？」などなど、鼻くそ以外に気になることが次々に生まれてきます。

その日のワークショップの帰り道、偶然に電車の中で参加者親子の1組が向かいに居合わせました。すると、「でもゾウの鼻の奥に鼻くそがあったら、水を吸ったときに全部口の中に入っちゃうんじゃない？」と、半日経ってもまだ対話が続いていたのです。

ちなみにこの問いについて、筆者自身も答えは知りませんでした。ただ単に自分が素朴に「どうなんだろう？」と疑問に思っただけなのです。問う側が常に正解を知らないといけない、というのはある種、大人や学校の先生が持つ強迫観念のようなもので、問う側の理解度は実は、問われる側の思考や感情を刺激するのに必ずしも直結しません。

むしろ、筆者自身が「なぜだろう？」と素朴に思っていたからこそ、問いかける側と問いかけられる側に優劣や上下関係がなく、問いの前に対等な関係性が構築できていたことが、参加者の思考や感情を刺激することができたのかもしれません。そしてこの問いは、筆者が問いかけてから早10年以上経つというのに、いまだに使いまわしてしまうほど自分自身にとっても刺激的であったということです。

問いが持つ効果は、問われた側の思考と感情を刺激するだけにとどまりません。「ゾウの鼻くそはどこに溜まるのか？」について、参加者たちが「話し合い」を始めてしまったように、問いは集団に共有されたとき、主体的なコミュニケーションを誘発する性質を持っています。

問いは、問われた側の思考や感情を刺激します。問いに対峙した個人は、頭のなかで自分なりの意見を考えたり、新しいアイデアを思いついたり、あるいは新しい疑問やモヤモヤが生まれているかもしれません。そうした個人の思考の「種」は、同じ問いに対峙していたとしても、1人1人異なるものであるはずです。その思考や感情の種が「場」に共有されたとき、コミュニケーションは駆動されます。

（塩瀬隆之の文章〈『問いのデザイン——創造的対話のファシリテーション』所収〉による。
ただし、設問の都合上、一部改めた箇所がある。）

【二】
新型コロナウイルスが世界に拡大しているとＷＨＯが緊急事態を宣言したのは今年（出題者注・2

020年）の1月31日だった。その翌日、「兵庫県立横尾救急病院展」と題する展覧会が神戸の横尾忠則現代美術館で始まったが、本企画が決定したのは武漢で発生する1年前だった。

展覧会のオープニングの来客全員にマスクを配布して装着してもらった。主催者や美術館の職員らは白衣とマスクでコスプレ、大掛かりな演劇的パフォーマンスを演出した。150人以上のマスク集団は誰も見たことのない光景なので美術館内は異様な雰囲気に包まれた。美術館のロビーから展覧会場には沢山の医療器具が配置され、病院さながらの様相を呈し、美術館がそのまま病院にハイジャックされた形になった。

この時点ではマスクを装着した人々が街に溢れ、都市空間がアート化されるなんて誰が予想したであろうか。アートはしばしばその発想源が無意識に未来を現在化させる予知的なエネルギーをその内に秘めていることがある。従ってアートが予言（者）、幻視（者）と評される所以でもある。とはいうものの、今ではマスクはただの日常風景。

現在は病院展は休館中だが、絵の制作は自粛するわけにはいかないので、終日アトリエに籠ったままだ。

作品は環境の変化に敏感に反応するので、僕を取り巻くコロナ的現状によって、作品は忠実にコロナにインボルブされ、いやな空気感を発生し始めている。しかし如何なる表現を取ろうと、自作を否定するわけにはいかない。こうした環境の中で生まれた作品こそ、時代の証言者になり得ると、僕は自作を肯定する。

そこで気づいたのはコロナを拒否してコロナから逃避するのではなく、コロナを受け入れることで、コロナとの共生共存を図る精神の力を絵画に投影させて、マイナスエネルギーをプラスの創造エネルギーに転換させることでコロナを味方につけてしまい、この苦境を芸術的歓喜にメタモルフォーゼさせてしまえばいいのだ。

（横尾忠則の文章〈『コロナ後の世界を語る――現代の知性たちの視線』所収〉による。）

【三】

不特定の人に対価を求めるわけではなく、無償で分け与えたいとすると、これはどんなモデルだろうか。これは「オープンで、かつ無償の交換を行う」というパターンですが、このモデルには名前が存在しません。＊柄谷さんはこれをXと名づけました。これが交換のXモデルです。

私は柄谷さんに、「＊イーサリアムやビットコインのように世界中の不特定多数の人々が組織化し、そのプラットフォーム上で交換が行われる暗号通貨などのような新しい分散型交換モデルは、交換モデルXの実現と捉えてよいのか」と尋ねました。これについて柄谷さんは、地域通貨や自分が考えている通貨発行のシステムなどを交えて答えてくださいました。

つまり、こうした分散型の方向に進むことは決して悪いことではないけれど、相互信頼がない知らない人同士の交換システムの場合、基本的なシステムについてどのように信頼を得ていくかが重要な問題の一つになるというのです。

交換システムに参加する人たちがお互いに顔見知りで、少なくとも誰かの推薦で参加するのであれば、先ほど述べた「家族」という考え方を拡大すればいいのですが、知らない人との交換では「どのようにして信頼を担保するか」を解決しなければならないのです。

　市場であれば、これは問題になりません。「交換が自由である」ということだけで、対等性も等価性も必要ないからです。

　私が問題にしているのは、知識の交換のようなケースです。私が知識を誰かとシェアしたからといって、私の知識が失われるわけではありません。これは事実上、独占権のない無償の交換モデルですが、この場合、「私の知識をシェアした人が、その知識を用いて私の望まないことを行わない」という信頼関係が必要です。

　その信頼関係をどのようにして構築するか。それはまだ完全には解決していない問題です。だからこそ、「この問題を先に解決してからでないとこの道を歩み続けることはできない」と柄谷さんは言うのです。


　実際のところ、こうした「無償」という概念は、仏教あるいは他の宗教などでも謳われています。ほかにも、これと似たような概念を見つけようと思えば見つけられるでしょう。無償であるというのは、ある種の「信仰」と関係しているとも言えるからです。

　しかし、柄谷さんは「無償」という概念を決して一種の宗教や信仰とするのではなく、純粋に交換モデルとして分析しています。つまり、「無償と交換の関係はどのようなものなのか」ということですが、たとえばそれは、私が何もかも無償であらゆる人に提供するのを見たあなたが、その行為に同意してくれて、あなたもまた同様の行為をするようなことです。つまり、完全に自発的な行為です。

　このような人間性に基づいた信頼関係は成立するでしょうか。もちろん、それは可能だと思います。

見ず知らずの人であっても、何度か話をしているうちにだんだん打ち解けてくるというのは、とても自然なことでしょう。

交換モデルXの概念は、「みんなとシェアする過程で、あらゆる人とお互いの信頼関係を築いていく」というものです。一般的には「まず相互の信頼を得てからシェアをする」という順番ですから、ベクトルは正反対です。

（オードリー・タン『オードリー・タン　デジタルとＡＩの未来を語る』による。ただし、設問の都合上、一部改めた箇所がある。）

＊柄谷さん……………………日本の哲学者・文芸評論家、柄谷行人（１９４１―）のこと。

＊イーサリアムやビットコイン……ともに、電子ネットワーク上で取引される仮想通貨のこと。

【四】

人類は仲間とのつながりを拡大するように進化してきた。その過程で脳は大きくなった。これが社会脳仮説で、私もそうだと思う。しかし、仲間とのつながりは人間だけでなしえるものではない。人間どうしのつながりには常に自然が介在してきた。季節の移り変わりをともに感じ、それを衣食住という暮らしの表現を通して共鳴することが人と人との間をつなぐのである。人と人はヴァーチャルにはつながれない。出会いや関係があらかじめ予想できるものであれば、敢えてつながる必要はない。それぞれが違い、予想が難しい相手だからこそ、共通に感じられる媒介物をつくろうと努力するのである。それが自然という不確かな対象であれば、共通項を見出そうとする熱意は増す。誰にも共通であることがわかっている情報であれば、安心は得られるが、感動は生じない。

　未来の社会にとって大切なことは、何よりも安全・安心を保障することだと言われている。裏返せば、現在はそれが大きく崩れているということだ。たしかに、科学技術は安全をつくることができるだろう。しかし、安心は人が与えてくれるものだから科学技術だけではつくれない。それだけ、現代は人への信頼が揺らいでいるのだ。それは自然への信頼が薄れているせいでもあるだろう。その閉塞感を突き破るためには、感動を分かち合うことを生きる意味に据えるべきだ、と僕は思う。

（山極寿一の文章〈『虫とゴリラ』所収〉による。）


（☆☆☆◎◎◎）

解答・解説

【中高共通】

【一】問一　a　膨大　b　へだ(てる)　c　繁殖　d　連綿　問二　霊長類の社会の中で、最も頻繁に他者を出し抜くような行動が観察されたのがチンパンジーであったこと。（四十八字）　問三　競争的状況においては、他者の心的状態を推測して自己の利益を守る行動ができるが、協力的な行動については、他者からのサインがあれば見返りがなくても協力する一方、他者が困っている様子を見ただけで自発的に協力することはないこと。（百十字）　問四　他者からの一方的な信号に応じて行動しただけで、信号を発した個体と心的表象を共有したわけではないので、同じとは言えない。　問五　イ　問六　自分が見た世界を描写し、他者が同じ心象を持っているのを確かめることを、快いと感じること。（四十四字）　問七　①　ア　②　イ　③　ウ　④　イ　問八　チンパンジ～求である。　問九　エ・オ

〈解説〉問一　aは「膨」はふく(らむ)の訓読みも覚える。bは熟語としては「隔絶」、cの「繁」は訓読でしげ(る)で、「殖」は熟語で「生殖」などがある。　問二　同じ段落で観察の結果として、「霊長類の社会において、他者を出し抜くような～行動の頻度が～高かった」と根拠になることを述べている。　問三　チンパンジーについての実験を第三段落目以後から押さえていく。その結果、「チンパンジーは、競争的状況においては、他者の心的状況を推測する『心の理論』を持っている」ことがわかったが、「心の理論を使って協力的な行動」が出来るかについては、第六段落で「サインを出さない限り～自発的に渡すことはなかった」と否定している。問四　「ヒトの言語コミュニケーション」は「他者の心の状態を類推する」ことで成立しているが、「隣のチンパンジー」が「ステッキを渡した」という一方的な信号に対応しただけであり、「他者の心の状態を類推」したわけではないという結果を読み取る。　問五　傍線部はヒトの言語について、「一方的な信号ではない」としている。ヒトの言語とは異なる動物の「単なる一方的な信号」という点で選択肢を見ると、イ以外は、自分の状態を仲間に伝えるものであって単純な動物的な信号である。イは、対象を自分からの発信で捉えるという認識行動であって適切ではない。　問六　ヒトの「認知・心理的基盤」が説明されているのは、第十一段落以降、とくに「赤ちゃんとお母さん」に焦点をあてている箇所を押さえる。すると第十四段落に「そして、こうして」以降に「世界に関する認識を共有してうなずくことは、誰にとっても心地よいこと」だとまとめられて

いる箇所が見つかる。　問七　空欄を含む段落の前の段落をみると「赤ちゃん」「お母さん」「イヌ」の三項に焦点を当てて「赤ちゃん」が「イヌ」を見る、「お母さん」も「イヌ」を見る、「そしてお互いの認識を共有」して、「赤ちゃん」「お母さん」の双方が「三項の関係」を理解しているとまとめられている。赤ん坊の立場に立って「私」とすると、お母さんに「あなた」が当てはまり、「私」はお母さんである「あなた」が「イヌ」を見ていることを知っており、そのことをお母さんである「あなた」は知っている、という理屈となる。もちろんお母さんの立場にたって、「あなた」を赤ん坊としても同じことが成り立つ。　問八　傍線部6は言語を持たない動物の能力としての「限界」であるが、本文ではチンパンジーに「言語」を教えようとした実験の結果が第十五段落で記されている。実験されたチンパンジーは「言語」を覚えたのだが、それはほとんどが「要求」の一方的な信号としてでしかなかったとある。これが「心的表象の共有がない場合にできることの限界」を示している。　問九　ア　チンパンジーは「競争的状況」では他者の心的状態を推測する「心の理論」を持っている、という第三段落の内容とくい違う。　イ　「世界についての情報を表す信号を発することはできない」が本文とくい違う。　ウ　第十一段落目の内容と食い違う。

【二】問一　外国の古本屋で、かつて自分が日本の古本屋で売った本を見つけること。　問二　読み間違いもしつつ、その年齢なりの理解で小説を読んでいた若く未熟な自分を、懐かしく思い出している。（四十九字）　問三　また旅先で出会えるように売った。　問四　A　買うべきか戻しておくべきか迷って、結局、買ったB　私が売ったのと同じ本でないことを確認するためだけに手に取った　C　夢ではなかったか　D　変わったのは「本」ではなく、「私」自身なのだということ　問五　旅する本と再会する経験をもたらしてくれた存在　問六　イ

〈解説〉問一　同じ段落の冒頭に「どういうことなんだろう。」とある。前の段落での筆者の状況と行動をとらえ

ればよい。高校生の頃学生街にある古本屋で「私が売った本」を、今いるネパールで見つけたのだ。問二　傍線部の前で、最初に読んだ時には、「恋も知らないおさない私」が読み間違いをしながらも夢中になっていたことを懐かしく思い出している。問三　最後の段落で、アイルランドでこの本を見つけたとき、「また数年後、どこかの街の古本屋で私はまたこの本に出会い、性懲りもなく買うだろう。」、それは「かわったりかわらなかったりする自分自身と出会う」ことだと結んでいる。問四　A　ネパールで、はじめて自分が売った本に出会った時の行動と気持ちを押さえる。「私は抜き出した本をぱらぱらめくった。」「これを買うべきだろうか。それとも、ここに戻しておくべきだろうか」と迷って「結局、買った。」とある。B　アイルランドで「三度目」にまたこの本と出会ったことが述べられている部分に着目する。そのときは「まさかおんなじ本であるはずがなかった」とある。どういう考えでどういう行動をとったかをとらえる。C　手にとった本は「同じ本に間違いがなかった」とある。また買って「本を取り出してページを開いた」。そのときの心情を、「現実味がまるでなかった」と言っている。D「本」を「読み返して気づいたこと」は、まず「本はまたもや意味をかえているように思え」たとある。その後で別のことに「気づく」のである。問五　古本屋の店員が「売っていいの」と訊かなければ、その後旅先で「この本をみつけることはできなかっただろう」と言っている。つまり、古本屋の一言により、自分は旅をするこの本と再会して、「そこでかわったりかわらなかったりする自分自身と出会う」ことができたのである。問六「雨の音」、「古本屋の、あの独特のにおい」などを感じていること、また「現実味」のない、「夢なのでは」と思いつつ、この古本がかつて自分が読んで売った本であり、読み返すたびに内容がかわり、そして、「かわっているのは本ではなく、私自身なのだ」と深い認識にたどりつく。やや幻想的な雰囲気の中で、確かなものを見つけるというエッセイである。ア「硬質な文体」、ウ「いきいきとした会話」、エ「空想の世界に生きる主人公」、オ「色々なヒトの視点から描き出す」が本文と合致しない。

【三】問一（活用形、意味の順）　a　連用形、イ　b　已然形、セ　c　未然形、ス　d　終止形、ウ

問二　貧しい

問三　いと／清らに／せ／させ／けり。

副詞　／　ナリ活用形容動詞「清らなり」連用形　／　サ変動詞「す」未然形　／　使役の助動詞「さす」連用形　／　過去の助動詞「けり」終止形

問四　(i)　この上なくねたましく、つらく思っているのを我慢していた。　(ii)　碗に入れて胸にあてた水が、熱湯になった。（二十字）　問五　(i)　他の男を通わせること。　(ii)　イ　問六　風が吹くと沖で白波が立つように、盗賊の出るという恐ろしい龍田山を、この夜中に、あなたは一人で越えているのでしょうか。

問七　他の女の所に通っていてもなお自分の身を案じて、恋しく思っていた女に対し、愛しさを感じている。（四十六字）

〈解説〉問一　d　「なめり」は、「なる(断定の助動詞の連体形の転訛)＋めり」か「～なる(形容動詞ナリ活用連体形活用語尾の転訛)＋めり」の形が多い。　問二　傍線部は冒頭の「この女」の状況を伝えており、次の文の「この今の妻」が「富みたる女」だということと対照的である。　問三　述語部分が間違いやすい。まず動詞を見つけ、つながる助動詞の意味を確認する。　問四　(i)　「ねたげ(ねたましく思っている)」にも見えない、に対して「実際には」と問うているので、その反対の表現を探すと、「心地にはかぎりなくねたく心憂く思ふ」とあるのが見つかる。　(ii)　貧しい方の女の様子を見ると「かなまりに水を入れて、～」とあり、男がその様子を見ていると「この水、熱湯にたぎりぬれば、湯ふてつ」～と、女が苦しんで胸が熱くなり水で冷や

そうとするが熱湯になるとまた入れ替えている。その姿を男が見て、心を痛めるという様子が語られている。問五 (i)「ことわざ」は「諺」ではなく「異なるわざ」のこと。女が普通では考えられないことをしていると怪しんでいるので、ここは他の男が来るのを迎え入れている、つまり浮気をしていると思ったのである。(ii) 他の男を迎え入れると思った理由だが、文脈から自分が他の女のもとに出かけるところを女がねたむことなく、出かけるのを促しているからである。ア、ウ、オは男を邪魔にしているところが合致しない。エは記述全体が本文に含まれていない。問六 波線部は、女の歌を読む姿を見て、この女は自分のことを思ってくれているのだなあ、と感じ入っている。また「しらなみ」は注に「盗賊の異称」とある。以上を女の視点からとらえなおす。「しらなみ」までは「龍田山」を呼び起こす序詞。盗賊も出るという龍田山を夜半にあなたは一人で越えていくのだろうかという意味。問七 傍線部は、男が「ほか」、つまり今の女のところにけっしていかないようになった、ということ。またその理由は、他の女の所に通ってる自分のことを、女が今も思い胸を焦がしていることを知ったためである。

【四】問一 a ただ b なお c よりて 問二 自分を軽んじている義父を見返す機会を得たかったため。(二十六字) 問三 どうして期限に遅れて、花が咲かないのか、問四 書き下し…詩通ぜざるに非ず。訳…詩は意味が通じないわけではない。問五 奉何信票到天涯 問六 A 月が姑蘇だけを照らす(十字) B 等 C 役所の文書

〈解説〉問一 どれも副詞の重要漢字。Bは、ここでは再読文字ではないことに注意する。問二 注を利用して読むこと。二人の娘婿の年上の方の者が「秀才」で、若い方は学問文学に通じていないとあり、「翁」に軽んじられるため、「恨甚」(恨ムコト甚ダシ)とある。それを見返したいから「翁」に「試」してくれと頼んだのである。問三 注から「違限」は期限に遅れる意。「如何ゾ〜連体形」は、どうして〜なのかの疑問形。

問四「非ズ」は「不通」全体にかかって「～ということではない」の意。「不通」の主語はもちろん「詩」である。詩が通じないのではない、という意味となる。注意すべきは「不」は返って読むので、「通ズ」がサ変動詞であることを押さえて未然形「通ゼ」となって「ざル」に返ること。　問五　まずそれぞれの文字を動詞と目的語としてまとめる。意味は「どのような指示があって」と「空の果てに沈むのか」に分ける。「どんな指示があって」は「何信票」と目的語としてまとまるので、動詞になる「奉」はその前に置かれる。そしてここまでが条件となり、その結果、「空の果てに沈む」に続く。「空の果て」は「天涯」に当たる。　問六　Aは、「月豈偏照姑蘇乎」の箇所を指している。月が姑蘇だけを照らすのはおかしいと言っている。Bは、月が「姑蘇」だけを照らすのではないから「姑蘇」の後に何かを加えたのである。傍線部をよく読むこと。これも次婿の役人式のおかしな振る舞いとして書かれている。Cは、次婿が～「のような表現」を使ったため、それがいかにも「不文」な人物だという評価となっている。文学のわからない次婿が、詩を、お役所の文書のようにしたというオチである。

【高等学校】

【一】問一　①　おもわく　②　ほうが　③　おおぎょう(な)　④　顕在(化)　⑤　巷間　⑥　たずさ(え)　⑦　追随　⑧　危惧　問二【万博1・0】…世界から集められた最新のモノや珍しいモノに直にふれ、未来の豊かで幸せな社会を想起させる「モノで語る博覧会」。【万博2・0】…マーケティング思想と展示技術の革新により、空間体験をとおして理念やビジョンを表現する「思いを伝える博覧会」。問三　ア、エ　問四　駆動原理(推進原理)　問五　イ　問六　80年幅のふたつのピーク以外に上海万博の入場者数が突出して多い点。　問七　真綿　問八　(1)　実情は「救済」と呼べるようなものではないことを、表記で示すため。　(2)　オ　問九　インターネットによってもたらされた意識改革で大衆のなかに新しい感性が宿り、万博と大衆の欲望とのズレが大きくなっていることに、万博界が気づいていないこと。

（七十六字）　問十　情報は与えられるものではなく、主体的に探索したり捕獲したりするもの（という情報観）（二十三字）　問十一　c　醸成　d　喚起　問十二　一つ目…プレゼンテーションだけではものごとは解決しないから。　二つ目…大衆に答えを示して啓蒙するのは20世紀の情報観だから。　三つ目…新しい情報感性をもつ大衆に訴えるのは、上質な問いだから。　問十三（第一段落）【四】の筆者が述べるように、人間同士のつながりの生む感動こそ、今の時代に万博を再興する鍵であり、その媒介物として自然を据えることも時宜に適っている。そこに、【二】で示されたようなアートマインドをもって自然との共生のあり方を問う必然性も生じる。（第二段落）新しい万博では、技術の進歩が約束する未来像から、各国の哲学を持ち寄って自然との共生を問うことにシフトすることで、ライブへの渇望を弾みとした復活が可能になろう。（百九十六字）

〈解説〉問一　②の「萌」では、「キザす」の読みも注意。③の読みは、オオゲサ（大袈裟）との混同に注意。⑦の「随」の他の熟語は、「随想」「夫唱婦随」「随所」「随時」等。訓読みは「シタガう」。⑧で「惧」の訓読みは「オソれる」。　問二　傍線部1の次の段落に【万博1・0】の説明が記され、またその次の段落で『モノで語る博覧会』と端的に言い表している。【万博2・0】については第五段落に「これが【万博2・0】です」とあるので、その直前を確認する。とくに『思いを伝える博覧会』がキーワードとなる。　問三　傍線部2の次の第七段落に「産業技術の進歩がひらく『輝かしい未来』～『より良き世界』への期待」とあり、さらに第八段落で「大衆の欲望がぴたりとフィットした」とある。また以上のことが「権力者の思惑」であり、それが「大衆の欲望を掻き立て」るという第一段落から述べられている万博の共通した性格であるとおさえる。イは【万博2・0】、ウは【万博1・0】のみに適合する。オは筆者の言う【万博3・0】に反する内容で、【万博1・0】【万博2・0】どちらにも合わない。　問四　傍線部3は万博を開催する側のモチベーションで、どうして巨大な資金と技術と労働を使って万博を開催したいのか、という根拠にふさわしい言葉を探す。この後、「なにより『近未来を予言し、疑似体験させる』という推進原理」とあり、第三段落にも、【万博1・0】について「陳列と実演を駆動原理とする」とある。　問五　空欄前では、万博が19世紀、20世紀「ふたつの世紀を生き延びてこられた」のが「権力者の思惑と大衆の欲望がぴたりとフィットしたから」と述べられており、それが「万博のエンジン」と記している。その後で、逆に現在の万博の「低迷」はそれが成り立たなくなってきていることだとしている。以上から権力者と大衆がそれぞれ合致している状況を示す語句を選べばよい。選択肢のイは、二者の関係がもっともうまくいっていることをいう。　問六　空欄を含む段落の前の段落で、万博の盛り上がりの始まりから終りまでの「ライフ」は「80年」であり、空欄の直前にグラフ上では「ふたつの山がある」と指摘している。この論旨とくい違っている点はグラフを見ればすぐにわかるように、上海万博の入場者数である。これは、空欄の後で、「全体傾向」、つまり80年のライフを見るうえでは「除外」してよいとまとめている。以上から空欄には、万博の盛り上がりを示す入場者数の「ふたつの山」と、上海万博での突出をまとめればよい。　問七「真綿で首を絞める」で「徐々に気が付かないうちに苦しめる。」という意味。

問八　(1)　会話部分を示す以外に語句に括弧を付すときは、通常の意味以外に、別の意味合いがあるときなどである。ここは愛知万博が「成功」したと言われたのは、囲みの中の記述にあるようにあらかじめ目標を下げたためそう見えただけであって、実情は「成功」でも「救済」でもなく、「衰弱は依然としてつづいて」いるということである。　(2)　文脈上、筆者が「ぼくはこの考えに大きな違和感をもっています」と言っているのが「愛知万博の〝遺産〟として『課題解決』と称する概念がクローズアップされていること」である。傍線部4での使われ方と同じく、遺産ではありえないのに遺産と言われていることを述べている。　問九　傍線部5の「問題の本質は、インターネット～ではない」という否定の二段落後で「凋落の本質は、大衆の欲望とのズレが～」と筆者の主張が述べられている。　問十　傍線部6の説明は次の段落まで続き、その後で「しかし、いまはちがいます。」とあり、その次の段落から「情報は与えられるものではなく～」と筆者の情報についての主張が述べられている。　問十一　cでは「解決に向かう機運を」、dでは「解決への行動を」と、ともに進める文脈である。抑止、阻害はここではあてはまらない。完遂は言いすぎであり、倍増は分量の問題ではないので当てはまらない。醸成は雰囲気を作り出す意味で「機運」に適合する。喚起は呼び覚まして誘う意味で「行動」にふさわしい。　問十二　傍線部7の「解決策の提示などではない」に合致するものを探す。「プレゼンテーション」について述べている箇所。「大衆にSolution(解決策)を示し～啓蒙する」というのは「20世紀の情報観」だという箇所。以上が傍線部7の前にある根拠で、傍線部7の後では「新しい情報感性を身につけた大衆」を引き込むのは、「答えより上質な問い」だと述べているのが、傍線部の否定意見に対して筆者が示した根拠となる。　問十三　筆者の論旨を読解した前提で、【万博3・0】に合致するような万博を提案せよという論述題である。問題文の解釈ではないので、筆者の用語に厳密に従う必要はない。資料文を選んで使って、設問指示(3)「『ヒトが1ヵ所に集まってコミュニケートする』ことへのモチベーション」についての意見も含めることが条件となっている。解答例では、資料文の【二】と【四】を使用し、「人間同士のつながりの生む感動」、「自然との共生のあり方を問う」こと、そして設問指示(3)に対応する「ライブへの渇望を弾みとした復活」を軸に新しい万博のイメージを提案している。

二〇二一年度　実施問題

【中高共通】

【一】次の文章を読んで、後の問いに答えなさい。

私は学生時代から小説が好きで、国文学を専攻するようになってからも、*上田秋成の小説を研究対象としてきた。つまり、俳句などは見向きもしなかったのである。なにしろ、俳句は十七文字しかない。単語の数で言うとせいぜい四つか五つ程度で、これでは、そこに盛り込まれる情報量はたかが知れている。論評しようとしても一瞬に終わってしまうだろう。そこへ行くと小説は多くのことが盛り込まれているから、そこから人間の生き方や考え方、ひいては社会と人間、歴史と人間など、多くの問題を導き出せるのである。そう考えて、私はずっと小説を愛し、研究や論評をしてきた。

そういう私に、俳句への目を開かせてくれたのが、山本健吉著『芭蕉　その鑑賞と批評』である。この書はもともと三部に分けて刊行されたものらしく、上巻四十六句、中巻三十九句、下巻六十二句、合計百四十七の芭蕉の俳句を論評しているが、私が手にしたのはその合本版であった。初版は一九五七年八月に新潮社から出版されているが、私か所持しているのは一九七八年刊の第十五刷である。

芭蕉の句は存偽作を除いても約一千句ある。したがって、この書で触れられている句の数は決して多いとは言えないのだが、すぐれた句や、芭蕉の人生や思想の上で重要な句はすべて取り上げられているから、この書をもって芭蕉の句というものを考えても、まず差し支えない。しかも、句の論評がきわめて詳しく、句の作られた背景、それを作った芭蕉の思想などまで説明されているから、この書を読めば、芭蕉の全体像がほぼ把握できる。

なかでも、この書の特に優れている点は句の鑑賞である。山本健吉氏は古典俳句についても現代俳句についても[a]ゾウケイの深い人で、しかもすぐれた感性を持っているから、句の鑑賞も単純な語法上の説明に終わらず、句から広がる感性の輪をどこまでも追い続ける。先に私は、俳句などはそこに含まれる情報量はたかが知れていると言ったが、[1]山本氏のように受け取っていけば俳句には無限の情報が詰まっているように感じられてくる。それまで、小説だけを論の対象としていた私が俳句を取り上げるようになったのはまったくこの『芭蕉　その鑑賞と批評』の影響によってである。

たとえば、芭蕉の句の一つに次のような句がある。

道のべの木槿は馬にくはれけり

この句の意味は、「道の辺の木槿《むくげ》は馬に喰われた」ということであって、ここでやめてしまえば、俳句をそのままもう一度言っただけに終わってしまう。しかし、山本氏の鑑賞は、この句の作られた状況や、『のざらし紀行』における前書きが「眼前」とあったのを後に「馬上吟」と直されたらしいというような紹介などに引き続いて、次のように展開される。

芭蕉は馬の上で、道ばたの白い木槿の花を目にした。木槿が咲いているなと思いながら、その際立った色彩の白をみつめるともなくみつめながら、段々近づいて行く。眼前ま近になつて、その白が芭蕉の

b モウマクに、拡大の限度に達した瞬間、意識の外にあつた馬の首が、横からひよいと芭蕉の視野に這《は》入《い》つてきて、木槿の花を喰つてしまつた。芭蕉ははつと驚いて我にかえる。眼前の木槿の花がなくなつたのである。なくなつた後、その白い花のイメーヂが、かえつてはつきりと意識に上つてくるのである。その驚きが「木槿は」という、強くことわつたようなテニヲハ用法として、出てきている。「喰はれけり」と受動態で言つたのは、喰われて眼前から消え去つた木槿の花が主体だからである。その意味で「眼前」という前書は、芭蕉の創作の機微に触れているが、「馬上吟」としたのは、作者の位置を明示する語が句中にないのに気づいたからであろう。その点は、この句の欠陥であると思うが、この句の面白さは単なる写生句としてでなく、馬上の芭蕉の軽い驚きが現されているからである。我にかえつた後、「喰われちやつた」といつた何気ない c 可笑しみが、芭蕉の胸にこみ上げて来るのである。「木槿の花とは、可笑しなものを喰うやつだ！」

引用が長くなるので、このあたりで切り上げるが、このあと、この句に禅意が d 付会されることが多いとか、なぜそうなるかという理由とかが論じられ『馬に喰はれけり』の無心さは思議を超えた一瞬の悟りに近い境地を思わせる」として、「微妙な暗喩的世界が生れ出ようとする寸前」というところまで論が広がる。

こうした山本氏の論を追っていくと、俳句を読む楽しさとその方法が分かってくる。単に表面的な意味だけでなく、そこから想起される思念の広がりを最大限まで究めないと本当にその俳句を読んだことにはならないのだ。そのためには、読者もまた創作的能力を発揮せねばならず、これはもう俳句とがっぷり四つに取り組んでいるというような、作者との対決なのである。

しかも、ここでもう一つ面白いことに気付く。それは、2 俳句の解というのは正解が一つだけではないということだ。右の山本氏の論は、よくこの句の世界を表現しているとは言え、納得できないところも出て来る。たとえば、前書きを「眼前」から「馬上吟」に改めたのは、「作者の位置を明示する語が句中にないのに気づいたからであろう」と山本氏は言うが、この句の意味の広がりを追うのには、作者の位置は関係ない。作者が馬上にいようが、道ばたに立って見ていようが、どちらでも差し支えないだろう。

むしろ、「眼前」という前書を外したのは、この句は目の前のことをそのまま詠んだものですよという、読者に対する作者の注釈的なお節介をやめたということだろう。この句を作ったころ(貞享元年、四十一歳)の芭蕉は読者に対して直接訴えかけるものを含む傾向の句を多く作っていた。ところが、この句は見たままを素直に表現したもので、これをもって何を訴えようという性質のものではない。そこで、少し違う傾向の句を作ってしまった芭蕉は初め「眼前」という前書を付け、この句にはこういうことを汲み取って貰いたいという訴えかけはありませんよ、見たままを言っただけですからというメッセージを発したのだ。ところが、そういう読者への伝達は、俳句としては余分なことだと思ったのだろう、芭蕉はこの「眼前」という前書を削除した。そして、「馬上吟」という前書にしたのだ。ここには、こう読んでくださいという読者に対するメッセージはない。句を詠んだときの作者の居た場所を示しているだけで、この作者の居た場所というのは作品の内部には関わりを持たないのである。後の芭蕉は、この句のように、訴えかける事柄を読者に直接は示さない、目の前のことをそのまま示すだけの句を多く作るようになる。有名な「古池や蛙《かはづ》飛び込む水の音」も、こういう傾向の句である。

私は、[3]この句の前書が「眼前」から「馬上吟」に変わった理由をこのように考えるのだが、これもまた一つの解答例で、私の見解だけが絶対的に正しいということではない。もっと良い解があるかも知れないのだ。つまり、こういういろいろな解を考えてみることが俳句を読む楽しみであり、山本氏の本はそうした楽しみを私に与えてくれたのだ。

この句について、江戸時代の書には、（　　）ことをするなという戒めもあるかと論じているものもある（東海呑吐『芭蕉句解』明和六年稿）。つまり、木槿の花も控えめに咲いていればいいものを、道ばたまで出しゃばって咲くから馬に喰われることになるのだというわけである。なるほど、そう読めば読める。この解はベストの解ではないと思うが、そういう読み方をする人がいても、それはそれでいっこう構わない。俳句にはさまざまな人が自由に読みを拡げる楽しさがあるのであって、この句からこうした教訓を得る人がいてもそれはその人の自由である。

このように、山本氏の『芭蕉　その鑑賞と批評』は、俳句を読むとはどういうことかということを私に教えてくれた。それまでの私は、小説の中から人生や社会の問題をとりだして論じていたのだが、俳句がこんなに深く読めるものならば、よほどこちらの方が面白いと思い始めたのだ。

（大輪靖宏「俳句の世界の広がりを示す——山本健吉『芭蕉　その鑑賞と批評』〈『本を生きる』所収〉より）

＊上田秋成……江戸時代後期の読本作者、歌人、茶人、国学者、俳人（一七三四—一八〇九）。怪異小説『雨月物語』の作者として特に知られる。

問一　二重線部ａ「ゾウケイ」ｂ「モウマク」ｃ「可笑しみ」ｄ「付会」について、カタカナは漢字に改め、漢字はその読みをひらがなで、それぞれ楷書で書きなさい。

問二　傍線部１「山本氏のように受け取っていけば俳句には無限の情報が詰まっている」とあるが、なぜそういえるのか。筆者の考えを踏まえて六十字以内で書きなさい。

問三　傍線部２「俳句の解というのは正解が一つだけではない」とあるが、これはどのようなことか。最も適当なものを次のア～オの中から一つ選び、記号で書きなさい。

ア　俳句の鑑賞とは作者との対決であり、その意味で作者の創作意図と読者の解釈という二つの解が常に存在するということ。

イ　山本健吉の芭蕉の句の解釈は納得できないところもあり、国文学の権威の見解であっても、正解とは認めがたいということ。

ウ　俳句の解釈はその前書きに大きく左右されるので、作者が前書きを改めれば、その句の解釈も自ずと変化するということ。

エ　解釈は鑑賞者個人が俳句とがっぷり四つに取り組んだ結果であるため、その解は鑑賞者の数だけ多様であり得るということ。

オ　俳句は多様な解釈が成立するので、他者の見解を納得できないとか、ベストではないなどと指摘すべきでないということ。

問四　傍線部３「この句の前書が『眼前』から『馬上吟』に変わった理由」について、山本健吉と筆者は異なる解釈をしている。両氏の解釈した理由をそれぞれ簡潔に書きなさい。

問五　本文中の空欄（　　）に当てはまる表現として、最も適当なものを次のア～オの中から一つ選び、記号で書きなさい。

ア　差し出がましい　イ　いじましい　ウ　涙ぐましい　エ　かまびすしい　オ　嘆かわしい

問六　太線部「訴えかける事柄を読者に直接は示さない、目の前のことをそのまま示すだけの句を多く作るようになる。有名な『古池や蛙飛び込む水の音』も、こういう傾向の句である。」とあるが、筆者は別の著書で次のように述べている。これを読んで、後の(問い)に答えなさい。

まず、「蛙」の扱いが日本文学の伝統とは異なる。もともと蛙という生物は『古今和歌集』の仮名序で、「花に鳴く鶯《うぐひす》、水に棲《す》む蛙の声を聞けば、生きとし生ける物、いづれか歌を詠まざりける」と言われているように、歌をうたう生き物の代表なのである。したがって、和歌文学などの正統的な日本文学では、蛙といえば必ずその鳴き声が愛《め》でられ詠まれてきた。

ところが、芭蕉は蛙を出しながら鳴き声には触れていない。そして、その鳴き声に代わる音として「飛び込む水の音」を出しているのだ。ここには、風雅な蛙の声を敢えて捨てて、「飛び込む」動作と、そこから生じる「水の音」を句の素材としている新鮮さがある。蛙の声は伝統的な雅《みやび》の世界のものである。それに対して、蛙の動作や姿、ならびにそこから生じる水の音は美的とは言いかねるもので、雅なるものではない。つまり芭蕉は日本文学の伝統的な雅の世界を捨てて、卑俗な世界の中に文学性を見出したのである。

次に「古池《ふる》」であるが、これを単純に「古い池」と受け取ってはならない。千年前に作られた池であっても、立派な庭園の中でいまだに池として生きている場合には古池とは言わないからである。「古井戸《ふる》」という例を参考としてみると分かりやすいかも知れない。たとえ何千年前に作られた井戸であっても、現在も渾々《こんこん》と水を湧きだして、人々の生活を支えている井戸であったら「古井戸」とは言わない。それに対して、そんなに古くなくても、いまでは誰からも顧みられなくなった井戸だと、古井戸と呼ばれる。

古池というのはこのように人々から忘れ去られた池であるから、「古池や」という上五《かみご》に接すれば、人から完全に忘れ去られた無価値なものという点が強く押し出された池の姿が想起されるのである。当然、こういう池はあらゆる生物たちから見捨てられた死の世界のはずである。音も動きもないはずである。

ところが、ここに「蛙飛び込む水の音」があるのだ。捨て去られた世界でありながら、死の世界ではなく、そこにはそれなりの生の営みがあり、動きや音がある。この時点で、この忘れ去られた世界が急に生きたものになる。虫もいるだろう、魚もいるだろう、それを狙う鳥や蛇もいるだろう、風の音や生物の音もするだろうということで、この情景に生命や動きや音が加わるのだ。しかも、いくら生きた世界であっても、これがあくまでも忘れ去られた世界であるということから、侘《わ》び、寂《さ》びと呼ばれる雰囲気に満たされるのである。ここに、従来の和歌的世界では描かれることのなかった、優雅とはまったく異なる世界が生まれたのである。

侘び、寂びというのは完全なる死の世界ではない。生きている現実世界の中に生じる雰囲気を指すのだ。芭蕉の「古池や蛙飛び込む水の音」という句は、古池という死の世界になりかねないものへ蛙を飛び込ませることによってそこへ生命を吹き込み、顧みられないはずのものを生きた世界にしたのである。生きた世界だからこそ侘び、寂びが生じたのだ。　（『江戸文学の冒険』による）

（問い）「古池や蛙飛び込む水の音」の句からうかがえる芭蕉の独創性について、筆者はどのように述べているか。二点にまとめ、それぞれ七十字以上八十字以内で書きなさい。

（☆☆☆◎◎◎）

【二】次の文章を読んで、後の問いに答えなさい。

1 あの年の桜について話を聞くと、町のひとたちの反応はきれいに二つに分かれる。
桜が咲いたことを覚えているひとと、そうでないひと――。

覚えているひとの多くは、いままで見たことのない特別な咲き方だった、と言う。

小さなつぼみが日増しにふくらみ、花がほころんで、というあたりまえの順序を踏まずに咲いた。まるで花咲かじいさんのおとぎ話のように、一夜にして満開になった。

もちろん、そんなはずはない。みんなもわかっている。わかっていても、うつむきどおしだった顔をふと上げると、昨日までなかったはずの桜の花が咲き誇っていた、というのが実感だった。

特別だったのは、ほんとうは桜ではない。

あの年の春が特別だったのだ。

三月半ばの金曜日の午後、大地が激しく揺れて、水平線の彼方《かなた》から襲ってきた巨大な波が、町を呑《の》み込んだ。たくさんのひとが命を奪われ、もっとたくさんのひとが家や仕事をうしなった。

桜を忘れていたひとは、三月から四月にかけては花を気に留めるどころではなかった、と首を横に振る。ようやくひと息ついたら夏だったんだ、と寂しそうに笑うひともいる。

だが、そんな年でも、やはり桜は咲いた。厄災に襲われる以前となにも変わらず、四月半ばを過ぎた頃からほころびはじめ、四月の終わりに満開になって、こいのぼりの泳ぐ五月の空に散っていったのだ。


（中略）


袖振山《そでふりやま》という地名は、「袖振る」という古語に由来していた。記紀万葉の時代、手を高く掲げて衣の筒袖をつかんで振るしぐさには、別れを惜しんだり愛情を示したりする意味が込められていたらしい。

町と海を見わたせるこの丘も、古くから袖振る場所として知られていた。丘に立つのは女が多い。子どももいる。皆、漁師の家族だった。港から沖に出て行く小さな舟に袖を振って無事と豊漁を祈り、舟が港に戻ってきたときには満面の笑みでまた袖を振る。

役場がつくった町史にもその由来が記され、漁業で栄えた町ならではの家族愛が誇らしそうに謳《うた》いあげられていた。

だが、「袖振る」には、辞書には出ていないもう一つの意味もある。古代の呪術《じゅじゅつ》で、袖を振ることには、死者や生者の魂を自分の手元に呼び寄せる力がある、という。

袖振山は、ほんとうは、そちらの意味の袖振る場所——海で遭難した漁師だけでなく、水平線のはるか彼方の世界へと旅立ってしまったすべてのひとに、もう一度だけ会いたいと願って袖を振って魂を招く、いわば【　A　】だったのだ。

その少年は、「袖振る」の由来を知っていたのだろうか。わからない。そもそも少年について、具体的なことはなにも明らかではなかった。名前も。住所も。年格好さえも。ただ、厄災で家族を亡くした彼が、ひとりぼっちで避難所にいたことだけは、誰の話にも共通していた。

少年は毎日、袖振山に登った。丘のてっぺんの桜のそばにたたずみ、ふるさとの町と海を見つめた。

町は瓦礫《がれき》で埋め尽くされ、見る影もなく変わり果てていたが、あの日どす黒く濁っていた海は、すでに元の青に戻って、おだやかに凪《な》いでいる。[2]それが悔しくて、悲しくて、少年の目にはいつも涙が浮かんでいた。

三月の半ば、三月の終わり、四月の初め……。袖振山に通っているうちに、少年は海に向かって手を振るようになった。背筋を伸ばし、両手を高く掲げて、沖に向かって、おーい、おーい、と無言の呼びかけを繰り返す。

声にならないその声は、日を追うにつれて、ものがなしい響きになっていった。

少年はもうじき町を出なくてはならない。都会に暮らす遠い親戚の家に引き取られることが決まったのだ。

おーい、おーい、おーい、と少年は手を振りつづけ、親やきょうだいを呼びつづける。

やがて、桜の花がほころんだ。陽射《ひざ》しは春の温《ぬく》もりをたたえ、丘を吹き渡る風もやわらいできた。

少年が町を出る日も近づいてくる。ふるさとにいつ帰ってこられるのか。それは【　B　】少年自身に決められることではなかった。

四月の終わり、桜が満開になった日の真夜中に、少年は避難所からこっそり抜け出した。まだ信号や外灯の復旧していない町は、深い暗闇《くらやみ》の中に沈んで、まるで水のない海の底のようだった。

少年は袖振山へ向かう。丘にも外灯の明かりはなかったが、満開の桜は夜のとばりにほんのりと白く浮かび上がっていた。

丘のてっぺんにたどり着き、いつもの桜の樹に寄り添って、海を見つめた。厄災で港が壊されたせいで、夜の海に漁火《いさりび》は浮かんでいなかった。星のまたたく夜空よりも、[Ⅰ]のほうが暗い。その暗い[Ⅰ]よりも、[Ⅱ]はさらに暗い。一方、頭上に咲く桜のほの白い明るさは、じわじわと増しているように見える。

あと数時間で夜が明ける。朝日は水平線から昇ってくる。闇が消えて、空と海が青さを取り戻す頃、少年は身の回りのものだけを持って避難所を引き払う。迎えに来た親戚のひとに連れられて、都会へ向かう。今夜が最後。もう、この丘に立つことはない。
★両手を大きく振った。おーい、と両親を呼んだ。おーい、おーい、ときょうだいを呼んだ。おーい、おーい、おーい、と家族と一緒にいる自分自身にも声をかけた。
頭上でなにかが揺れる気配がした——と気づく間もなく、桜の花びらが次々に舞い落ちてきた。風が吹いているわけではないし、まだ花が散る時季ではない。だが振り仰ぐと、無数の花びらが、蝶《ちょう》がいっせいに飛び立つように梢《こずえ》から離れ、夜空に渦を巻いていた。

落ちてくる花よりも、舞い上がる花のほうが多い。樹の高さを超えてたちのぼる花は、大きく左右にたなびいていた。まるで、少年が振る両手の動きを真似《まね》るように。遠い遠い昔の、羽衣のように。

何メートルの高さだろう。海から眺めると、それはどんなふうに見えるのだろう。沖のはるか彼方からでも、水平線の向こうからでも、ほの白い羽衣は見てとれるだろうか。

まわりの樹にはなんの動きもない。少年のそばに立つその一本だけ、途切れることなく花を舞い上がらせる。おーい、と少年は親を呼ぶ。おーい、おーい、ときょうだいを呼ぶ。おーい、おーい、おーい、と幸せだった日々を呼ぶ。

桜の花は静かに舞い上がり、そして音もなく降りしきる。少年は花に包み込まれた。いや、少年の体を抱き取ったのは、花びらの形すら持たない白い霧だった。

朝日が昇る前に、一度だけ強い風が吹いた。地面に降り積もった花がいっぺんに薄明の空に舞い上がり、海に向かった。

梢が丸裸になった桜の樹が、朝日に照らされる。少年の姿はない。もう避難所にひきあげたのか。3そうではないのか。朝の海は静かに凪いでいて、変わり果てた町はもっと静かに一日の始まりを待っていた。

小さなお話は、ぷつん、と途切れる。4それを咎《とが》めるひとは誰もいないし、話を接《つ》ぐのを買って出るひともいない。

親を亡くした子どもが、この町にはたくさんいたんだよ。

一人の老人が、話を終えたあとで長い間をおいて付け加えたその言葉が、いつしか、誰が決めたわけでもなく、袖振山のお話の締めくくりになった。

（重松清「あの町で　春」〈『きみの町で』所収〉より）

問一　傍線部1「桜が咲いたことを覚えているひとと、そうでないひと――。」とあるが、桜が咲いたことを覚えていないひとは、なぜ覚えていないと考えられるのか。三十字以内で説明しなさい。

問二　本文中の空欄【　A　】に当てはまる表現として、最も適当なものを次のア～エの中から一つ選び、記号で書きなさい。

ア　死者と出会うための場所　　イ　死者を見送るための場所　　ウ　死者の成仏を祈るための場所

エ　死者がよみがえるための場所

問三　傍線部2「それが悔しくて、悲しくて、」とあるが、なぜそのような気持ちになっているのか。簡潔に説明しなさい。

問四　本文中の空欄【　B　】に当てはまる語として、最も適当なものを次のア～エの中から一つ選び、記号で書きなさい。

ア　とんと　　イ　まさか　　ウ　やおら　　エ　もはや

問五　(i)　本文中の空欄［Ⅰ］・［Ⅱ］に当てはまる語を、それぞれ本文中から漢字一字で抜き出しなさい。

(ii)　空欄［Ⅰ］・［Ⅱ］を含む二文における「暗い」の比較を通して、作者はどのようなことを伝えようとしていると考えられるか。簡潔に説明しなさい。

問六　本文中の★を付した段落において、「少年」が「両親」を呼び、「きょうだい」を呼んだ後、「自分自身にも声をかけた」とあるが、このときの「少年」の気持ちはどのようなものだったと考えられるか。最も適当なものを次のア～オの中から二つ選び、記号で書きなさい。

ア　どこにも向けることのできない怒りを、自分に向かってぶつけている。
イ　亡くなった人々にはどうか安らかに眠ってほしいという願いを込めている。
ウ　家族とともに過ごした日々を、もう一度心に焼きつけている。
エ　二度と戻れない幸せな思い出に別れを告げている。
オ　これからの自分の人生をよりよいものにしたいと決意している。

問七　傍線部３「そうではないのか。」という一文によって、作者は、読者にどのようなことを想起させようとしていると考えられるか。二十五字以内で説明しなさい。

問八　傍線部４「それを咎めるひとは誰もいないし、話を接ぐのを買って出るひともいない。」とあるが、人々が咎めることも話を接ぐこともせず受け入れたのはなぜだと考えられるか。最も適当なものを次のア～オの中から一つ選び、記号で書きなさい。

ア　物語の結末がどうであったかは問題ないほど、人々は自分たちの暮らしに追われていたから。
イ　自分たちが被災した経験を語り継ぐことが肝心なことで、話の詳細に拘っているわけではなかったから。
ウ　「一日の始まりを待っていた」という終わりが、物語の終末としてふさわしいと各人が感じていたから。
エ　少年の行く末がどうであったかは問題ではなく、大切な人の思いや願いを言い尽くしている結末であったから。
オ　心の隙間を埋める物語がほしかった人々にとって、結末がはっきりすると物語が台なしになると思ったから。

ていたから。

（☆☆☆◎◎◎）

【三】次の文章を読んで、後の問いに答えなさい。

ある所にて、この世の連歌《れんが》の上手と聞こゆる人々、寄り合ひて連歌しけるに、その門の下に、法師の、まことにあやしげなる、頭《かしら》は＊をつかみに生《お》ひて、＊紙衣《かみぎぬ》の＊ほろほろとある、うち着たるが、つくづくとこの連歌を聞きてありければ、「何ほどの事を聞くらん[a]」と、[1]をかしと思ひて侍るに、この法師、やや久しくありて、うちへ入りて、縁のきはに居《ゐ》たり。人々、をかしと思ひてあるに、はるかにありて、「＊賦物《ふしもの》は何にて候[i]やらん」と問ひければ、その中に、ちと＊くわうりやうなるものに[b]てありけるやらん、あまりにをかしく、あなづらはしきままに、何となく、

「＊括《くく》りもとかず足もぬらさず

と言ふぞ」と言ひたりければ、この法師、うち聞きて、二三反《にさんべん》ばかり詠じて、「おもしろく候ふ物かな」と言ひければ、いとどをかしと思ふに、「さらば、おそれながら、＊付け候はん[c]」とて、

[2]名にしおふ＊花の白川わたるには

と言ひたりければ、[3]言ひ出だしたりける人をはじめて、手を打ちてあさみけり。さて、この僧は、「いとま申して[ii]」とてぞ走り出でける。

後に、この事、＊京極中納言《きやうごくのちゆうなごん》聞き給ひて[iii]、「いかなる者にかと、返《かへ》す返《がへ》す[4]ゆかしくこそ。いかさまにてもただ者にてはよもあらじ。当世は、これほどの句など付くる人はありがたし。あはれ、歌よみの名人たちは、

*ぞくかうかきたりけるものかな。世の中のやうにおそろしき物あらじ。よきもあしきも、人をあなどる事あるまじき事」とぞ言はdれける。

（講談社学術文庫『今物語』による。なお、表記を一部改めた。）


*をつかみ……久しく剃らないために、摑めるほどに伸びた髪。

*紙衣……紙の着物。和紙に柿渋を塗り、乾燥させた後、もんで柔らかくしたもの。僧や下級武士が着た。

*ほろほろと……ぼろぼろに破れたさま。

*賦物……連歌で句の中に物の名などを隠して詠み込むこと。

*くわうりやう……ここでは神経が粗雑でぶしつけなことか。

*付け……この場面では、提示された下の句に対して上の句を付けることを指す。

*括り……指貫の裾に通してある紐。紐を解かないということは、指貫の裾をくくり上げないという意。

*花の白川……「白川」は京都市左京区を流れる川。また、白川流域一帯のうち、賀茂川以東、東山以西、粟田口以北を指す地名。桜の名所でもある。

*京極中納言……藤原定家のこと。

*ぞくかう……辱号(恥ずかしい評判)の意か。諸説ある。

問一　二重線部a「らん」b「に」c「ん」d「れ」の助動詞について、それぞれ活用形を書きなさい。また、意味として最も適当なものを次のア～シの中からそれぞれ一つずつ選び、記号で書きなさい。
ア　過去　イ　完了　ウ　打消　エ　推量　オ　意志　カ　受身　キ　尊敬
ク　自発　ケ　可能　コ　断定　サ　現在推量　シ　反実仮想

問二　波線部ｉ「候」ⅱ「申し」ⅲ「給ひ」について、それぞれ敬語の種類(尊敬語・謙譲語・丁寧語)を書きなさい。また、敬意の対象として最も適当なものを次のア～オの中からそれぞれ一つずつ選び、記号で書きなさい(同じ記号を繰り返し用いてもよい)。
ア　連歌の上手と聞こゆる人々　イ　法師　ウ　くわうりやうなるもの
エ　京極中納言(藤原定家)　オ　読者

問三　傍線部１「をかしと思ひて」とあるが、人々がこのように感じた理由として最も適当なものを次のア～オの中から一つ選び、記号で書きなさい。
ア　連歌の存在すら知らないであろう法師が、自分達を見て口論していると勘違いし、仲裁に来たから。
イ　身なりを整えられないほど貧しい法師が、図々しくも貴族の屋敷を訪れて施しを要求しているから。
ウ　身分が上の人間に対する話し方も知らない法師が、門の下でこちらに話しかけようとしているから。
エ　明らかに場違いと分かる程みすぼらしい格好をしている法師が、誰にも追い出されず門にいるから。
オ　みすぼらしく、連歌のことなど分からないであろう法師が、じっと自分達の連歌を聞いていたから。

問四　傍線部２「名にしおふ花の白川わたるには」について、「人々」はこの上の句のどのような点に感心したのか。下の句に用いられている言葉との関連が具体的に明らかになるように説明しなさい。

問五　傍線部３「言ひ出だしたりける人」と同じ人物を指す表現を本文中から十字で抜き出しなさい。

問六　傍線部４「ゆかしくこそ。」について、後に省略されている語があることに留意して現代語訳しなさい。

問七　傍線部5「世の中のやうにおそろしき物あらじ。」について、このときの京極中納言(藤原定家)の心情を、本文の内容を踏まえて説明しなさい。

（☆☆☆◎◎◎）

【四】 次の文章を読んで、後の問いに答えなさい。

*周《しう》處《しよ》年少ノ時、*兇《きよう》彊《きやう》俠《けふ》氣《き》ニシテ、爲《な》ル二郷里ノ所一レ患《うれ》フル。又*義《ぎ》興《こう》ノ水中ニ有リレ*蛟《みづち》、
山中ニ有リ二*邅《てん》跡《せき》ノ虎一、並ビニ皆暴‐犯ス二百《ひやく》姓《せい》ヲ一。義興ノ人謂ヒテ爲シ二三《さん》[1]横《わう》ト一、而《しか》シテ處尤《もつと》モ
劇《はげ》シ。[2]或《ある》ヒト説キテレ處ニ殺シレ虎ヲ斬ラシムレ蛟ヲ。實《じつ》ハ[3]冀《こひねが》フナリ三三横唯ダ餘《のこ》サンコトヲ二其ノ一一ヲ一。處[a]即刺‐殺シ二虎ヲ一、又
入リテレ水ニ撃ツレ蛟ヲ。蛟或イハ浮キ或イハ沒《ぼつ》シ、行クコト數《すう》十《じう》里《り》、處與レ之倶ニシ、經タリ二三日三夜ヲ一。
郷里皆謂《おも》ヒ二已ニ死セリト一、*更《こもごも》相慶ス。竟《つひ》ニ殺シテレ蛟ヲ而出デ、聞キ二里人ノ相慶スルヲ一、【爲・始・人
情・知・患・所】、有リ二自ラ改ムルノ意一。乃チ入リレ呉《ご》ニ尋《たづ》ヌ二*二陸ヲ一。*平原不レ在ラ、正ニ見《まみ》エテ二*清《せい》河《か》ニ一、
[b]具以テレ情ヲ告ゲ、並ビニ云フ、欲スルモ二自ラ修《しう》改《かい》セント一、而年已ニ*蹉《さ》跎《た》ダリ、[4]終《つひ》ニ無カラントレ所レ成ス。清河曰ク、
古人貴《たつと》ブ二*朝《あした》ニ聞イテ夕《ゆふべ》ニ死スルヲ一。況ンヤ君ノ前途尚可ナルヲヤ。且ツ人ハ患フ二志之不ルヲ一レ立タ、亦何ゾ
憂《うれ》ヘン二*令《れい》名《めい》ノ不ルヲ一レ彰《あらは》レ邪ト。處[c]遂自ラ*改《かい》勵《れい》シ、終ニ爲ル二忠《ちゆう》臣《しん》孝《かう》子ト一。

（新釈漢文大系『世説新語（下）』による。なお、表記を一部改めた。）

＊周處……呉群陽羨の人物。幼いころ父を失い、身の行いをつつしまなかった。
＊兇彊侠氣……凶暴で侠気がある様子。　＊義興……地名。現在の江蘇省南部。
＊蛟……龍の一種で四足があり、よく大水を起こすといわれる。
＊邅跡虎……あたりを彷徨する虎のこと。　＊更……たがいに。
＊二陸……陸機(二六一―三〇三)と陸雲(二六二―三〇三)の兄弟。　＊平原……陸機のこと。
＊清河……陸雲のこと。　＊蹉跎……時機を失すること。
＊朝聞夕死……『論語』里仁篇の「朝に道を聞かば、夕べに死すとも可なり」の句。
＊令名……名声。　＊改勵……行いを改め励むこと。

問一　二重線部a「即」b「具」c「遂」の漢字の読みをそれぞれ送り仮名も含めてひらがなで書きなさい(現代仮名遣いでかまわない)。
問二　傍線部1「横」と同じ意味の「横」を含む二字熟語を考えて、一つ書きなさい。
問三　傍線部2「或説處殺虎斬蛟。」について、「説」を「令」の字に置き換えた場合、どのように書き下すか。書き下し文を書きなさい。
問四　傍線部3「冀三横唯餘其一。」について、「三」が何を指しているかが具体的にわかるように現代語訳しなさい。
問五　本文中の【爲・始・人・情・知・患・所】の語句を、「はじめて人に嫌われているということを知り」という意味になるように並べ替えて書きなさい(訓点は施さないこと)。
問六　傍線部4「終無所成。」とあるが、清河(陸雲)は、周處のどのような点を根拠に彼の不安を取り除いたか。二点にまとめ、それぞれ十字以上十五字以内で書きなさい。
問七　本文の内容に合致する説明として最も適当なものを次のア～オの中から一つ選び、記号で書きなさい。
ア　周處は若い頃から凶暴な性格をしていたため、郷里の人々よりも蛟や虎と共に過ごし、悪事を働いていた。
イ　周處と蛟の戦いは三日三晩に及び、村人は周處の安否を心配していたが、蛟の死の知らせを受けて喜んだ。
ウ　周處は周りの人々に疎んじられて郷里を追い出されたため、復讐しようと思い、呉の二陸に協力を求めた。
エ　二陸の一人に会えた周處は、これまでの自身の状況を話し、自らの行いを改める意志があることを伝えた。
オ　周處は自らの行いを改め努力することで優れた人物になったが、世間には認められず不幸な最期を迎えた。

（☆☆☆◎◎◎）

【高等学校】

【一】　次の【一】は『伊勢物語』について考察した文章、【二】Aは『蜻蛉日記』上巻の一節、【二】BはAの箇所について考察した文章である。【一】【二】ABを読んで、後の問いに答えなさい。

【一】
文学作品においては、多様な要因によって一義的な意味の決定ができないということが少なくない。しかし、むやみやたらとテクストが多義的であるはずもなく、一義的か多義的かという不断の①ベンベツが解釈作業につきまとうことになる。その場合、基本的には一義的であることを目指して解釈を試みるという姿勢が普通であり、そうした姿勢によって作品外の資料も含めた読みは厳しい目で行われることになるのである。とりわけ、古典の場合、その世界を肌で知らない現代人であるわれわれには、広大な未知の世界を前提として謙虚な資料の吟味が求められる。その点において、一義的な意味理解を求めてゆくことは当然の道筋である。

　しかしながら、本来的に文学の言語が一義的でない場合があることに鑑みれば、われわれはあらゆる場合に一義的な意味決定のみを求めるべきではなく、一義的か多義的かという厄介な問いを常に携えながら、読みを深めてゆくほかはない。実は、そのことは、むしろ文学作品という存在の本質にかなうことであり、一義性を絶対の前提とした読み方から解放される方向へ進むことができる。

　ただし、多義性という捉え方は、しばしば安易な妥協に陥る危険性を②孕んでいる。解釈に行き詰まって、安直に多義性の名の下に結論を出すような〝読みのアナーキズム〟で事足れりとすることは慎まなければならない。そのような戒めを課しつつ、多義性の世界の持つ可能性に改めて目を開いてみたい。

　なお、この章は、「多義性」という章名であるが、文字どおりの多義性のほかに、「多義性」という用語を少し広く運用することによって、解釈の多様性やあいまいさという問題もあわせて考えることとしたい。

　昔、男ありけり。宮仕へいそがしく、心もまめならざりけるほどの家刀自、まめ[a]に思はむといふ人[b]につきて、人の国へ去[c]にけり。この男、宇佐の使にて行きけるに、ある国の祇承の官人の妻[d]にてなむあると聞きて、「女あるじにかはらけとらせよ。さらずは飲まじ」と言ひければ、かはらけとりていだしたりける[e]に、肴なりける橘をとりて、

五月待つ花橘の香をかげば昔の人の袖の香ぞする
と言ひけるにぞ、思ひいでて、尼になりて山に入りてぞありける。
(伊勢物語・六十段)

男は仕事に夢中で妻を顧みなかった。とうとう妻は、(　　　Ⅰ　　　)という別の男とともに遠くの国へと去った。男は、仕事に励んだ効あって出世をし、宇佐八幡宮への勅使という名誉ある任務に選ばれ、朝廷から派遣された。彼は、元の妻が、今回の自分の接待役(「祗承」)の役人の妻になっていると聞き、接待の宴の席で、「奥方に盃を出してもらいたいですな。(　　　Ⅱ　　　)」と注文を述べた。盃の用意ができたところで、男は酒の③肴の橘の実をとって、歌を口ずさんだ。そこで女は、この勅使がかつての夫であったことに気づき、尼になって山に入ってしまった――。

運命のいたずらともいえるこの悲劇をどのように読み解くか。ポイントは、二点、男のことばと歌の意味、そして女の行動である。これらの意味の取り方次第で、この物語はまったく異なった④ソウボウを示すことになる。

まず、男はなぜこの歌を口ずさんだのか。わざわざ元の妻に盃の用意をさせ、この歌を詠んだのは、自分が元の夫であることを気づかせるためである。ここは動かない。では、女に自分が元の夫であると気づかせようとしたのはなぜか。ここで解釈は分かれるだろう。

一つは、かつての自分たちを懐かしむ思いを抱いたから、という解釈である。時を隔てた再会に、男は胸踊らせ、「昔の人」という表現に、他の誰にもわからない思いを込めたのである。お互いをお互いと認めあい、時の流れをしみじみと受け止めあう、そのような瞬間を男は望んだのかもしれない。その場合、女の出家はもちろん男にとって予想外の誤算である。

もう一つは、これとは反対に、女への一種の復讐と見る解釈である。今や自分は勅使という名誉ある任務にある。かつてその自分を捨てた女は、自分を接待する役人の妻に過ぎない。愚かなことをしたものだ、といった見下す気持ちである。この場合でも、さすがに女の出家まで望みはしないかもしれない。

あるいは、そうした二つの思いが入り混じった気持ちとも考えられる。

このように、男の意図としてもいろいろな解釈を考えることが可能である。何しろ、彼の気持ちを表す表現が物語の中に見あたらないのだから、容易にどれが正しいと断定することはできない。一方、女の気持ちはどのようなものと読むことができるだろうか。

女の出家。このどんでん返しとでもいうべき結末は、ちょっと予想ができないのではないだろうか。あまりに唐突である。それだけに、いっそう「なぜ」という強い疑問を誘発される。その理由付けとして、たとえば、「女は恥じて」と説明(訳)を付す注釈が多い。若い時に愛情深く見えなかった男を、そのまま頼りにすることができなかった、先行きを見通す眼がなかったことを恥じて、ということであろう。あるいはまた、「後悔して」という解釈もある。元の夫の歌に変わらぬ愛情を感じとって、彼を捨てたことを後悔する、という捉え方の他、愛情深いと思われた今の夫との生活が実はｉ不如意であって、苦労を重ねてきた、そこへ元の夫が勅使として現れた、あの時、もっと我慢していれば、という捉え方もある。現代からは少し抵抗がある解釈かもしれないが、身分制社会における社会的な地位の重みを考えれば、十分に成り立つ。ほかにも、人生に絶望して、今の夫に申し訳なく、など、いろいろ考えられそうだ。このように、あれこれ考えられはするが、物語は出家の動機について、口を閉ざしている。

以上、見てきたようないろいろな可能性が考えられるものの、おそらく、男の行動も女の行動も、その理由、とりわけその気持ちを確定することは困難である。それはひとえに、この物語がそうした心理的な必然を少なくとも表現の上に表していないことによる。表していないことを、はたして書かれたことばから絞り込むことが可能であろうか。普通は、そのようにして、叙述の空白を埋めてゆくものだが、ここでは、どうやら書かれていないことそのことじたいに重要な意味がありそうだ。

ここでいささか大上段に振りかぶったもの言いをするならば、文学作品は、書かれたことばだけがその存在のすべてではない。書かれたことばと、それを支える文脈や行間との総体が文学の「ことば」である。書かれたことばは、文脈や行間に豊富な意味を⑤セイセイしながら、ことばによる作品としての存在を持続的に明示してゆく。しかしながら、明示されることばは、それじたいがすでに文脈や行間の中から立ち上がってくる、氷山の露頭のようなものでもあるから、「書かれたことば」と「書かれざることば」とは、相互依存の関係にある。私たちがふだん文学作品を読むときには、おもに「書かれたことば」を主としながら、この相互依存関係を読み取っているのである。したがって、普通の場合には、「書かれたことば」によって、「書かれざることば」を読み込むことが可能であり、「書かれざることば」によって「書かれたことば」は補完されることになる。

ところが、このケースは、そうした営みが文学のすべてではないことを、はっきり示している。事柄そのものは書いてあるが、その説明、ⅱなかんずくできごとを支える人間の心理には踏み込まない。ほとんど叙事に終始しているのだ。それゆえに「書かれざることば」が途方もなく豊かになっている。

ここでは、できごとを語りながら、単なる叙事としての伝達となるのではなく、語ることを促したそもそもの驚異を伝えようとする。物語というものの、一種の原型を思わせる。そこには、なまじ心理的な経緯や因果関係などは必要とされず書き込まれることがないだけに、かえって無尽蔵とも言うべき豊かさを内包しているのである。語らないことによって、語られざる多義性を生み出していると言ってもよい。それゆえ、この物語の空白部を特定の意味の脈絡によって埋めようとする試みは、むしろこの物語の本性に反する行為として、いずれもが返り討ちに遭う羽目になる。

このように見てくれば、1いくとおりもの読みの可能性が考えられるところを、一つの読みに絞り込まなくともよい、むしろ絞り込むことはできない、という理由も理解されよう。しかし、実は、このままでは、この物語の読み方としては重要な一点を欠いたままである。それは、和歌の問題である。

あらためて、和歌を再掲する。

五月待つ花橘の香をかげば昔の人の袖の香ぞする

この歌は、単独でも『古今集』夏の部に入る。題知らず、よみ人知らずである。実は、わかりやすく見えるこの歌にも解釈の分かれがいろいろとあり、「五月待つ」「橘」「昔の人」と、その意味をめぐって、さまざまな議論がある。今はしかし、叙述が⑥煩瑣にわたることを避けて、一般的な理解にしたがうならば、五月を待って咲く花橘の香をかぐと昔の人の袖の香りがする、という意味で、「昔の人」を恋人ととる解釈が多い、というところにとどめておこう。夏の部ということが、当然恋歌と限定しきれない条件を与える一方、「袖の香」に恋歌の匂いを読みとることもまた自然である。

女を出家に追い込んだのは、この歌である。「昔の人」という表現がたしかに勅使をかつての夫であると確認させたであろうが、同時に「袖の香」という表現もまた、恋歌めいた趣があり、それも夫と確信させるものであったかもしれない。

歌の中心は、橘である。酒の肴として出された橘の実から橘の歌を詠むわけであるが、そこで詠まれる橘は、和歌の世界で詠まれてきた[2]橘のイメージを基本的に背負っている。

『古事記』が伝える伝承によれば、垂仁天皇の時代に常世に通わされた田道間守《たじまもり》は、いつでも栄えの時を示している「時じくのかくの木の実」を持ち帰ったが、これが橘であるらしい。奈良朝に入っても、大伴家持が四季それぞれの橘の魅力を歌う長歌を詠み、変わることのない美が讃えられている。あるいは、葛城王が臣下に降るにあたって、聖武天皇から橘の姓を与えられたとき、次のような歌が贈られている。

橘は実さへ花さへその葉さへ枝《え》に霜降れどいや常葉の木　（万葉集・巻六・一〇〇九）

橘の常に変わることなく茂り栄えている、常緑を讃えながら、橘氏の繁栄を⑦寿いだのである。ちなみに、葛城王は、橘諸兄となる。

このように、橘はその常緑樹としての特徴と強い⑧ホウコウから、常世の世界にもつながると見られる永遠不変性が讃えられていた。『万葉集』に多く収める歌も、こうした傾向を持つ。橘は変わらぬ時の流れの象徴として、昔と今をつなぐものなのであった。

この男が、橘の香りから「昔の人の袖の香」を思い出して歌を詠んだのは、たまたまそういう行為をしたというのではなく、橘の、歌の世界における一種の約束に則った歌の詠み出しなのであった。橘が昔と今をつなぐものであるからこそ、その香りが昔を呼び覚ます必然性があるのである。

こうしたイメージを持った橘が、「昔」を思い出すものとして詠まれるとき、[3]日常のことばとはまったく違った和歌ならではの表現力を発揮することになる。ふたたび、男と女の気持ちに戻ってみよう。

男は、常緑の変わることのない木としての橘から昔を懐かしく思い出したかもしれない。しかし、時は流れている。男がたとえ昔を懐かしむ思いでこの歌を口ずさんだとしても、女の側も同じような思いを共有できるとは限らない。実際、この場合には、橘を引き合いに出されることによって、変わってしまったわが身をまじまじと見つめさせられたであろう。ほんの一時「昔」を共有しようとした男のもくろみは、まさに「変わらない橘」という彼の表現そのものによって⑨ガカイするのである。

一方、復讐劇と見るならば、この歌はその意図どおりに、帰らざる昔を呼び起こすことによって、現在の変わってしまった関係を照らし出す。とはいえ、橘が永遠不変の象徴というイメージを持つのであれば、その橘を詠んだ男に苦い⑩カイキュウの情が生じなかったとは考えにくい。単純な、意図どおりの復讐劇と見るのは、おそらく底の浅い読みになりそうだ。

このように歌のことばは、普通の会話とは異なって、その伝達したい意味を過不足なく伝えるということだけが目的なのではない。少なくとも、誤解のない、紛れのない意味伝達にだけ価値を置く言語表現ではないのだ。状況や場面によって、その意味を多義的に変容させうる装置として、和歌はありえた。曖昧な部分、謎めいた部分、時には相反する意味になるような部分、そうした怪しさを抱え込みながら成り立っているのが、和歌のことばなのである。したがって、ここでの男からの和歌は、4彼の意図にかかわらず、表現として鋭く両義的な諸刃の剣になっていたのである。

和歌じたいが、表現されたことばだけではすまない意味内容を内包しているのだとすれば、これを物語の一部として語るとき、語り方によっては、さらに複雑な世界になる。この物語では、橘の実をとって口ずさんだという簡素な形ではあるが、それでも、直前のことばとの関係によって、歌の持つ意味合いに幅が生まれるだろう。「女あるじに」ということばには、解釈によって程度の差こそあれ、やはり勅使という高い身分が言わせた高圧的な響きがある。「かはらけとらせよ」は、意味の確定しない表現で、「酌をさせよ」という意味とも「盃を受けよ」という意味とも言われるが、ここでは「盃を持って来させなさい」(『新日本古典文学大系』)という解に従う。「男は自分の目でその人かどうか確かめたかったのである」(同)と見てよいであろう。そこでは、間違いなく勅使という立場を利用している。それが尊大な態度なのか、再会のためのポーズなのかは、何とも言えまい。普通に饗応を受けているだけでは、役人の妻と直接顔を合わせる機会はないのだから、このような言動に出ることは、元の妻と顔を合わせるためには必要なことだろう。身分の違いという現実を前提として詠まれた和歌が、昔と今との断絶や身分差を際やかにしてしまうのは自然である。女との再会を可能にした男の地位やこの饗応の状況が、懐かしさのあまりの歌であっても、女の側の後悔なり絶望なりを引き出してしまうのである。物語としては、ことば少なながら、歌から出家への必然性を用意しているが、読者にとっては、その「間」の埋め方にさまざまな想像の可能性が残される。歌の目的は、自分が昔の夫であることを女に知らしめること、ただし、その理由は確定できない。同様に、女が出家を敢行した理由もいろいろ考えられ、確定できない。

このようにして、女が元の夫とともに過去を懐かしむことができないような展開は、いわば二つの多義性によっているのだ。すなわち、ことばで表されないところに生ずる多義性とことばで表されたところに生ずる多義性とである。

この二つの多義性を、少し言い回しを簡略にして、

「見えない(隠れた)多義性」と「見える(表れた)多義性」

としてみよう。

「見えない多義性」の方は、ことばとして表れていないという点だけ捉えれば、言語として表出されていな

いすべての部分を指すことになるが、これではもちろん収拾がつかない。単に書かれていない部分というのではなく、埋めることが可能でありながら、テクストとしては埋められていない部分とでもいえばよいであろうか。そこには、今回の例のような、ほとんど埋めることに意味がない、特定の意味内容に限定することがほとんど誤りであるようなケースから、書かれた部分から相応に欠如を補いうる、あるいは補うことが求められるケースまで、広がりがあるだろう。これはテクストに応じて判断を下すよりほかないが、この判断がきわめてむずかしい。そもそも、文学作品を読むということは、その判断を下せるか否かを究極的な課題に据えた営みなのかもしれない。

「見える多義性」もまた、それが本当の多義性なのか、可能性として多義性にとどまるだけで一義的な決定が下しうるものなのか、もちろんケースバイケースであり、その違いを見定めることは、個別の問題としてしか扱うことができない。作者の意図を確かめることができれば、それに越したことはないが、*先にもふれたように文学の言語は、原理的には作者から独立したものであることに鑑みれば、読者の読みを抜きにしては、作品の意味も存在しない。この点からは、作者、作品、読者の関係をどのように捉えるべきかという課題が、あらためて文学研究にとって重要な課題として浮上してくる。

(高田祐彦の文章〈『読解講義　日本文学の表現機構』所収〉による)

*……この論の冒頭近くに、「日常の言語があくまでコミュニケーションの『手段』として、さまざまな他の補助手段(表情、身ぶり、手ぶり、補足説明など)や、状況や情報による補完などとともに存在するのに対して、文学の言語はそれ以外に頼るもののない存在として、発信者(作者)の手を離れたとたんに独立した存在になる」とある。

【二】

A

これより、夕さりつかた、「内裏にのがるまじかりけり」とて出づるに、心得で、人をつけて見すれば、「町の小路なるそこそこになむ、とまりたまひぬる」とて来たり。さればよと、いみじう心憂しと、思へども、いはむやうも知らであるほどに、二三日ばかりありて、あかつきがたに門をたたく時あり。さなめりと思ふに、憂くて、開けさせねば、[6]例の家とおぼしきところにものしたり。つとめて、[7]なほもあらじと思ひて、

道綱母　なげきつつひとり寝る夜のあくるまはいかに久しきものとかは知る

と、例よりはひきつくろひて書きて、移ろひたる菊にさしたり。返りごと、「あくるまでもこころみむとしつれど、とみなる召使の来あひたりつればなむ。いとことわりなりつるは。

兼家　げにやげに冬の夜ならぬ真木の戸もおそくあくるはわびしかりけり」

さても、いとあやしかりつるほどに、ことなしびたる、しばしは、忍びたるさまに、内裏になど言ひつつぞあるべきを、いとどしう心づきなく思ふことぞ、かぎりなきや。

(新編日本古典文学全集13「蜻蛉日記」による)

B

よく知られた上巻・天暦九年(九五五)十月の「嘆きつつ」の場合だが、その付け枝「うつろひたる菊」にも再検討の要がありそうである。『旅寝』に「公の心のうつりたるをたとへて歌の余情を見せたり」とある。「男の心変り」説は現代注にも引き継がれる有力な見方である。しかし諸注は同時に、色のうつろいかけた菊が当時その風情をもてはやされた事も付け加える事を忘れない。特に『大系』は、『源氏』「宿木」の「おまへの菊

うつろひはててさかりなるころ」の絶好の一文を引き、『全集』は『古今集』秋下・平貞文の「秋をおきて時こそありけれ菊の花移ろふからに色のまされば」を挙げる。それならいっそこの場合、次のようなのはどうだろう。

『後撰集』秋下・四〇〇・読人不知

男のひさしうまで来ざりければ

何に菊色染めかへし匂ふらむ花もてはやす君も来なくに

見事に色付いた菊の枝は、男の心変りをむやみに責めるだけの凶器としてではなく、家や庭を繕ってひたすら男の訪れを待つ、いじらしい女の閨怨のため息と読めて来はしまいか。*さきの「苔ついたる松」の六帖歌にしろ、この後撰集歌にしろ、手紙そのものの文面や文字化された歌の理屈っぽさ、攻撃性に引き比べて、折り枝に託されたメッセージは纏い付くような媚態さえ匂わせる。引歌とはかようにも、直叙出来ない訴えを代弁する具であったのではないか。

（後藤祥子『平安文学の謎解き―物語・日記・和歌―』による）

*……『蜻蛉日記』には、道綱母が夫兼家に「苔ついたる松」の枝に結びつけて文を送ったことが述べられている(中巻・天禄二年)。筆者は本文のこれより前の箇所で、この場面について解説し、「苔ついたる松」が示す古歌を「逢ふことをいつかその日とまつの木の苔の乱れて恋ふるこの頃」(古今六帖六・こけ)であろうと述べている。

問一　本文【一】中の太線部①～⑩について、カタカナは漢字に改め、漢字は読みをひらがなに改めて書きなさい。

問二　本文【二】中の波線部a～eの「に」の文法的説明として、最も適当なものを次のア～カからそれぞれ一つずつ選び、記号で答えなさい。

ア　断定の助動詞「なり」の連用形　イ　形容動詞ナリ活用の連用形活用語尾

ウ　完了の助動詞「ぬ」の連用形　エ　接続助詞

オ　格助詞　カ　ナ行変格活用動詞の連用形活用語尾

問三　本文【二】中の空欄（　Ⅰ　）、（　Ⅱ　）に当てはまる表現を、直前の『伊勢物語』本文をもとに考えて、それぞれ現代語で簡潔に書きなさい。

問四　本文【一】中の点線部ⅰ「不如意」、ⅱ「なかんずく」の意味をそれぞれ簡潔に書きなさい。

問五　本文【一】中の傍線部1「いくとおりもの読みの可能性が考えられるところを、一つの読みに絞り込まなくともよい、むしろ絞り込むことはできない、という理由」とあるが、その理由について、本文【一】に即して八十字以内で説明しなさい。

問六　本文【一】中の傍線部2「橘のイメージ」とあるが、これを端的に言い表した表現を本文【一】中から九字で抜き出しなさい。

問七　本文【一】中の傍線部3「日常のことばとはまったく違った和歌ならではの表現力」とあるが、日常のことばによる表現と和歌による表現はどのように違うか、八十字以内で説明しなさい。

問八　本文【一】中の傍線部4「彼の意図にかかわらず、表現として鋭く両義的な諸刃の剣になっていた」とはどのようなことか、七十字程度で説明しなさい。

問九　本文【一】中の傍線部5「『見えない(隠れた)多義性』と『見える(表れた)多義性』」について、次の各問いに答えなさい。

(1)　本文【一】中の『伊勢物語』の場面において、「見えない多義性」にあたるのはどのようなことか。それぞれ十字以内で二つ書きなさい(順不同)。

(2)　本文【二】Aにおいて、「見えない多義性」にあたるのはどのようなことだと考えられるか。簡潔に一つ書きなさい。

問十　本文【二】A中の傍線部6「例の家」を言い換えた表現を本文【二】A中から抜き出しなさい。

問十一　本文【二】A中の傍線部7「なほもあらじ」は、誰のどのような気持ちを表しているか書きなさい。

問十二　本文【二】A中の「道綱母」の和歌を現代語訳しなさい。

問十三　本文【二】A中の「兼家」の和歌に用いられている掛詞を指摘しなさい。

問十四　本文【二】Bでは、付け枝を①「男の心変り」のたとえととる場合と、②賞美の対象ととる場合とで、「道綱母」から「兼家」への手紙の意味はどう変わるかが述べられている。①②それぞれの場合の手紙の意味を端的に表した表現を、本文【二】B中からいずれも二十字程度で抜き出しなさい。

問十五　本文【一】中の二重傍線部「基本的には一義的であることを目指して解釈を試みる」とあるが、【二】Aの「道綱母」の真意を「一義的」に解釈するとしたら、あなたはどのように解釈するか。それとも、あなたはこの場合、「一義的」に解釈すべきでないと考えるか。本文【一】【二】AB全体を踏まえ、いずれの立場でも判断の根拠を示しながら、百字以内で自分の意見を書きなさい。

(☆☆☆☆◎◎◎)

解答・解説

【中高共通】

【二】問一 a 造詣 b 網膜 c おか(しみ) d ふかい 問二 句から広がる感性の輪をどこまでも追い続ける姿勢で鑑賞すれば、十七文字の俳句からいろいろな解を考えることが可能になるから。(六十字) 問三 エ 問四 山本…作者の位置を明示する語が句中にないので、それを読者に示すため。筆者…読者に対する作者の注釈的なメッセージをなくすため。 問五 ア 問六 一点目…和歌文学の伝統的な雅の世界では、蛙は鳴き声を愛でられてきたが、それを捨てて「飛び込む水の音」を出すことで、卑俗な世界の中に文学性を見出した点。(七十一字) 二点目…「古池や」という上五で見捨てられた無価値な池の姿を想起させつつ、「蛙飛び込む水の音」によってそこに生命を与え、雅とは異なる侘び、寂びの雰囲気を実現した点。(七十七字)

〈解説〉問一 a「造詣」は、「その分野について、知識が広く理解が深く、すぐれていること。」という意味。d「付会」は「無理に関係づけること。」という意味。 問二 傍線部1の前の文に「句の鑑賞も単純な語法上の説明に終わらず、句から広がる感性の輪をどこまでも追い続ける」とある。山本氏のように俳句を鑑賞すれば俳句の語法や感性による多様な鑑賞が無尽蔵にあることから、俳句の解釈も多様にできることを述べている。 問三 傍線部2の前の段落で、本当にその俳句を詠むためには、読者も創作的能力を発揮し、がっぷり四つに取り組んで作者と対決することが述べられている。また、傍線部2の三段落後に、自分の見解だけが絶対的に正しいということではなく、いろいろな解を考えてみることが俳句を読む楽しさであることが述べられている。俳句は十七音であるため、作者の心情をすべて叙述し説明する叙情性が乏しい。作者は対象に対する感動をこの定型に凝結させなければならない。説明をするのは鑑賞する読者であり、句の解釈も読者によって異なるというのである。　問四　傍線部３の理由について筆者は、文中に山本氏の言葉「作者の位置を明示する語が句中にないのに気づいたからであろう」を示している。一方、筆者は「むしろ、～読者に対する作者の注釈的なお節介をやめたということだろう」と述べ、山本氏と異なる解釈をしている。　問五　空欄補充は、その前後の文脈との整合が必要になる。空欄の後の文に「木槿の花も控えめに咲いていればいいものを、道ばたまで出しゃばって咲くから馬に喰われることになる」をヒントにする。　問六　風雅な蛙の鳴き声を捨てたのは、日本文学の伝統的な雅の世界を捨てたことになる。そして蛙の飛び込む水の音という卑俗な世界に文学性を見出した点に芭蕉の独創性がある。また「古池」という忘れ去られた無価値な語を上五に据え、その池に蛙を飛び込ませることで古池に生命を与え、聴覚を通じて醸成されるイメージの中に侘び、寂びの美意識が生まれる点をまとめる。

【二】問一　生きることに必死で、花を気にとめる余裕がなかったから。（二十七字）　問二　ア　問三　一瞬にして人々の命を奪った海が、まるで何事もなかったように穏やかで凪いでいたから。　問四　エ　問五　(i)　Ⅰ　海　Ⅱ　町　(ii)　通常ならば夜は明かりで満たされるはずの町が、徹底的に破壊され、人の営みの気配が全くない空間となっていること。　問六　ウ、エ　問七　少年が亡くなった家族のもとに行ったということ。　問八　エ

〈解説〉問一　桜が咲いていたことを覚えていないひとについては、「三月から四月にかけては花を気に留めるどころではなかった」とある。三月半ばの金曜日の午後、大地震と津波のため人命や家や仕事を失う自然災害があったからである。　問二　空欄の前に、「海で遭難した漁師だけでなく～もう一度だけ会いたいと願って袖

を振って魂を招く」とある。 問三 「それが悔しくて、悲しくて」の「それが」の指示する内容を考える。眼前の海は、津波によって人命や家屋などに多大な被害を与え、どす黒く濁っていたのに、今は青く澄んだ元の海になりおだやかに凪いている。それを目にした少年のやるせない悲しみの心情である。 問四 空欄前後の文との整合を考える。少年が町を出て、ふるさとに帰って来る日の不確かさについて、それを決めるにあたって少年には決められないという内容である。「ある事態が変えられないところまで進んでいるさま。」「今となっては。」などの意を表す語を選ぶ。 問五 (i) 少年の視界にあるのは、星のまたたく夜空、漁り火のない海、そして、海に面した外灯の復旧していない深い暗闇の中の町である。少年の視線が、どのように動いているのかをイメージしながら空欄を補充する。 (ii) 海の暗さよりもさらに暗い町は、災害の前は外灯のつく町であった。少年は自分の生活の場が破壊された空間を離れ、毎日袖振山に登り悲痛な心情で海を見、町を眺めているのである。 問六 避難所から親戚のいる都会へ旅立つ前に、少年は津波で亡くなった両親ときょうだいとともに過ごした思い出を胸に、「おーい」と呼んでいるのである。このことを踏まえて適切なものを二つ選ぶ。 問七 傍線部3の二段落前の、少年は散る桜の花に包まれたのではなく「白い霧」(海)が少年の体を抱き取ったという表現から読み取る。少年は両親ときょうだいのもとへと旅立ったのである。 問八 傍線部4は、小さなお話が、少年がどうなったかに言及することなく途切れたことを、咎めるひともいず、進んで結末をつけようとした人もいないということである。

【三】 問一 a 活用形…連体形 意味…サ b 活用形…連用形 意味…コ c 活用形…終止形 意味…オ d 活用形…連用形 意味…キ 問二 i 種類…丁寧語 対象…ア ii 種類…謙譲語 対象…ア iii 種類…尊敬語 対象…エ 問三 オ 問四 花の白川という、実際の川ではない地名を詠みこむことで、裾をくくり上げず、足も濡らさない理由を示している点。　問五　くわうりやうなるもの　問六　知りたいものだ　問七　みすぼらしい身なりの人物が素晴らしい句を詠む(付ける)などという予想外のことが起こるなんて、世の中はおそろしいものだと驚いている。

〈解説〉問一　助動詞の意味や活用形を判別するには、その前後の接続関係で確認する必要がある。　a「らん(む)」は、上代は「らむ」、中古では「む」が擬音化し「ん」となる。現在の事実について原因や理由を推量する助動詞の連体形で、活用語の終止形に付く。ただし、ラ変動詞およびラ変型活用の語には、連体形に付く。　b「に」は、断定の助動詞「なり」の連用形。体言や活用語の連体形につく。　c「ん」(む)は、意志の助動詞の終止形、活用語の未然形につく。　問二　i「候」は、丁寧語「～ます」の意を表わす補助動詞「候ふ」(ハ行四段活用)の未然形。敬意の対象は、連歌の上手と聞こゆる人々である。　ii「申し」は、「言ふ、告ぐ。」の謙譲語「申す」(サ行四段活用)の連用形。敬意の対象は、連歌の上手と聞こゆる人々。　iii「給ひ」は、尊敬の補助動詞「給ふ」(ハ行四段活用)の連用形。敬意の対象は、京極中納言。　問三　文中の「法師の、まことにあやしげなる～紙衣のほろほろとある、うち着たる(法師)」をふまえて、連歌を聞いている姿を不審に感じた理由を選ぶ。　問四「名にしおふ」は、「名実ともに名高い」の意。「花の白川」は、花の名所。この地名を、流れる白川に擬しながら歌に詠みこむことで、「括りもとかず足もぬらさず」と川の水に足を濡らすことなく白川を渡る理由にした点に人々は驚き感心したのである。　問五「言ひ出だしたりける人」とは、上の句を付けた法師で、「くわうりやう(荒涼)なるもの」をいう。　問六「ゆかしくこそ」の「ゆかしく」は、「ゆかし」(形容詞・シク活用)の連用形で、「知りたい」の意。「こそ」は、強意の係助詞で、省略されている「あらめ」の「め」(意志の助動詞「む」の已然形)と呼応して係り結びになっている。「(なんとしても)知りたいものだ」と解釈してもよい。　問七「世の中のやうにおそろしき物あらじ」の「じ」は、打消推量の意「〜ないであろう。〜まい。」を表す。傍線部5の後の文「人をあなどる事あるまじき事」(人を見下げる事はあってはならない事)を踏まえ、外見上、みすぼらしい姿の法師が、すばらしい付句をしたことに、卓越した歌人の藤原定家が予想外の出来事だと驚嘆し、世の中は恐ろしいものだ、と述べているのである。

【四】問一　a　すなわち　b　つぶさに　c　ついに　問二　横暴(横行)　問三　或〔る〕ひと處(処)をして虎を殺し〔て〕蛟を斬らしむ。　問四　處(処)、虎、蛟のうち、一つを残すだけにしたいと願ったのである。　問五　始　知　爲(為)　人　情　所　患　問六　・前途がまだ大丈夫である点　・すでに志が立っている点　問七　エ

〈解説〉問一　a　「即」は、「すぐさま。ただちに。」の意。　b　「具」は、「くわしく。細かく。」の意。c　「遂」は、「その結果」の意。　問二　「横」は、「邪悪。かって気まま。」の意。「専横」「横柄」などがある。問三　「説」を使役の助字「令」にすると、訓点にも変化が生じる。「或《(ル)ヒト》令《ム》二處(処)《ヲシテ》殺《シ(テ)》レ虎《ヲ》斬《ラ》レ蛟《ヲ》」(或る人處(処)をして虎を殺し(て)蛟を斬らしむ)となる。「令《(ム)》二A(ヲシテ)B一(セ)」の使役形。　問四　「三横」とは、「虎」「蛟」「周處(処)」のことである。この三横のうち、一つを残すだけにしたいと強く希望したのである。　問五　書き下し文は、「はじめて人情の患ふ所となりしを知り」である。漢文の構造に従い、返読文字「所」や「爲」「知」の動詞と目的語の関係を正しく把握すること。　問六　周處が年齢面で時機を失しているので改心できない、と不安を清河に訴えたとき、清河は、論語を示して前途があることや周處の倫理的に生きようとする志を励まし、彼の不安を解消させている。　問七　ア・オは後半が不適切。イは「村人は周處の安否を心配していたが」が誤り。ウは全文が誤り。

【高等学校】

【一】問一　①　弁別　②　はら(んで)　③　さかな　④　相貌　⑤　生成　⑥　はんさ　⑦　ことほ(いだ)　⑧　芳香　⑨　瓦解　⑩　懐旧　問二　a　イ　b　オ　c　カ　d　ア　e　エ　問三　Ⅰ　(自分を)誠実に愛そう　Ⅱ　そうでなければ飲みませんよ　問四　i　経済的に苦しい(困窮している)　ii　その中でも　問五　事柄そのものは書いてあるが、それを支える人間の心理には踏み込まず叙事に徹することで、語ることを促した驚異そのものを伝えるというこの物語の本質に反するから。(七十七字)　問六　昔と今をつなぐもの　問七　日常のことばによる表現は、伝達したい意味を過不足なく伝えることを目的とするが、和歌のことばによる表現は、状況や場面によってその意味を多義的に変容させうる。(七十七字)　問八　男が歌を詠んだ動機が懐旧の思いであっても復讐であっても、表現の多義性によって意図した効果と意図しない効果の両方を生じる可能性があったということ。(七十二字)
問九　(1)　・男が歌を詠んだ意図　・女が出家した理由　(2)　道綱母が菊の付け枝に込めた真意
問十　町の小路なるそこそこ　問十一　道綱母の、このままにはしておくまいという気持ち　問十二　嘆きながら一人で寝る夜の明けるまでが、どれほど長いものかわかりますか、いやわからないでしょうね。
問十三　「あくる」に夜が「明ける」と門を「開ける」の意味を掛けている。　問十四　①　男の心変わりをむやみに責めるだけの凶器(十九字)　②　男の訪れを待つ、いじらしい女の閨怨のため息(二十一字)
問十五　「例よりはひきつくろいて」と、ことさらによそよそしい筆致で描いたことの説明から順接で「うつろひたる菊」に続いている点から、付け枝は男の心変わりをあてこする意図と解釈し、歌の真意は非難にあると考える。(九十九字)　別解1　道綱母は、夫の心変わりの手がかりをつかんだ上で女から歌を贈るという、当時としては異例の危うい行為に出ている。それでも夫が相手を続けていることから、菊が夫婦間で通じる媚態として機能した証拠とみるべきだ。(一〇〇字) 別解2 道綱母は両義性のある色のうつろいかけた菊を添えながら、その真意を手紙中でも『蜻蛉日記』本文でも明言していない。従ってこれは筆者が意図した「謎」であり、その真意を一義的に解釈することは適切でない。(九十七字)

〈解説〉問一 ⑥の「煩瑣」は「こまごまとして煩わしいこと。」という意味。⑦の「寿ぐ」は「喜びや祝いの言葉をのべること。」という意味。⑨の「瓦解」は「ある一部の乱れ・破れ目が広がって組織全体がこわれること。」という意味。 問二 a「まめに」の「に」は、「まめなり」形容動詞の連用形の活用語尾。b「人に」の「に」は、格助詞。 c「去に」の「に」は、「去ぬ」ナ行変格活用動詞の連用形の活用語尾。d「妻に」の「に」は、断定の助動詞「なり」の連用形。 e「けるに」のには接続助詞。 問三 Ⅰは、古文の「まめに思はむ」が該当する。「まめに」は「真実に」、「思はむ」の「む」は意志の助動詞の終止形で「愛してあげよう」と訳す。Ⅱには、「さらずは飲まじ」が該当する。「さらず」は「さあらず」と同じで、「そうでなければ」の意。「飲まじ」の「じ」は打消意志の助動詞。「そうでなければ酒は飲みますまい」と訳す。問四 i「不如意」は、「自分の思うようにならないこと。」の意。 ii「なかんずく」は、「中に就く」の転。「(多くの中でも)特に。とりわけ。」の意。 問五 傍線部①を含む段落の前半で、筆者は、物語の原型を単なる叙事としての伝達でなく語ることを促した驚異そのものを伝えることにある、という。そのため無尽蔵の人間の心理には一切踏みこまず叙事だけに徹している。以上のことから物語の人物の心理面を特定の意味に絞りこむことは、この物語の本性に反する、というのである。 問六「橘のイメージ」については、万葉集などの和歌を例に挙げて、「橘は変わらぬ時の流れの象徴として、昔と今をつなぐものなのであった」と述べられている。 問七「日常のことば」は、伝達したい意味を過不足なく伝えることを目的とするが、「和歌の表現力」は、意味だけの伝達ではなく、状況や場面によって、その意味を多義的に変容させる、という違いがある。

問八　和歌の表現は、意味を多義的に変容させる。文中の和歌について言えば、男が懐旧の思いで作った歌であっても読み手には、女への復讐の意図がある、と解釈されることもあり、逆の場合もありうる。このことを「表現として鋭く両義的な諸刃の剣」としている。　問九　(1)「見えない(隠れた)多義性」とは、物語の中にことばで表現されていないところである。(2)兼家への和歌を「色変わりした菊にさした」ことの作者(道綱母)の真意である。　問十「例の家」とは、「町の小路なるそこそこ」(室町と西洞院との間のどこそこ)である。問十一「なほもあらじ」の「じ」は、打消意志の助動詞。「あらじ」は、「このままですますわけにはいくまい」の意。兼家が訪ねてきたらしいのは察知したが開けさせなかった。しかし、悶々たる作者の胸中を訴えずにはおれなかったのである。　問十二「嘆きながらひとり寝をする夜の明けるまでが、どんなに長くつらいものか、おわかりでしょうか、いやおわかりにならないでしょうね」が作者の歌意である。「あくる」は、「明くる」と「開くる」の掛け詞。「久しきものとかは知る」の「かは」は、反語の係助詞。「知る」と係り結びになっている。　問十三　作者の歌の「あくる」を受けて、「夜が明くる」と「門を開くる」の両意義を掛ける「掛詞」が用いられている。　問十四　文中の「見事に色付いた菊の枝」は、「男の心変りをむやみに責めるだけの凶器」としてではなく、「家や庭を繕ってひたすら男の訪れを待つ、いじらしい女の閨怨のため息」と読めてこないかとある。　問十五　一義的に道綱母の真意を解釈すると、別の女性に兼家が心を寄せていることへの嫉妬心に激しく燃えているように思われる。そのため和歌は兼家への非難と解釈できる。多義的に解釈すれば作者は兼家への激しい嫉妬に心は乱れていても兼家への情愛は変わらず、その深さゆえの苦言を歌にした、と考えることができる。前者で作者が歌を色変わりした菊にさしたのは、兼家の心が他の女へ移ったことへの諷刺である。後者では、作者が兼家の訪れをひたすらに待つ女の媚態である。

二〇二〇年度　実施問題

【中高共通】

【一】次の文章を読んで、後の問いに答えなさい。

小説の翻訳の仕事をしていて、いつも気にかけているのは、原文の「歯応え」をどれだけ残すべきかということだ。明らかにぎこちない、日本語として読むに a タえない訳文は論外だが、いまの読者に対して、どこまでわかりやすく噛み砕いたらよいのかをつねに考えている。

自国とは異なった文化や風物に囲まれた人々が、異なった論理や倫理で生きているさまを知ることによって、自分との差異を楽しんだり視野を広めたりする——それが翻訳小説の魅力だろう。だとしたら、日本人の書き手による、日本を舞台とした作品よりも強い歯応えがあるのは当然だ。どれほど明快に翻訳したとしても、それは避けられない。

文芸翻訳者としては、わかりやすい訳文を心がけながらも、原文が硬質のものは同じくらい硬質の日本語に、柔らかいものは同じくらい柔らかい日本語にするのが大原則だと考えている。とはいえ、未知のものや歯応えのあるものをみずから受け入れ、咀嚼し、そのこと自体を楽しむ姿勢が読者の側にないかぎり、そもそも翻訳文化自体が成り立たない。小説だけでなく、映画にも演劇にも音楽にも似たようなことが言えるはずだ。

たとえば、フィートやポンドなどの英米特有の b ドリョウコウをどう処理するかという問題がある。フィートやポンドのままで訳せば「わかりにくい、イメージが湧かない」と批判され、メートルやグラムに直して訳せば「英米人が使うはずがない、興醒め」と言われてしまう。大人向けの翻訳小説においては、伝統的にフィートやポンドを残すほうが［Ⅰ］だったが、近ごろはメートルやグラムに換算して訳すケースも増えているようだ。わたし自身はいまも原則として前者だが、後者の要望が圧倒的に多くなれば、いずれ切り替えるかもしれない。

一方、翻訳物を敬遠する理由として「カタカナの人名や地名が多くて読みづらい」と言う人が増えているが、これは翻訳者としてはどうにもできないし、そんな理由で数々の名作に手を出さないのはあまりにもったいない。人名や地名にかぎらず、カタカナ語の比率が高くなるのは翻訳物なら当然であり、少々わからないことがあっても文脈から［Ⅱ］したり調べたりすることで、より深い楽しみがきっと得られるはずだ。ほんの少しがまんすれば、至福の時間が待っている。

二十年か三十年前には、「わからない」や「むずかしい」がけっして悪いことではなく、むしろかっこいいこととされていたと思う。小むずかしい本を背伸びして読んでみたり、わからないことばをこっそり調べて、前から知っていたかのように仲間に自慢したりということがあたりまえだった。翻訳書はそういったことばの宝庫であり、マントルピースだのゼラニウムだのタルカムパウダーだの、わけのわからないものが出てくると、苛立つどころか、むしろ心が躍ったものだ。そうやって何度もそのことばを見ているうちに、だんだんイメージがつかめるようになった。

ところが、近ごろは中学生ぐらいでも、ポールやジェーンの性別がわからなくて、それが海外作品に親しめない理由のひとつになっているという。こうなると歯応えがどうのこうの以前の問題で、※読書探偵作文コンクールをはじめたのもそういうことを強く[c]キグしたからである。

現実問題としては、それぞれの訳書の読者層を考えつつ、歯応えとわかりやすさのあいだで[1]匙加減を調整して、落としどころを探っていくしかない。「商品を売る」という立場からは、わかりやすさを求められる傾向があるのは致し方ないので、骨抜きの文章にならないようにぎりぎりまで抵抗するのが翻訳者の本分ではないかと思っている。

歯応えとわかりやすさの問題のひとつに、センテンスの切れ目をどれだけ忠実に反映するかということがある。つまり、原文が一文であるものを二文に分けて訳すことをよしとするかどうかだ。端的に言えば、原文が一文なら訳文も一文にするのが大原則で、よほどのことがなければそのルールを破るべきではない。

複雑な構造の長い英文にぶちあたったとき、それをいくつかに分けて訳せばわかりやすくなるのは当然だ。英文和訳のレベルならそれでいいが、わかりやすさが増す半面、流れをぶち切ることで多くのものが失われるので、文芸翻訳においては、安易にその選択はできない。文体や味わい、そして歯応えや歯切れは、わかりやすさと同等の価値を持っているはずだ。一文が長く、もってまわったかのような言いまわしを個性とする作家もいれば、細かく刻んでリズムを生むのが個性である作家もいる。それを無視したら、もはや文芸翻訳とは言えない。

長い英文を長いまま訳すためには、接続助詞や接続詞の選択、連用形で止めるか「て」をつけるか、読点を打つべきか、態を変えるべきか、修飾語の位置を入れ替えるべきか、新たに主語を立てるべきか、などなど、いくつもを同時に検討して結論を出さなくてはならない。それでもどうしても日本語としてぶざまなものにしかならないときに、やむをえず最後の手段として、二文に切り分けるという選択に手を出すのが筋だろう。だから、もし二文に分けてきれいな訳文ができたとしても、[2]一抹の後ろめたさを覚えていなくてはいけない。

中級ぐらいの学習者の訳文を見ていると、リズムよく切り刻んだ訳文を作るのが高度な技巧だと思っているらしい人がときどき見受けられる。現実には、一定以上のわかりやすさを保ちつつ、原文の（　A　）さや（　B　）さを生かす訳文を作るほうがはるかにむずかしい。切り刻んでばかりでは逃げのテクニックしか身につかない。

逆に、短いセンテンスを重ねていく作家の文章では、二文や三文を安易に一文にまとめてさらりと流せばすべて台なしになる。わたしが何作も訳出を手がけてきた作家では、※ロバート・ゴダードが長文派、※スティーヴ・ハミルトンが短文派に属している。

長い原文をさくさく切り分けたり、短い原文をつないで味気なくまとめたりしてかまわないのなら、いまの倍のスピードで訳出作業が進む。だが、[3]読者と作者の両方のために、ぎりぎりまで四苦八苦するから、翻訳作業には時間がかかるのだ。

スティーヴ・ハミルトンの『氷の闇を越えて』を訳していたとき、[4]冒頭の一文をどう訳すかでずいぶん迷った。

警察官のアレックス・マクナイトは、相棒とともにパトロールをしていたとき、異常者に乱射される。相棒は命を落とし、アレックスも瀕死の重傷を負って退職する。それから十四年経ったいまも、アレックスの胸には摘出できなかった銃弾が残っている。心の傷は劣らず深い。それが、あるとき思いがけないことから私立探偵になり、事件を解決する過程で少しずつ自己再生していく。

この作品の書きだしは、こんなふうになっている。

There is a bullet in my chest.

どんな訳者でも、冒頭の一文に向かうときはかなり意気ごむものだろう。その作品、そのシリーズ、ときにはその作家の将来を決定づける可能性さえあるからだ。この作品を訳したときも、あれこれ考えた。数十の訳文が脳裏に浮かび、消えていった。そして、空が白んできたころ、ひとつの結論に達した。確信と言ってもよかった。

その後、翻訳学校の中級のクラスでこの作品を教材として使い、冒頭の文をどのように訳したかを全員に尋ねてみた。結果は予想どおりだった。「わたしの胸には銃弾が残っている」「――はいっている」「――埋めこまれている」「――撃ちこまれたままだ」などなど。これは中級クラスならではの現象かもしれない。原文を深く読み、文と文、段落と段落、章と章の有機的な関係を分析したうえで、わかりやすく表現する。そんな習慣が身につきつつあるからこそ、上記のような訳になるのだろう。

これらはみな、わたしの脳裏から消えていった訳文だ。

恐怖や衝撃というものは、それがいかに恐ろしいか、いかに衝撃的かを説いたところで、恐ろしくも衝撃的にもならない。笑いについても、おそらく同じことが言えよう。いちばんよく伝わるのは、いっさいの説明を排して、事実をありのままに提示するときだ。"There is a bullet in my chest."という文は、まさにその原則を体現しているのではないか。事実を語るにあたって、考えつくかぎり最も単純な言い方をしているからこそ、最も衝撃が大きい。だとしたら、翻訳がどうあるべきかは、おのずと明らかだろう。

というわけで、わたしの訳は「わたしの胸のなかには〔　X　〕」。

なあんだ、そのままじゃないかと言うなかれ。そのままの訳がなかなかできないからこそ、そんな度胸がないからこそ、翻訳学習者もプロも、何年も何十年も苦闘をつづけている。試しに、さっき並べた訳と最後の訳を声に出して読み、闇に響かせてみてもらいたい。ほんとうにdセンリツするのは、ほんとうに〝氷の闇〟にふさわしいのは、どちらだろうか。

（越前敏弥『翻訳百景』より。ただし、一部改めた箇所がある）

＊読書探偵作文コンクール……多くの子供たちに翻訳書を手にとってもらうことを目的とした小学生対象の読書コンクール。二〇一〇年の創設時から筆者も関わっている。翻訳書限定だが絵本・児童書・一般書など何を選んでもよく、応募作品の形式も自由。

＊ロバート・ゴダード……Robert Goddard(一九五四—)。イギリスの推理小説家。

＊スティーヴ・ハミルトン……Steve Hamilton(一九六一—)。アメリカ合衆国の推理小説家。

問一　二重線部a「タえない」b「ドリョウコウ」c「キグ」d「センリツする」のカタカナをそれぞれ漢字に改め、楷書で書きなさい。

問二　本文中の空欄 Ⅰ Ⅱ に当てはまる語をそれぞれ漢字二字で考えて書きなさい。

問三　傍線部1「匙加減を調整」とほぼ同義の二字熟語として最も適当なものを次のア～オの中から選び、記号で書きなさい。

ア　妥協　　イ　吟味　　ウ　止揚　　エ　案配　　オ　逡巡

問四　傍線部2「一抹の後ろめたさを覚えていなくてはいけない。」とあるが、筆者はなぜそう言うのか。「文芸翻訳」「原文」「手段」の三語を必ず用いて、六十字以内で説明しなさい。

問五　本文中の空欄（　A　）（　B　）には、同じような意味の形容詞の語幹が入る。適当な形容詞の語幹を考え、以下に合うように二つ書きなさい(順不同)。

A	B
（　　　　）さ	（　　　　）さ

問六　傍線部３「読者と作者の両方のために、」とあるが、①読者のための訳文と、②作者のための訳文とはどのようなものか。それぞれの特徴を端的に示す表現を「〜訳文」に続く形でいずれも六字で抜き出しなさい。

問七　傍線部４「冒頭の一文をどう訳すかでずいぶん迷った。」について、本文では①その一般的な理由と、②「この作品」の場合の個別的な理由が述べられている。それらの理由をそれぞれ四十字以内で書きなさい。

問八　本文中の空欄〔　Ｘ　〕には、どのような訳が入ると考えられるか。本文の趣旨を踏まえて書きなさい。

（☆☆☆◎◎◎）

【二】次の文章を読んで、後の問いに答えなさい。

七月。朝寝坊をした日曜日、パジャマのまま台所に行くと、おふくろは庭にでていた。よく晴れた、しずかな午後だった。びわの木の下に立って、おふくろはさむらいのかっこうをした男と話をしている。紺の着物に刀をきちんとぶらさげて、ちょんまげもりりしいさむらいだった。おおかた、ふうがわりな役者仲間だろうとは思ったが、それにしてはさむらい姿が板につきすぎている、これが草之丞《くさのじょう》だった。

おふくろは日傘をくるくるまわして、まるで女学生のように頬をそめている。サンダルをつっかけて、僕も庭にでた。

「おはよう、母さん。お客様なの」

おふくろはびくっとして、しばらく僕の顔をみつめていたが、やがてにっこりと微笑んだ。

「草之丞さんといってね、お父様ですよ、あなたの」

僕は、僕の心臓がこんなにじょうぶでよかったと思う。

　おふくろの話はこうだった。草之丞は正真正銘のさむらいで、また正真正銘の幽霊で、おふくろに一目惚れをした。おふくろがまだ新米女優だったころ、舞台で時代劇の端役をやった。セリフはたった一言だったけれど、あの世で見物していた草之丞は、そのたった一言のセリフ、『おいたわしゅうございます』にすっかりまいってしまい、やもたてもたまらず、下界にやってきたのだ。二人はめでたく恋におち、僕が生まれたというわけだった。

「それからの十三年間、草之丞さんはいつだって私をたすけて下さったのよ」

「たすけるって、どうやって」

「いろんな相談にのってくださるし、眠れない夜には子守唄もうたってくださるし、お金にこまったら、お金も貸してくださるわ」

「幽霊が、金を」

「ええ。たいせつな刀やお皿を売ってね」

「………」

「だから私も、五月には供養をかかさないの」

　おふくろの説明によれば、元和八年五月七日、草之丞が壮絶なる一騎打ちの末にあの世へいった野っ原が、現在のあの※、八百屋だったらしい。つまりおふくろはあの日、五月七日の命日に、草之丞の好物をかかえて、いそいそと墓参りに行ったのである。僕は絶句してしまった。

　草之丞は、ちかくで見ると思いのほか大きく、なかなかの二枚目だった。肩を（　Ａ　）て、うつむいている。ひどく緊張しているようだった。もちろん僕も緊張していた。

「二人とも黙っちゃって、どうしたの」

ふしぎそうに言ったおふくろをみて、[2]どこまで天真爛漫な人だろう、と僕は思った。

「はじめまして」

しかたなく、僕の方から口をきった。

「こんにちは」

ひくい声だった。

「そなたにとっては、はじめましてなのだね。私はいつも、そなたを見ていたのだが」

へんな感じだった。いつも見ていた、なんて気味が悪い。僕はぶっきらぼうにおじぎをして、さっさと部屋にひきあげた。僕は、幽霊の息子だったのだ。

その日以来、草之丞はしょっちゅう僕の前にあらわれた。幽霊だという立場もわすれて、草之丞はじつに堂々と人前にでるのだ。彼はよく、学校のそばで僕を待ちぶせていた。いきなりとびだしてくるので僕がおどろくと、草之丞はきまって、

「やっぱりこわいか」

とぼそっと言い、ひっそりとわらう。

草之丞と歩いていると、みんなが僕たちに注目した。しかし、さわいだりこわがったりする人は一人もいない。まさか本物のさむらいだとは思わないらしい。それに味をしめて、草之丞はまったくだいたんに街を闊歩した。歩きながら彼はよく唄をうたった。やさしい声をしていた。それが、彼のぶっちょうづらには不似合いだった。

草之丞と僕とは、毎日いっしょに散歩をするようになった。おふくろはますます天真爛漫で、僕らは[3]まる

で家族のように、いっしょに食事をし、いっしょにテレビをみた。

十月のある夜、おふくろによばれてふろ場に行くと、草之丞が入っていた。

「お父様の背中、ながしてさしあげなさい」

思わずあとずさりした僕の気も知らず、おふくろはにこにこして出ていった。こうして、とりのこされた僕は幽霊と混浴することになったのである。

草之丞のからだは、白くてきれいだった。ふろ場の窓からは三日月がみえた。

「そなたは、さむらいの息子がいやか」

湯ぶねにつかっていた草之丞が言った。

「やぶからぼうに」

僕は少しあわてて、（　B　）に言った。

「風太郎、そなたはいくつになる」

「十三」

「そうか。もう一人前の男だな」

草之丞はひっそりと笑い、僕は胸がしわっとした。

十二月。ごちそうと、ぶどう酒と、レコードと、それはまさに、絵にかいたように上出来のクリスマスだった。僕とおふくろは、草之丞に赤いセーターをプレゼントした。草之丞はそれを着物の上からすっぽりと着て、

「これはあたたかい」

と言った。

「すまんことをした。クリスマスに贈り物をするなどという習慣を、まったく知らなかったものでね」

とも言った。もちろん僕たちは、贈り物など最初から期待してはいなかった。

おふくろと草之丞はワルツを踊り、僕は踊っている4両親をみて、うふふ、と笑った。なぜだか、うふふ、と心から笑わずにはいられなかった。

踊りおわると、草之丞が言った。

「風太郎、今度はそなたの番だ」

もちろん僕は、大あわてでことわった。おふくろとワルツだなんて、じょうだんじゃない。草之丞は、彼がよくする片頬だけのひっそりわらいをうかべて、

「そうか」

と言った。

「しかし、これからは子守唄だけでもうたっておあげ。私はもうここにはこないから。れいこさんは、風太郎にまかせる」

僕はぎょっとした。まったくとつぜんのことだった。今まで心のどこかで感じていた、そのくせ知らん顔をきめこんでいた、そんな責任がにわかに僕の上にふってきた。おふくろはただ立ちつくし、子供のように素直な声で言った。

「行かないでください」

「自然なことです。もう、私は必要ない」

「行かないでください。行かないでください」

おふくろは、ほかの言葉を知らないかのようにくりかえしている。蚊のなくような声だった。僕はどうしていいのかわからなくて、とりあえず5おふくろの肩をだいてみた。

「れいこさんをよろしく」

草之丞が頭をさげると、おふくろはようやく（　C　）したらしく、はっきりとした口調でこう言った。

「私が死んだら、この家はお花畑にしてもらいます。そのお花畑のまんなかに、お墓をつくってもらいます。そうしたら、そこでいっしょに暮らしましょう」

草之丞は、ゆったりとわらった。

「では、さらば」

草之丞はきっぱりと言って、ごく普通の人間がするように、玄関から出ていった。そして、それきりだった。


（江國香織「草之丞の話」〈『つめたいよるに』所収〉より）

※あの、八百屋…この文章の前段に母親が八百屋の前で供え物をし、手をあわせる様子を「僕」が目撃する場面がある。

問一　傍線部1「僕は絶句してしまった。」とあるが、それはなぜか。その理由として適当でないものを次のア～オの中から一つ選び、記号で書きなさい。
ア　自分の母親が、かつては時代劇の舞台に出ていた女優であったことを知ったから。
イ　母親の役者仲間だと思ったさむらいが、自分の父親で、しかも幽霊だと分かったから。
ウ　幽霊が母親に一目惚れして恋におち、自分が生まれたのだという話を聞いたから。
エ　母親が幽霊である父親からお金を借りるなどの支援を受けていると聞かされたから。
オ　先日の母親の行動が、父親である草之丞の命日の「墓参り」だったと判明したから。

問二　本文中の空欄（　Ａ　）〜（　Ｃ　）に入る語句として、最も適当なものを次のア〜エの中からそれぞれ一つずつ選び、記号で書きなさい。

（　Ａ　）ア　並べ　　イ　いからせ　　ウ　すくめ　　エ　落とし

（　Ｂ　）ア　甘えたよう　　イ　いんぎん　　ウ　八つ当たり気味　　エ　つっけんどん

（　Ｃ　）ア　観念　　イ　納得　　ウ　同情　　エ　敬服

問三　傍線部２「どこまで天真爛漫な人だろう。」とあるが、「僕」が「おふくろ」に対してそんな気持ちになったのはなぜか。簡潔に説明しなさい。

問四　傍線部３「まるで家族のように、」という表現と、４「両親」という表現から、この数カ月の間に語り手である「僕」の心情にどのような変化が生じたと考えられるか。三十字以上四十字以内で説明しなさい。

問五　傍線部５「おふくろの肩をだいてみた。」とあるが、このときの「僕」の気持ちを、「〜てみた」という表現に留意して考え、簡潔に書きなさい。

問六　「草之丞」がこの世を去る決心をしたのはなぜだと考えられるか。簡潔に説明しなさい。

問七　この作品についての説明として、最も適当なものを次のア〜オの中から一つ選び、記号で書きなさい。

ア　登場人物の心情を細やかに叙述することで、輪廻転生という深遠な主題と生活感を両立させている。

イ　夢と現実の境界が判然としなくなる展開で、幽霊の登場する物語を現代的な怪異譚へ昇華させている。

ウ　突飛な出来事を日常生活の平穏な描写を崩さず描くことで、温かい人間ドラマとして成立させている。

エ　三人称客観描写が可能にするリアリズムにより、超常現象を荒唐無稽な印象を与えずに表現している。

オ　複数の語り手を設定することで、一つの出来事の全体像が結末で初めて明らかになる構成になっている。

（☆☆☆◎◎◎）

【三】次の文章は、『源氏物語』桐壺巻の一部で、光源氏の母親である桐壺更衣が、源氏三歳の年に体調を崩して亡くなる直前の、帝と更衣とのやりとりが描かれた場面である。よく読んで、後の問いに答えなさい。

その年の夏、*御息所、はかなき心地にわづらひて、1まかでなんとしたまふを、暇《いとま》さらにゆるさせたまはず、年ごろ、常の*あつしさになりたまへれば、御目馴《めな》れて、「2なほしばしこころみよ」とのみのたまはするに、日々に重《おも》りたまひて、ただ五六日のほどにいと弱うなれば、母君泣く泣く奏してまかでさせたてまつりたまふ。かかるをりにも、3あるまじき恥《はぢ》もこそと心づかひして、*皇子《みこ》をばとどめiたてまつりて、忍びてぞ出でたまふ。

*限りあれば、さのみもえとどめさせたまはず、御覧じだに送らaぬおぼつかなさを言ふ方《かた》なく思ほさる。いとにほひやかにうつくしげなる人の、いたう面痩《おもや》せて、いとあはれとものを思ひしみながら、言《こと》に出でても聞こえやらず、あるかなきかに消え入りつつものしたまふを御覧ずるに、来《き》し方《かた》行《ゆ》く末《すゑ》思しめされず、よろづのことを泣く泣く契《ちぎ》りのたまはすれど、御答《いら》へもえ聞こえたまはず、まみなどもいとたゆげにて、いとどなよなよとわれかの気色《けしき》にて臥《ふ》したれば、いかさまにと思しめしまどはる。*輦車《てぐるま》の宣旨《せんじ》などのたまはせても、また入《い》らせたまひてさらにえゆるさせたまはず。「*限りあらむ道にも後《おく》れ先立たじと契らせiiたまひけるを。さりともうち棄ててはえ行きやらbじ」とのたまはするを、女《をんな》もいといみじと見たてまつりて、

「*かぎりとて別るる道の悲しきに4いかまほしきは命なりcけり

いとかく思ひiiiたまへましかば【※】」と、息も絶えつつ、聞こえまほしげなることはありげなれど、いと苦しげにたゆげなれば、*かくながら、5ともかくもならむを御覧じはてむと思しめすに、「今日《けふ》はじむべき

祈禱《いのり》ども、さるべき人々うけたまはれる、今宵《こよひ》より」と聞こえ急がせば、わりなく思ほしながらまかでdさせたまふ。

（新編日本古典文学全集『源氏物語①』による）

＊御息所…………「御息所」は皇子・皇女を産んだ女御・更衣の敬称。ここは桐壺更衣。
＊あつしさ………篤しさ。病気。
＊皇子……………帝の第二皇子（源氏）。
＊限り……………宮中の掟。后妃も宮中で死ぬことは禁忌であった。
＊輦車……………手で引く屋形車。東宮・親王・大臣・女御・僧正などが勅許を得て乗用し、宮門を出入りする。更衣が勅許を得たのは破格の待遇。
＊限りあらむ道…前世の因縁で、その時期も定められている死出の道。
＊かぎりとて～…「別れ路はこれや限りの旅ならんさらにいくべき心地こそせね」（新古今・離別　道命法師）に類似した発想。
＊かくながら……いっそこのままで、更衣のなりゆきを見届けようと。

問一　二重線部a「ぬ」b「じ」c「けり」d「させ」の助動詞について、それぞれ活用形を書きなさい。また、意味として最も適当なものを、それぞれ次のア～クの中から一つずつ選び、記号で書きなさい（同じ記号を繰り返し用いてもよい）。

ア　過去　イ　完了　ウ　詠嘆　エ　打消　オ　使役　カ　尊敬　キ　打消推量

ク　打消意志

問二　波線部ｉ「たてまつり」ⅱ「たまひ」ⅲ「たまへ」について、それぞれ敬語の種類（尊敬語・謙譲語・丁寧語）を書きなさい。また、だれからだれへの敬意か、最も適当なものをそれぞれ次のア～オの中から、一つずつ選び記号で書きなさい。

ア　帝　　イ　桐壺更衣（御息所）　　ウ　母君　　エ　皇子（源氏）　　オ　作者

問三　傍線部１「まかでなんとしたまふを、」を例にならって単語に区切り、助動詞には説明を書き添えなさい。

ま　か　で　な　ん　と　し　た　ま　ふ　を、

例　弓／を／いみじく／このま／せ／たまひ／き　。

尊敬「す」連用形　　過去「き」終止形

問四　傍線部２「なほしばしこころみよ」とは「もうしばらく宮中で養生してみよ」という意味であるが、帝はなぜこのように判断したのか、書きなさい。

問五　傍線部３「あるまじき恥もこそと心づかひして、」とはどのような心情か。最も適当なものを次のア～オの中から一つ選び、記号で書きなさい。

ア　母に先立って世を去るという恥知らずな有様を忍んで。

イ　宮中で亡くなるような不面目があっては困ると用心して。

ウ　死後、我が子である源氏に苦労をかけることを恥じて。

エ　低い身分で帝の寵愛を受ける恥ずかしさが心労となって。

オ　帝がおろおろと狼狽する不名誉な様子に責任を感じて。

問六　傍線部４「いか」の掛詞について簡潔に説明しなさい。
問七　傍線部５「ともかくもならむを御覧じはてむと思しめすに、」を動作主と対象人物がわかるように口語訳しなさい、
問八　本文中の記号【※】の直前は桐壺更衣がいいおおせることができずに会話が途切れている。ここには、どのような思いが続くと考えられるか。二十五字以内の現代語で具体的に書きなさい。

（☆☆☆◎◎◎）

【四】次の文章を読んで、後の問いに答えなさい。

*楚《そ》ノ荘《さう》王《わう》問《ヒテ》二*詹《せん》何《かニ》一曰《ク》、「治《ムルコト》レ國《ヲ》[a]奈何《ト》。」對《こたヘテ》曰《ク》、「何《ハ》明《カナレドモ》二於治《ムルニ》一レ身《ヲ》、而不《ト》レ明《カナラ》二於治《ムルニ》一レ國《ヲ》。」楚王曰《ク》、「寡人得《タリ》レ立《ツルヲ》二*宗《そう》廟《べう》社《しや》稷《しよくヲ》一、願《ハクハ》學《バント》三[b]所二以《ヲ》守《ル》一レ之《ヲ》。」詹何對《ヘテ》曰《ク》、[1]「臣未三嘗聞二身治而國乱者一也、【而治身嘗乱者國未聞】也。故《ニ》[2]本《もとハ》在《リ》二於身《ニ》一、不三敢對以二末一。」楚王曰《ク》、「善《シト》。」

故《ニ》老子曰《ク》、「脩《ムレバ》二之《ヲ》身《ニ》一、其《ノ》徳《ハ》[c]乃眞也《ト》。」

（新釈漢文大系『淮南子《えなんじ》（中）』による）

*楚荘王……覇業を成就した名君。　*詹何……『淮南子』では、道術に通じた人、或いは釣りの名人として頻出する。
*宗廟社稷……「宗廟」は先祖を、「社稷」は土地神を祀る。ここでは合わせて「国家」の意。

問一　二重線部a「柰何」b「所以」c「乃」の漢字の読みをそれぞれひらがなで書きなさい(現代仮名遣いでかまわない)。
問二　傍線部1「未嘗聞身治而國乱者也、」を書き下しなさい。
問三　本文中の【　】内の漢字を、「奮何」の発言の筋が通るように並べ替えなさい(訓点は施さないこと)。
問四　傍線部2「本在於身、不敢對以末。」について、次の各問いに答えなさい。
①「本」「末」はどのようなことを指すか。それぞれ簡潔に説明しなさい。
②後半の「不敢對以末。」をすべてひらがなで書き下しなさい(現代仮名遣いでかまわない)。
問五　本文中で用いられている一人称について、次の①②に当てはまるものを、それぞれ本文中から一語で抜き出しなさい。
①王や諸侯が自分自身を指して使う一人称
②主君に仕えるものがへりくだって使う一人称

(☆☆☆◎◎◎)

【高等学校】

【一】後の【一】～【三】の文章は、それぞれ次の出典の一部である。


【一】ヴァルター・ベンヤミン／野崎修訳『複製技術時代の芸術作品』〈『ベンヤミン「複製技術時代の芸術作品」精読』所収〉より。

【二】多木浩二『ベンヤミン「複製技術時代の芸術作品」精読』(二〇〇〇年)より。

【三】落合陽一『魔法の世紀』(二〇一五年)より。

ベンヤミンの『複製技術時代の芸術作品』は一九三六年、亡命先のフランスで最初に出版された。また、落合は『魔法の世紀』において、「映像の世紀」であった二十世紀と対比させながら、「魔法の世紀」としての二十一世紀について論じている。【一】～【三】を読んで、後の問いに答えなさい。

＊ヴァルター・ベンヤミン…Walter Benjamin(1892-1940)。二十世紀ドイツの思想家・批評家。ベルリンの富裕なユダヤ人美術商の家に生まれる。青年運動の只中で思想形成期を迎え、激動の時代状況とラディカルに切り結びながら、近代を見据え続けた。亡命行の途上で自ら命を絶った。

＊落合陽一……………一九八七年生。研究者、メディアアーティスト、実業家。東京大学大学院学際情報学府博士課程修了後、二〇一七年より筑波大学学長補佐、同大学内にデジタルネイチャー推進戦略研究基盤を設立するとともに、自らの研究成果を社会に実装するための会社を起業。

【一】

最高の完成度をもつ複製の場合でも、そこには〈ひとつ〉だけ脱け落ちているものがある。芸術作品は、それが存在する場所に、一回限り存在するものなのだけれども、この特性、いま、ここに在るという特性が、複製には欠けているのだ。しかも芸術作品は、この一回限りの存在によってこそその歴史をもつのであって、そしてそれが存続するあいだ、歴史の支配を受けつづける。作品が時間の経過のなかでその物質的構造にこうむる変化にしても、また、場合によって起こりうる所有関係の交替にしても、その歴史の一部分である。物質的構造の変化の痕跡を辿るには、化学的あるいは物理学的な分析に頼らざるをえないが、このような分析は複製には適用できない。所有関係の変遷の痕跡を造ることは、いわば伝統の道筋を対象とすることになるが、これを追跡するには、オリジナルがまず存在した場所から出発せざるをえない。

オリジナルが、いま、ここに在るという事実が、その真正性の概念を形成する。そして他方、それが真正であるということにもとづいて、それを現在まで同一のものとして伝えてきたとする、伝統の概念が成り立っている。真正性の全領域は複製技術を――のみならず、むろん複製の可能性そのものを――排除している。しかし、偽造品という烙印が押されるのが通例の手製の複製にたいしては、真正のものはその権威を完全に保持するとはいえ、技術による複製にたいしては、そうは問屋が卸さない。その理由は二つある。第一に、技術による複製はオリジナルにたいして、手製の複製よりも明らかに自立性をもっている。たとえば写真による複製は、位置を変えて視点を自由に選択できるレンズにだけは映っても人間の目には映らない眺めを、オリジナルから抽出して強調することができる。あるいはまた、引き伸ばしや高速度撮影の特殊な手法の助けを借りて、普通の目では絶対に捉えられない映像を、定着することもできる。これが第一点。加えて、技術による複製は第二に、オリジナルの模像を、オリジナル自体にかんしては想像も及ばぬ場所へ、運びこむことができる。何よりもそれは、写真のかたちでであれディスクのかたちでであれ、オリジナルを受け手に近づけることができる。大寺院もその場所を離れて、芸術愛好家のアトリエに受け入れられるようになり、大ホールや野外で歌われた合唱作品も、室内で聴かれるようになる。

ところで、このような状況の変化は、芸術作品の存立に手を触れるものではないかもしれない――が、ともかく作品が、いま、ここに在るということの価値だけは、低下させてしまう。このことは、たとえば映画において観衆の眼前をよぎる風景についてもいえることであって、芸術作品についてだけいえることとは違うけれども、それでもこの過程は、作品のもっとも敏感な核心に触れてゆく。自然物にはそれほど傷つきやすい核心はない。その核心とは、作品の真正性だ。ある事物の真正性は、その事物において根源から伝えられうるものの総体であって、それが物質的に存続していること、それが歴史の証人となっていることなどを含む。歴史の証人となっていることは、物質的に存続していることに［A］しているから、この存続という根拠が奪われている複製にあっては、歴史の証人となる能力もあやふやになる。たとえ、あやふやになるのがこの能力だけだとしても、でもこうして揺らぐものこそ、事物の権威、事物に伝えられている重みにほかならない。

この権威、この伝えられた重みを、アウラという概念に総括して、[1]複製技術時代の芸術作品において滅びてゆくものは作品のアウラである、ということができる。この成りゆきはひとつの徴候であり、この成りゆきのはらむ意味は、芸術の分野よりはるかに広い範囲に及ぶ。一般論として定式化できることだが、複製技術は複製されたものを、伝統の領域から切り離してしまうのである。複製を大量生産することによってこの技術は、作品の一回限りの出現の代わりに、大量の出現をもたらす。そして受け手がそのつどの状況のなかで作品に近づくことを可能にすることによって、複製された作品にアクチュアリティーを［B］する。伝えられてきた作品は、この二つの過程をつうじて、激しく揺さぶられる。伝統の［C］というこの事態は、人類の現在の危機と、新生と、表裏をなす事態であって、この二つの過程は、こんにちの大衆運動ときわめて密接に関連している。この点をもっとも強力に代表するものが映画だ。映画の社会的な重要性は、そのもっとも現状肯定的な形態においてすら、いや、まさにこの形態においてこそ、その破壊的な側面、カタルシス的な側面を抜きにしては、考えることができない。文化遺産における伝統的価値を、それはきれいに清算している。こういう現象は、歴史を扱った大規模な映画においていちばん具体的に見てとれるが、いまやますます広範に、さまざまな戦略地点を、自己の領域へ取りこんでいる。だからアベル・ガンスが一九二七年に、『シェイクスピア、レンブラント、ベートーヴェンが映画になるだろう。……あらゆる伝説や神話が、あらゆる宗祖が、のみならずあらゆる宗教が……画面によみがえるのを待っているし、門前には英雄たちがひしめき合っている」、と熱狂的な声をあげたとすれば、かれは、自覚せずにだったかもしれないが、全般的な清算へ向かって、ひとびとを招いていたわけである。

歴史の広大な時空間のなかでは、人間の集団の存在様式が総体的に変化するにつれて、人間の知覚の在りかたも変わる。人間の知覚が組織されている在りかた――知覚を生じさせるメディア――は、自然の諸条件に制約されているだけでなく、歴史の諸条件にも制約されている。ローマ時代後期の工芸や、いまヴィーンにある密画を成立させた、あの民族大移動の時代は、たんに古典古代とは別の芸術をもっていただけではなくて、別の知覚をももっていた。このローマ時代後期の芸術が古典古代の伝統の重みのもとに①マイボツしてしまっていたとき、その伝統の重みに抗したヴィーン学派の学者たち、リーグルやヴィックホフは、初めて、この芸術が意義をもった時代の知覚がどう組織されていたかを、この芸術から推理する、という考えに［D］している。かれらの認識の射程はじつに大きかったが、それにも限界はあった。つまりこの学者たちは、ローマ時代後期の知覚に特有だった形式的な特色を、指摘するだけで満足してしまったのだ。この知覚の変化のなかに表出されていた社会的変動を、かれらは明示しようとは試みなかった――というか、おそらく、もともとそんなことは思いのほかだった。現在では、しかるべき洞察への諸条件は、ずっと整ってきている。知覚のメディアの変化に現に立ち会っているぼくらは、この変化がアウラの凋落[i]として把握されるとき、この凋落の社会的な諸条件を示すことができる。

いったいアウラとは何か？　時間と空間とが独特に縺《もつ》れ合ってひとつになったものであって、どんなに近くにあってもはるかな、一回限りの現象である。ある夏の午後、ゆったりと憩いながら、地平に横たわる山脈なり、憩う者に影を投げかけてくる木の枝なりを、目で追うこと――これが、その山脈なり枝なりのアウラを、呼吸することにほかならない。この描写を手がかりとすれば、[2]アウラの現在の凋落の社会的条件は、たやすく見てとれよう。この凋落は二つの事情にもとづいている。そしていずれの事情も、大衆がしだいに増加してきて、大衆運動が強まってきていることと、関連がある。すなわち、現代の大衆は、事物を自分に「近づける」ことをきわめて情熱的な関心事としているとともに、あらゆる事象の複製を手中にすることをつうじて、事象の一回性を克服しようとする傾向をもっている。対象をすぐ身近に、映像のかたちで、むしろ模像・複製のかたちで、捉えようとする欲求は、日ごとに[ii]否みがたく強くなっている。この場合、写真入り新聞や週間ニュース映画が用意する複製が、絵画や彫刻とは異なることは、②ミマガいようがない。一回性と耐久性が、絵画や彫刻において密接に絡まり合っているとすれば、複製においては、一時性と反復性が同様に絡まり合っている。対象からその[iii]蔽いを剥ぎ取り、アウラを崩壊させることは、「[3]世界における平等への感覚」を大いに発達させた現代の知覚の特徴であって、この知覚は複製を手段として、一回限りのものからも平等のものを奪い取るのだ。このようにして視覚の領域で起こってきていることは、理論の領域で統計の意義がしだいに顕著になってきていることに、ひとしい。大衆にリアリティーを適合させ、リアリティーに大衆を適合させてゆく過程は、思考にとっても視覚にとっても、限りなく重要な意味をもっている。

（ヴァルター・ベンヤミン／野村修訳『複製技術時代の芸術作品』〈『ベンヤミン「複製技術時代の芸術作品」精読』所収〉）

【二】

「複製技術」というパラダイムについてベンヤミンはどのように考えていたか？

　ベンヤミンは芸術の複製を歴史的に③ソビョウする。複製は今に始まったことではない。人間の作ったものは常に「模倣可能」であった。師匠の作品を真似ることは弟子にとっては修行になったし、ときには師匠の作品の普及、あるいは別人の利益にもなった。ベンヤミンは4そのような複製に関心があったわけではない。それに比べると（　a　）あたらしい、技術的に（メカニカルに）芸術作品を複製することが興味の対象だった。

　複製技術は歴史的にかなりの時間がかかりながら、断続的に進んでいった。まず木版、それから中世のあいだに彫刻銅版画と④フショク銅版画、やがて印刷術によって文字も複製可能になった。十九世紀にはこれに石版画がつけくわわった。これらのうち印刷術の影響は見逃せない。手写本から印刷本への発達は読書の経験そのものを拡大した。しかしなによりも現在への認識から始め、世界史的な尺度で考察しようとしているベンヤミンにとっては、印刷術が文学や読書に呼び覚ました影響も、たしかに重要なものではあるが、（　b　）「ひとつの特殊な例」にすぎなかった。

　彼にとって興味があったのは複製という技術的パラダイムが人間の歴史になにをもたらしたかである。すばやくイメージをつくり、流通させうる石版画の社会的影響は大きかったが、まもなく写真に追い越されてしまう。複製技術のなかで、写真は決定的な段階を画したものだった。写真は、はじめてイメージの制作を手から解放した。手で描くより、5眼＝レンズで見る方が対象をすばやく捉え、しかも自動的に画像化できる。

　技術的パラダイムは、どんな場合でもまだ実現しないものの可能性を含んでいる。その可能性がなんであったかは後の出来事が起こってからはじめてわかってくる。ベンヤミンが「石版画が絵入り新聞の可能性を秘めていたとすれば、写真はトーキーの可能性を秘めていたわけだ」と述べているのは、パラダイムとしての6複製技術の可能性が次第にわかってくる過程を示していたのである。写真の歴史のなかでも、まだフィルムの感度が低くて、とても動いているものを映像化できない時代（　Ⅰ　）、動いているようなポーズをさせてスタジオで撮影するということが起こっていたし、さらにマイブリッジやマーレイらが、連続写真によって動きを分析的に撮影するようになっていた。映画がそこから生じるのはもう時間の問題であった。

ベンヤミンが複製技術というパラダイムをとりあげたことは、その後の複製技術の進展を考えると、軽い驚きを覚える。（　c　）ベンヤミンはエレクトロニクスや遺伝子の問題は知る由もなかったが、複製はついに生命にまで到達しようとしている。ベンヤミンがそうしたことまでわかっていなかったのは当然である。しかし複製技術がいつか人間の歴史を揺るがせることまでは感じとっていた。彼はその時代の最新の芸術である映画までの芸術としての可能性を論じたのである。

ベンヤミンの立てた問題は、複製技術の出現を含んだ社会に、従来の芸術がおかれるとどうなるか？　であった。

……一九〇〇年を画期として複製技術は、在来の芸術作品の総体を対象とすることにより、芸術作品の影響力に深刻きわまる変化を生じさせる水準にまで、到達したのだが、ことはそれだけでは済まず、芸術家たちの行動のさまざまな在りかたのうちにも、複製技術はそれ自体、独自の場を確保する水準にまで、到達したのである。この水準を探究するためには、その二つの異なった発現形態——芸術作品の複製と、映画芸術と——が、従来の形態の芸術にどのような逆作用を及ぼしているかを、明らかにすることが、何より役立つにちがいない。

（『複製技術時代の芸術作品』）

複製技術から従来の芸術への逆作用を調べるには「二つの異なった発現形態」つまり芸術作品の複製と映画芸術がある。映画芸術については後半で論じるが、芸術作品の複製は、すでに十九世紀の半ばの写真の初期には行われていた。写真家シャルル・マルヴィルはルーヴルの芸術作品を撮影していた。写真家シャルル・ネーグルは中世の建築の遺跡を記録して歩いた。多少⑤コッケイに思えるだろうが、芸術作品を撮影した写真も芸術作品であるかのように扱われ、展示されることもあった。その後、複製技術も印刷技術も飛躍的に発達し、画集、写真集はおびただしく社会に⑥ハンランするようになった。それにたいして（　d　）誰も違和感を感じなくなった。アンドレ・マルロー（　Ⅱ　）『想像の美術館』といわしめる状態が生じた。しかしベンヤミンの追究は何が芸術に生じたか、だった。

（多木浩二『ベンヤミン「複製技術時代の芸術作品」精読』より）

【三】

20世紀に我々の周囲に生まれた複製装置は、どれも人間の感覚器の解像度を基準にして作られています。例えば、最近のアニメやゲームのビジュアル表現におけるコマ送りは、24―60ｆｐｓが基本となっています。これは人間の目が、連続した画像の連なりを映像と［　α　］覚するときの基準が、1秒に24―60回程度の書き換えだからです。この数字に従って動画を作れば、滑らかに動いているように見えるのです。音についても同様で、約40ｋＨｚ程度のサンプリング周波数があれば、人間の可聴域である約20ｋＨｚの音は充分に再生可能です。

このように私たちを取り巻くメディアは、人間の感覚器がギリギリ違和感なく感じ取れる範囲に表現のⅳ閾値を設定することで、できるだけ低いコストで情報を複製してきたのです。

「アナログにはデジタルにはない生々しさがある」とは、その過程でバッサリと切り捨てられた要素の中に、人間の感覚器官にとって重要な部分が含まれていた可能性があるという指摘です。例えば、低音の周波数が生み出す空気の揺れなどは、まさしくそういうものかもしれません。

しかしそれは、単純に周波数をもっと上げられるようになれば解決する問題です。それよりも重要なのは、そういう話ですらも結局は「人間中心主義のメディア意識」を脱却できていないことです。つまり、今のメディア装置というのはほぼ人間の感覚器の写像いわば人の生首を裏返しにして置いたものでしかないのです。

では、人間中心主義では「ない」メディア意識とはどんなものでしょうか。

それを示唆するＭＩＴの研究があります。２００００Ｈｚ(20ｋＨｚ)の時間解像度のカメラを用いて、ビデオの映像からその場に流れている音を復元する研究です。ちなみに、一般的なカメラの時間解像度は60Ｈｚですから、ざっと３３３倍の解像度を持っていることになります。彼らが開発したアルゴリズムを用いると、画面のフレームごとに含まれるわずかな差分をフィルタリングして積分し、動きの変化を拡大させて捉えられるようになります。例えばＢＧＭが流れている部屋で、その音が部屋にある観葉植物をわずかに振動させている様子をビデオカメラで撮影すれば、マイクを使わずに［　Ｘ　］できてしまうのです。

繰り返しますが、人間の感覚にとって意味のある時間解像度の周波数は、あくまでも２００００Ｈｚの１／３３３である60Ｈｚしかないので、このビデオカメラが捉えた映像は、人間が眺めても何の意味もありません。しかし、モノの世界では人間の知覚できない領域において、モノ同士が互いに影響を及ぼし合っており、超高解像度のカメラを用いるとその影響関係を解析できるのです。

人間の身体的な解像度を超えた領域にまでメディアの性能を引き上げると、とたんにこういう不思議な現象が起きるようになります。

少し専門的な言い方をすると、これは光の電磁場から与えられる情報に、音波の場による影響が含まれており、人間のスケールを超えたセンサーでそれを検出した、とも言えます。一方で、僕が研究しているのは、主に音波と光の場です。先ほどは視覚情報から音を復元する例を挙げましたが、逆に音によって物体を動かしたり視覚的に観察可能なディスプレイを構築できるというのが、僕のここ数年の研究テーマです。

光が影響するのは視覚、音が影響するのは聴覚、という区別は「映像の世紀」以前の、「人間中心主義のメディア観」の時代の発想です。それに対して僕が夢見ているのは、「音が再生される光プロジェクター」や、「音が聞こえてくる触覚ディスプレイ」といった、人間の感覚の境界を飛び越えたメディアです。つまり、一度人間の感覚器の写像によって縛られた制限を取り払うことで他に見えてくるものは何かという問題提起です。

また、ここから「映像の世紀」とはどういう時代だったのかも明確になります。それは映画館の大きな画面でイメージを共有するという行為に象徴される時代でした。テレビが家庭に普及してビデオで映像が見られるようになっても、本質は変わりません。そこでは結局、2次元の視覚イメージを共有することで、人々が連帯していたからです。しかし、これまでの話からわかるように、通常の映像などの2次元の視覚イメージは、記録メディアの空間方向の解像度を低くせざるをえない状況で生まれた不完全な表現にすぎません。そもそもフレームレートの問題以前に、立体をそのまま記録できない時点で解像度はだいぶ下がっているのです。

20世紀は低解像度に限定された視覚イメージの中で、マスメディア上の様々な現象が生まれてきた時代です。それは聴覚においても変わりません。

私たちはCDやレコードのような低解像度のメディアを前提にして、様々なものを記録してきました。20世紀の文化とは、人類が記録メディアとその複製技術を手にしたものの、技術的な制約から人間の感覚器の写像程度の低解像度のテクノロジーに最適化する形で生み出されたとも言えます。

しかし、これからは違います。従来よりも遥かに高い解像度のメディアを我々は手にしており、再生装置の原理も大きく変化しています。[7]「人間中心のメディア装置」という足枷が、ついに破壊されつつあるのです。

高い解像度の世界で起きていることを、もう少し丁寧に考えてみましょう。

前章で登場した「コンピューテーショナル・フィールド」の考え方を導入します。この「場」の考え方を用いることで、複数の場が作用するポテンシャルの分布を記述できるようになります。つまり、人間の感覚に作用する現象がどのように生じうるかを、複数の感覚器にまたがって提示できるようになるのです。

これは複数の物理現象を混在させることを考える上で、とても役に立ちます。例えば、僕が最近作った『Fairy Lights in Femtoseconds』という装置があります。フェムト秒(10の−15乗秒)の単位でプラズマを発生させて、それでホログラフィックな合成を行い空中に輝点を浮かせて制御するというものです。

このプラズマという現象は本来とても危険なもので、人間がそのまま触ると激しく身体を傷つけるような感電や火傷を引き起こしてしまいます。しかし、フェムト秒であれば、〝プラズマの触り心地〟を確かめることが可能になります。従来のメディア装置の発想では視覚に属するとされてきた光が、プラズマの場に浮かび上がることで位置とエネルギーを制御されて、[β]覚的に体験できるのです。

ここではもはや光が視覚に、音が聴覚に対応するような単純な関係ではなくなっていることに注意してください。人間の感覚器の解像度を超えた範囲で音や光を扱うと、物理量の異なる場を重ね合わせて制御された現象から、新しい感覚を味わえるようになるのです。

僕がこういった作品で目指していること——それは、人間の感覚器の解像度に合わせて作られた従来のメディアの定義を、物理現象の本質に遡ることで、新しい定義へと更新することです。それは、場と場の間に人間の感覚器の制約を介在させないメディア装置の発明とも言えるでしょう。

ここに重要な視点があります。つまり、私たちの感覚器程度の解像度にすぎない領域からコンピュータを解放することで、物質が本来持っている性質が再現可能になるということです。

この超高解像度の世界では、光が音の表現に作用したり、音が光の表現に作用したりします。正確には、そもそも自然界はそのようにできているのに、単に私たちが自分たちの感覚器官の解像度にメディアの再現性を押し込めて、その領域を切り捨ててきただけなのです。したがって、この領域におけるコンピュータの制御は、物質世界そのもののプログラミングに近づいていきます。前に紹介したコロイドディスプレイや、音の超音波振動によって光の視覚質感を再現する装置などは、この考え方に連なるものです。

「映像の世紀」とは、人間に指針を合わせてメディアを設計する時代でした。しかし、「魔法の世紀」では人間の感覚を超越した設計を行うことで、メディアが物質世界自体をプログラミングできるようになります。そして僕は、8コンピュータが制御するモノとモノ、あるいは場と場の新しい相互関係によって作られ、人間とコンピュータの区別なくそれらが一体として存在すると考える新しい自然観そしてその性質を「デジタルネイチャー」と呼んでいます。

（落合陽一『魔法の世紀』より。ただし、設問の都合上、一部改めた）

＊前章で登場した「コンピューテーショナル・フィールド」…物体と人間の二分法に立たず、人間も含む物体と情報をコンピュータによって一元的に記述することで、現実空間を「場」として捉える考え方。

＊前に紹介したコロイドディスプレイ……………筆者のメディアアート作品の一つ。シャボン玉に超音波を当てることで、本来は光が透過する透明な表面に映像が映るようにしてある。コンピューテーショナル・フィールドの考え方を応用した新しいメディア装置の実験的作品。

問一　本文【二】及び【三】中の波線部①～⑥のカタカナを漢字に改めなさい。

問二　本文【二】及び【三】中の二重線部ⅰ～ⅳの漢字の読みを、ひらがなで書きなさい。

問三　本文【二】中の空欄［A］～［D］に当てはまる語として最も適当なものを次のア～エから一つずつ選び、それぞれ記号で書きなさい。

ア　付与　　イ　想到　　ウ　震撼　　エ　依拠

問四　本文【二】中の傍線部1「複製技術時代の芸術作品において滅びてゆくものは作品のアウラである」とあるが、本文【二】でベンヤミンは「複製技術」が「芸術作品」をどのように変えると述べているか。「アウラ」という語を用いずに八十字以内で説明しなさい。

問五　本文【二】中の傍線部2「アウラの現在の凋落の社会的条件」として、本文【二】では二つ挙げられている。それぞれ「～こと」に続く形で端的に書きなさい。（順不同）

問六　本文【二】中の傍線部3「世界における平等への感覚」に関連して、本文【三】では、「映像の世紀（20世紀）」に視覚の領域で起こったことを、二十一世紀の視点からどのように捉えなおしているか。それを端的に述べている箇所を本文【三】中から二十八字で抜き出し、その最初と最後の五字をそれぞれ書きなさい。

問七　本文【三】中の傍線部4「そのような複製」を端的に言い換えた表現を本文【一】中から探し、五字で書きなさい。

問八　本文【三】中の空欄（　a　）～（　d　）に当てはまる語として最も適当なものを次のア～エから一つずつ選び、それぞれ記号で書きなさい。

ア　もちろん　　イ　たんに　　ウ　もはや　　エ　はるかに

問九　本文【三】中の傍線部5「眼＝レンズで見る方が対象をすばやく捉え、しかも自動的に画像化できる」とあるが、本文【一】では、「写真」ができることについて具体的にどのように述べられているか。最も適当な二文連続の箇所を見つけ、一文目の最初の五字を書きなさい。

問十　本文【三】中の傍線部6「複製技術の可能性が次第にわかってくる過程」とあるが、本文【三】では、「魔法の世紀」において、どのような「複製装置」あるいは「メディア装置」によって、どのような体験ができるようになりつつあると述べられているか。六十字以内で説明しなさい。

問十一　本文【三】中の空欄（　Ⅰ　）及び（　Ⅱ　）に当てはまる最も適当な表現を、それぞれひらがな三字で書きなさい。

問十二　本文【三】中の空欄 α 及び β に当てはまる最も適当な語をそれぞれ漢字一字で書きなさい。

問十三　本文【三】中の空欄（　X　）にはどのような表現が入ると考えられるか。空欄前後をよく読み、八字以上十二字以内で書きなさい。

問十四　本文【三】中の傍線部７「『人間中心のメディア装置』という足枷が、ついに破壊されつつある」とあるが、こうした状況を予見したような表現を本文【二】中から探すとすればどの箇所が最も適当か。二十字以内で抜き出して書きなさい。
問十五　本文【三】中の傍線部８「コンピュータが制御するモノとモノ、あるいは場と場の新しい相互関係によって作られ、人間とコンピュータの区別なくそれらが一体として存在すると考える新しい自然観」とあるが、なぜこのような考え方を「自然観」と呼べるのか、六十字以内で説明しなさい。
問十六　「複製技術」あるいは「複製装置」の進展の捉え方に関して、ベンヤミンと落合の姿勢に共通点があるとすれば、それはどのような点だと考えられるか。四十字以内で説明しなさい。

（☆☆☆◎◎◎）

解答・解説

【中高共通】

【一】問一　a　堪(えない)　b　度量衡　c　危惧　d　戦慄(する)　問二　Ⅰ　主流　Ⅱ　類推
問三　エ　問四　文芸翻訳においては原文の持つ文体や味わいといった作家の個性を生かすべきなのに、その価値を損なう手段を選んでいるから。(五十八字)　問五　粘っこ(さ)・しつこ(さ)(順不同)
問六　①　わかりやすい　②　歯ごたえ(の／が)ある　問七　①　冒頭の一文の訳が、その作品やその作家の将来を決定づける可能性もあること。(三十六字)　②　最も単純な言い方だからこそ最も衝撃が伝わる原文の特徴を何とか訳出したかったこと。(四十字)　問八　銃弾がある

〈解説〉問一　b　「度量衡」とは長さ、容積、重さを測る単位のこと。　問二　Ⅰ　「多数派」に近い意味の二字熟語が当てはまる。　問三　「案配」は物事の調子や加減を意味する。　Ⅱ　「似ている点をもとにして他のことを推し量ること」を意味する二字熟語が当てはまる。　問四　傍線部2の前の段落に着目する。長い原文を二文に分けて翻訳するとわかりやすくはなるが、「流れをぶち切ることで多くのものが失われる」ことを翻訳家は意識していなくてはならないのである。　問五　空欄直後の第十三段落冒頭に「逆に」とあるので、空欄を含む部分は、第十三段落の「文章」と対極にある「一文が長く、もってまわったかのような言いまわしを個性とする作家」の文章(第十段落)について述べられていることがわかる。「一文が長い」「もってまわったかのような」を表現する形容詞を考える。　問六　第十段落で、文芸翻訳では、「複雑な構造の長い英文」は「いくつかに分けて訳せばわかりやすくなる」が、安易に「流れをぶち切ることで多くのものが失われる」とある。なぜなら、「文体や味わい、歯応えや歯切れは、わかりやすさと同等の価値を持っているはずだ」からだと筆者は述べている。筆者は翻訳作業において、作者の「歯応え」ある文章と読者への「わかりやすさ」のはざまで四苦八苦しているのである。　問七　①　「どんな訳者でも～」で始まる段落に「一般的な理由」が述べられている。　②　「恐怖や衝撃というものは～」で始まる段落に、この作品ならではの「個別的な理由」が述べられている。　問八　「(～て)いる」「(～た)まま」は、ある状態が存続していることを意味する。これでも間違いではないが、単純に「ある」と言い切った方が「銃弾がまさに存在する」という事実が強調されて衝撃を生むと筆者は考えている。

【二】問一　ア　問二　A　イ　B　エ　C　ア　問三　息子と幽霊の父親の初対面という特異な場面であれば緊張するのが当然なのに、まったくその感覚がないから。　問四　幽霊が父親であるという状況を自然なことと受け容れつつあるという変化(三十三字)　問五　突然ふりかかった責任に戸惑いつつも、母親のためになにかしなければという気持ち。　問六　息子が頼りない母親を支えられる一人前の男に成長した以上、幽霊の自分は去るほうが自然だと考えたから。　問七　ウ

〈解説〉問一　草之丞が幽霊であること、自分の父親でもあること、母親が彼から支援を受けていたこと、母親が彼の供養を欠かさないことを「僕」はこの時初めて知り、どれも「絶句」せずにいられないことばかりである。それと比べれば母が時代劇に出る女優だったことなど、たとえ知らなかったとしてもたいしたことではないと判断できる。　問二　A「肩をいか(怒)らせる」とは、肩を高く張った様子。相手を威圧する姿勢として用いられるが、この場合は「緊張している」ために力が入りすぎていると考えられる。　B「つっけんどん」は愛想がない様子。「やぶからぼうに」話しかけられて「あわてて」答えたので、無愛想になってしまったのである。　C「観念する」とは、覚悟すること、状況を受け容れること。　問三　親子の初対面、まして父親がさむらいの幽霊という異常な場面なのに、硬くなっている二人を見て「ふしぎそうに」している母親の無邪気さにあきれている。　問四　幽霊の草之丞を「家族」として当たり前に受け容れるようになった様子がうかがえる。　問五　ここでの「〜てみる」は、ためしに〜するという意味。突然「れいこさんは、風太郎にまかせる」と言い渡され、どうしていいのかわからなかったが、とりあえず母を力づけようとしたのである。　問六「僕」が十三歳だと聞いた草之丞は「もう一人前の男だな」と言っている。息子が母親を支えられるまでに成長したと考え「もう、私は必要ない」と判断したと考えられる。　問七　さむらいの幽霊が父親として現れるという奇想天外な物語を、一緒に風呂に入ったりクリスマスを祝ったりという日常生活を交えて描くこ

とで、異常さより家族のぬくもりを感じさせる話として成立させている。

【三】問一 (活用形、意味の順) a 連体形、エ　b 終止形、キ　c 終止形、ウ　d 連用形、オ

問二 (種類、敬意の順) i 謙譲語、オからエへ　ii 尊敬語、アからイへ　iii 謙譲語、イからアへ

問三

まかで／な（強意「ぬ」未然形）／ん（意志「ん」終止形）／と／し／たまふ／を、

問四　このごろ、桐壺更衣が病気がちなのは普通のことになっていたため。　問五　イ　問六　同音異義の「行か」と「生か」を掛けている。　問七　帝は、どうなろうとも桐壺更衣の行く末を見届けなさりたいとお思いになるが、

問八　いっそ帝のご寵愛をいただかなければよかったのに。(二十四字)

〈解説〉問一　a　打消の助動詞「ず」の連体形。　b　打消推量の助動詞「じ」の終止形。　c　過去・詠嘆の助動詞「けり」の終止形。ここでは詠嘆の意味。　d　使役・尊敬の助動詞「さす」の連用形。ここでは使役の意味。　問二　i　病で里下りすることになった更衣が宮中に「皇子をお留め申し上げて」いる。地の文にあるので筆者からの敬意。　ii　帝が更衣に「約束なさったのに」と訴えている。　iii　更衣が帝に「このようになると思い申し上げておりましたならば」と訴えている。　問三　この場合の「なん(なむ)」は強意の助動詞「ぬ」の未然形「な」に、意志の助動詞「む(ん)」がついたもので、強い意志を意味する。　問四　直前に注目。数年来、更衣の「あつしさ(病気)」はいつものことになっていたので、帝も慣れてしまっていてたいしたことだと思わなかったのである。　問五　宮中で死ぬのは不祥事とされたため、皇子を残してこっそり宮中を出たのである。　問六　「道を行く」と「命を生く(生きる)」の掛詞。　問七　主語は帝。苦しそうな更衣の様子を見て、いっそ最期まで見届けたいと思ったのである。　問八　「こんなことになるとわかっていた

ら(いっそ愛されない方がよかったのに)」と解釈できる。

【四】問一　a　いかん　b　ゆえん　c　すなわち　問二　未だ嘗て身(の)治まりて國(の)乱るる者を聞かず、　問三　未嘗聞身乱而國治者　問四　①　本…身に徳が備わっていること　末…国の統治がうまくいくこと　②　あえてこたうるにすえをもってせず。」と。　問五　①　寡人　②　臣

〈解説〉問一　a　「柰何」は、「…(を)どうするか。どうしようか。」などと訳し、手段や方法を問う語。b　「所以」は「理由、いわれ」などの意味。　c　「すなわ(ち)」と読む漢字には、「即」「則」などもある。問二　「未」は「いまダ〜ず」と読む再読文字。　問三　「身が治まっているのに国が乱れている者はおらず、身が乱れているのに国が治まっている者はいない」と、直前の傍線部1の部分と対になっている。問四　①　詹何は一行目で「身の治め方は知っているが、国の治め方は知らない」と言い、傍線部2で「根本は身にあるが、末節についてはあえて答えますまい」としている。「本」「末」がそれぞれ何に対応しているかを考える。　②　一行目で「對」を「こたヘテ」と読んでいるのがヒント。　問五　「寡人」は徳が少ない人という意味で、王侯の用いる一人称。「臣」は家来が主君に対して用いる一人称。

【高等学校】

【一】問一　①　埋没　②　見紛(い)　③　素描　④　腐食(蝕)　⑤　滑稽　⑥　氾濫
問二　i　ちょうらく　ii　いな(み)　iii　おお(い)　iv　いきち　問三　A　エ　B　ア
C　ウ　D　イ　問四　複製技術は複製を大量生産することで作品の大量の出現をもたらし、受け手がそのつどの状況のなかで作品に近づくことを可能にすることで、芸術作品の真正性を失わせる。(七十八字)
問五　・大衆が、事物を自分に「近づける」ことを情熱的な関心事としている(こと)　・大衆が、複製によ

ってあらゆる事象の一回性を克服したがる傾向をもっている(こと)　問六　2次元の視～帯していた
問七　手製の複製　問八　a　エ　b　イ　c　ア　d　ウ　問九　たとえば写　問十　人間の感覚器官よりも遥かに高い解像度のメディア装置による、光は視覚、音は聴覚といった人間の感覚の境界を越えた体験。(五十七字)　問十一　Ⅰ　でさえ　Ⅱ　をして　問十二　α　錯　β　触　問十三　その振動からBGMを再現(十二字)　問十四　複製技術がいつか人間の歴史を揺るがせる(十九字)
問十五　自然界はそもそも人間の感覚器官の解像度を越えた領域を有しているが、コンピュータによってその境界を捉えることができるから。(六十字)　問十六　複製技術の進展がもたらす変化を否定せず、その可能性を興味をもって探求している点。(四十字)

〈解説〉問一　①　形の似た「理」に注意。　②　形の似た「粉」に注意。　③　「素描」とはデッサン(下書き)を指す。　④　銅板を版材とする銅版画のうち、銅板に直接彫刻するものを彫刻銅版画、溶液を利用して製版するものを腐食銅版画という。　⑤　「稽」の字のつくりに注意して書く。　⑥　「氾濫」はここでは、事物がいっぱいに出回ることを意味する。　問二　i　「凋落」は衰えること、落ちぶれること、という意味。
ii　「否む」は断る、否定するという意味。　iii　「蔽」の音読みは「ヘイ」で、「遮蔽」などの熟語がある。
iv　「閾値」とは、境界となる値のこと。「しきいち」とも読む。　問三　A　「依拠」はよりどころ。
B　「付与」は授け与えること。　C　「震撼」はふるい動かすこと。　D　「想到」は考えた結果そこに行き着くこと。　問四　傍線部1と同じ段落の前半に着目する。　問五　傍線部2の後に「この凋落は二つの事情にもとづいている。そしていずれの事情も～すなわち、」とある。それ以降の文から端的にまとめる。
問六　【三】の中頃の「また、ここから『映像の世紀』とはどういう時代だったのかも明確になります。」で始まる段落で述べられている。　問七　【二】における「そのような複製」とは「模倣可能」なものであり、【一】

の第二段落「(偽造品という烙印が押されるのが通例の)手製の複製」に通じる。　問八　ア　「言うまでもなく」と同義。　イ　「たんに〜にすぎない」という形でよく用いられる。　ウ　「いまや」「すでに」と同義。エ　「ずっと」と同義。　問九　【一】の第二段落中頃の「たとえば写真による複製は」で始まる二文で、写真の利点について詳しく述べている。　問十　【三】は、「人間の感覚器の解像度に合わせた従来のメディア」から一転、「光が視覚に、音が聴覚に対応するような単純な関係ではなくなっている」ことを繰り返し論じている。これらの語句を用いてまとめる。　問十一　Ⅰ　「でも」「にもかかわらず」と同義の言葉を三字で考える。Ⅱ　「〜をして…しむ」は、〜に…させる、という意味。　問十二　α　「画像の連なりを映像と勘違いする」に当たる熟語を考える。　β　同じ文中の「触り心地」という語句に着目する。　問十三　同じ段落で「ビデオの映像からその場に流れている音を復元する研究」について説明している。これを空欄と同じ文章の「BGM」「観葉植物」「振動」に当てはめて考える。　問十四　【二】では、複製技術が進展した結果どうなるかについて、「ベンヤミンが複製技術という〜」で始まる段落で述べられている。　問十五　直前の段落に注目して「自然界」「感覚器官」「コンピュータ」と言った言葉を中心にまとめるとよい。　問十六　ベンヤミンは技術的に(メカニカルに)芸術作品を複製することに関心を示し、複製技術の可能性を論じた。落合は複製技術の進化によって、人間の解像度を越えた領域の再現が可能になると述べている。どちらも複製技術を肯定し、その将来に期待している点で共通している。

二〇一九年度 実施問題

【中高共通】

【一】次の文章を読んで、後の問いに答えなさい。

*シャルル・ボードレールが初めて*テオフィル・ゴーチエを訪問した時のことである。まだ無名の青年だった彼がこの大家からだしぬけに受けた質問はこうであった。

——君は辞書を読みますかね。

未来の世界的詩人は臆するところなく答えた。

——私は悦んでそれを読みます。

この答えは非常にゴーチエの気に入った。爾来この両人の間には親しい友情が成り立つのであって、後年ボードレールが詩集『悪の華』を物々しい献詞を添えてゴーチエに贈るに至ったことは、人の[a]普く知るところである。

『悪の華』の詩人によって「非の打ちどころなき詩人」「フランス語の完全なる魔法使」と称えられたゴーチエは、実に辞書のこの上なき愛読者だったのである。彼の詩や小説に現われている巧みなる言葉の駆使と語彙の豊富は、[1]彼はこれを全く辞書の愛に負うている。彼は辞書を読むことを無上の快楽として見出し、あらゆる種類の語彙を味わい試して、[b]夥しくこれを脳中に貯え、反芻しながらこれを愛撫していた。そうして[c]苟しくも詩人や散文家にして辞書を読むことを楽しみとせざる者は生きるに値しない輩と見なして軽蔑していたのである。

　このゴーチエの辞書の愛は、いま一人のフランスの詩人を想起せしめるであろう。それは偶々このゴーチエから名前の異国的なると響きのよいのとでいたく愛された《Le Samouraï《ル・サムライ》》の詩人*ホセ・マリア・ド・エレディアである。彼も極端な辞書の愛好家であって、その愛は狂癖というに近いほどであった。彼は揚言して言う、私にとっては*ジャン・ニコーの辞書——Trésor de la langue françoiseのことであろうか——を読むことは、*デュマの『三銃士』を読むよりも遥かに多くの愉悦と快楽と感動とを得させてくれると。彼の愛が辞書のみならず、刀剣や甲冑や古い家具等のカタログにまで及び、これを冒険譚や物語にも優して、夜な夜な貪り読んだことは有名なる話である。

（私は日本の詩人のうちにかかる辞書の公言せる愛読者があるかどうかを知らない。しかし『黒衣聖母』と『転身の頌』の詩人*日夏耿之介氏は恐らく私の意味において辞書に親しんでいる詩人ではなかろうか。支那の象形文字に異常な感覚と好尚とを有するらしく思われるこの詩人と漢字典との間の親密な交わりを推測するのは、謬っているだろうか。もし彼が辞書を読むことを愛している詩人だとすれば、私は一人の有力なる私の立場の支持者を増すことになる。）

　私は詩人と言うものが言葉と文字とに対して異常に敏感であり、また病的なほどこれに愛着していることを知っている。更にまたその豊饒にして奔放なる想像力は、一つの言葉や文字にも千の影像を喚び起こし得ることを知っている。彼は常人にとっては殆ど「無」に等しきところにも多くの「有」を生ぜしめ、常人の殆ど何も見ざるところにも多くのものを見る。ホセ・マリア・ド・エレディアが刀剣のカタログの頁の上に一つの古剣の来歴を読んで、これに冒険譚以上の興味と快楽とを感ずるのは、詩人のこの想像力の豊かさと強さとを語るに外ならない。詩人の辞書の愛もまた、詩人特有の「異常」を示すに過ぎないであろうか。

2

いや、そうで

ない。少なくともそれだけではない。詩人の場合は我々の場合の並外れた廓大だと言えるからである。平凡なそして正常な人間にも、辞書を読んでこれを慰みとなすことが出来る証拠には、私がいる。私は私が辞書を面白き読物として見出す理由の二、三を、ここに簡単に書き記して置きたいと思う。

第一には、言葉や文字——支那の象形文字における場合の如く——が形象に外ならぬという平生忘れ勝ちな事実を辞書が興味深く示してくれている点である。言葉はそれに相応する事物に対する、単なる抽象的符牒であるのではない。「すべての人間の言葉は、最初物質的形体に拠って鋳造されたものである。そうしてすべての言葉はそれが新しかった間は、ある感覚し得べき形象を表わしていたのである。およそ、その初めに当たって3形と色と匂いとそして感覚が容赦なしに欺かれるところの幻影《イリュージョン》との世界に属する対象を喚起せしめるものならざる語はない。」人間の語彙はかくして感覚的に生まれついた。その原始の痕跡は語の生存している限り消滅しないであろう。今日、我々はそのもとの形と意味とにおいて必ずしも言葉を使用しているのではない。そこには多くの変転と改易とが、変色と磨滅とがある。しかし我々が深奥な心霊的内容を指示する言葉や高尚にして精妙なる感情を吐露するに用いる言葉や哲学的抽象を表現するに宛てている専門語などが、全然4語彙の持つこの物質主義より脱却しているであろうか。それは疑問である。人は今日種々の宗教上の又は道徳上の観念を現わしている言葉を一瞥するだけで十分であろう。——辞書をd繙くことによって与えられる愉悦の一つは、実に我々が平生使用しまた見聞している言葉の持つ、この忘れられたるあるいは思いも寄らざりし遠い原始の姿や形や色や匂いを啓示してくれることである。そうしてこれは私にはそれほど空しい慰みではないように思われる。

第二に、辞書は我々に言葉や文字のe閲した経歴を窺わせてくれる。これまた我々の限りない悦びである。人間の言語の上には民族的生活のあらゆる相がその烙印を押している。すべての過去の文化の営みが、すべての社会人の人間的活動が次から次へと言語の上に足跡を置いて来た。現代が創り出した僅かな「新造語《ネオロジスム》」néologismeを除けば、歴史を持たざる言葉は殆どないであろう。——我々の辞書はそれの簡潔なmémoireとして、日常我々の親しんでいる言語の一つ一つについて、その感慨深い過去の回想を語り聞かせてくれるのである。忙しい我々に簡単に言葉に対する史的回顧をなさしめてくれるところに、辞書が我々に対して持つ一つの魅力がある。

　しかし辞書を眺める面白さはそれだけに止まらない。辞書はいわば一つの世界である。奇警なる表現を用いて言えばアルファベット順の小宇宙である。そこには殆どあらゆる事物の表現がないであろうか。我々が鳥獣や草木に呼びかけようとするとき、その言葉は既に辞書の中にある。我々が心の悦びや嘆きや悲しみや悩みを言い現わそうとするとき、その言葉も辞書の中にある。人々が恋愛を語らおうとするとき、そのいみじくも愚かなる言葉もまた辞書の中にある。山も河も海も空も都会も田舎も皆辞書の中の言葉でしか我々は言い現わし得ない。すべてが辞書の中にある。ただすべてはいろは順に、アルファベット順に、あるいは字画順に整然と配列されているだけである。それは我々の言葉の総量である。言語の総量とは——我々の思想と感情と生活と体験との表現要素の総量である。これ人が辞書を目して par excellence (特に優れて)に書籍であるとなす所以である。「他のすべての書籍はその中にある、人はこれをそこから引き出して来るだけでよい。」——ここに恐らく辞書がなぜ我々に尽きせぬ娯楽を与え得るかの哲学的(?)説明があるであろう。辞書を眺めることは、一つの宇宙に面することに外ならないのである。ただそれには、人は多少の程度において□を恵まれていなければならぬという条件があるだけである。

　私は耽美者流に対して、辞書が不恰好に太っているのは、それが宇宙を蔵しているためであると言いたい。そうしてこのゆえに5彼が自分の審美感に対して余りに忠実に失しないように諫告するのは、出過ぎたことではないであろう。「辞書は par excellence に書籍である。」書籍の愛好者がこれを尊重し優遇しないのは、私には奇異な手落ちのように思われてならない。

（林達夫「辞書について――『字源』縮刷版の刊行――」〈『林達夫著作集6　書籍の周囲』所収〉より）

＊シャルル・ボードレール……Charles-Pierre Baudelaire（一八二一―六七）。フランスの詩人

＊テオフィル・ゴーチエ……Pierre Jules Théophile Gautier（一八一一―七二）。フランスの詩人・小説家・劇作家。

＊ホセ・マリア・ド・エレディア……Jouse Maria de Heredia（一八四二―一九〇五）。フランスの詩人。スペイン人の父とフランス人の母の間に、キューバで生まれる。

＊ジャン・ニコー……Jean Nicot（一五三〇―一六〇〇）。フランスの学者・外交官。フランス語の辞典を出版した。

＊デュマ……アレクサンドル・デュマ Alexandre Dumas（一八〇二―七〇）。フランスの小説家。

＊日夏耿之介……ひなつこうのすけ（一八九〇―一九七一）。日本の詩人・英文学者。

問一　二重線部 a「普く」 b「夥しく」 c「苟しくも」 d「繙く」 e「閲した」について、読みをひらがなで書きなさい。

問二　傍線部1「彼はこれを全く辞書の愛に負うている。」とは、どういうことか。「これ」の指し示す内容を明らかにして、五十字程度で言い換えなさい。

問三　傍線部2「いや、そうでない。少なくともそれだけでない。」とあるが、筆者はなぜそう考えるのか。簡潔に書きなさい。ただし、「廓大」という語を用いないこと。

問四　傍線部3「形と匂いとそして感覚が容赦なしに欺かれるところの幻影との世界に属する対象を喚起せしめるもの」の箇所の並列関係を示したものとして、最も適当なものを次のア〜オから一つ選び、記号で答えなさい。

ア
形
色
匂い
感覚
―が容赦なしに欺かれるところの幻影との世界に属する対象を喚起せしめるもの

イ
形
色
匂い
感覚が容赦なしに欺かれるところの幻影
―の世界に属する対象を喚起せしめるもの

ウ
形
色
匂い
感覚が容赦なしに欺かれるところの幻影との世界
―に属する対象を喚起せしめるもの

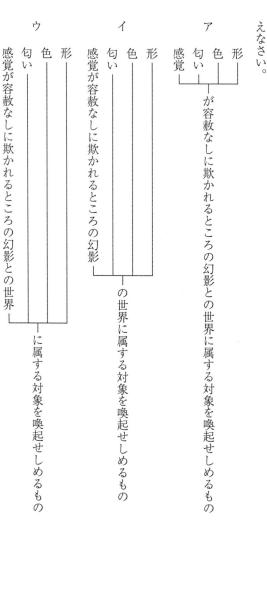

エ　形／色／匂い／感覚が容赦なしに欺かれるところの幻影との世界に属する対象　を喚起せしめるもの

オ　形／色／匂い／感覚が容赦なしに欺かれるところの幻影との世界に属する対象を喚起せしめるもの

問五　傍線部4「語彙の持つこの物質主義」とはどのようなことか。「感覚」という語を用いて四十字以内で説明しなさい。

問六　筆者は、辞書の読物としての第二の魅力として、辞書が我々になにを体験させてくれると述べているか。それを最も端的に表す表現を、本文中から十字で抜き出して書きなさい。

問七　本文中の空欄［　　］に当てはまる語を本文中から三字で抜き出して書きなさい。

問八　傍線部5「彼が自分の審美感に対して余りに忠実に失しないように」とはどのようなことか。最も適当なものを次のア～カから一つ選び、記号で答えなさい。

ア　美しい物を好む人が、辞書の太さを嫌うあまり、その愛嬌のある見た目の魅力を見落とすことがないように

イ　美しい物を好む人が、辞書を読む楽しさを知ることで、その不格好さを批判的に見る姿勢を忘れないように

ウ　美しい物を好む人が、辞書の外見への抵抗感から、その読物としての面白さに気付かないことがないように

エ　書籍を愛する人が、本来の辞書を読む楽しさよりも、その外見の魅力にとらわれてしまうことがないように

オ　書籍を愛する人が、辞書を読む楽しさだけでなく、その見た目の不格好さも含めて愛せるようになるように

カ　書籍を愛する人が、特定の分野の辞書だけを偏愛し、ほかの辞書の魅力を知る機会を失うことがないように

（☆☆◎◎◎）

【二】次の文章を読んで、後の問いに答えなさい。

机に向かうのに飽いたので、縁側から釣り糸を垂らし、何か夕餉の足しになるものが釣れまいかと待ってみる。先だってはウナギが釣れた。久しぶりの晴れ間の心地よさ。1猛然たる睡魔の攻勢に守勢一方の瞼《まぶた》疾《と》く重たげに感じられ、さすがに連日の雨ですぐにからりと晴れ上がるというわけにはいかぬのだろう、心持ち湿り気を含んだ風が、すでに初夏の草いきれのような香を混じらせながら吹いてくる。うとうととその風を感じながら、季節の移ろいの先駆けは、こういう風に乗ってある日突然やってくるのだったと思った。

突然糸を引く手応えがあり、半分寝ぼけながらも慌てて引き上げると、それは、（　A　）子どもの下駄だった。ずいぶん古いもののようだ。*高堂の幼い頃のものかもしれん、と思うと投げ捨てる気にもなれず、庭石

の上にそっと置く。それから、午後和尚の寺へ碁を打ちに行くことにしていたのを思い出し、急ぎ家を出る。

山寺へ行く道を歩いていたら向こうからイシガメがやってきた。2甲羅の大きさは私の広げた掌と同じくらいか。後をついていって小僧の集団に虐められるのを待って救ってやろうかと思うが、私もそういつも閑にしているものでもない、今日はともかくも山寺へ向かうので、そのまま通り過ぎる。が、少し気になり振り向けば、イシガメは立ち止まり、後肢で穴を掘り始めている様子、卵を産むつもりなのかと不安になる。そんなところで産気づいて卵を産んでしまってはあっという間に誰かに踏まれるのは目に見えている。引き返し、両手で持ち上げる。カメは不満げに抗うかの如く手足を動かした。カメというものは普通、持ち上げられれば反射的に手足を逼塞させるものであって、斯くのごとく抵抗を試みるというのは産卵のため余程切迫した尋常ではない状態にあるのだろうと察せられ、それを思えばこちらも気が急いたがしかし安全なところ、といって急には思いつかない。動顚したあまりカメを抱えたまま走って家まで戻った。そして庭先におろす。イシガメは、ああ、もう、この取り込みごとの最中に余計なことを、というように一瞬頭を振り、それから（　B　）また歩き始め、とうとう土耳古《トルコ》の丘（友人・*村田を偲んで砂地の丘にそう命名した）の上で穴を掘り始めた。よし、そこなら大丈夫だ、とひとまず胸を撫で下ろし、また山路へ戻る。

――それで、無事産み落としたところを確認したのか。

イシガメの顚末を話すと、和尚は思いの外カメに関心を示した。

――いいえ。時間が掛かりそうだったので。

――それはまあ、そうだが。カメの卵というものは……。

と云って、黙ってしまった。もしや、この和尚、カメの卵に執心するタヌキでは、という疑いが一瞬頭をよぎった。私の不審がる様子を察したのか、和尚は、

――タヌキはさすがに碁までは打たん。

と呟いた。なぜ考えていたことがわかるのだろう、と私が恐れ入っていると、

――しかし檀家の相談ごとにはのっているようだ。

と、i弱り切ったように続けた。

――相談ごと、というと。

――うちの寺に出入りのタヌキの奴は、わしがいない間に檀家の応対をし、身の上の相談まで聞いてやるようなのだ。

――ほう。

それは私の最も苦手とする方面のことである。

――それどころか法話までやってのけたようで、この間も、先だっての話は大変感動した、と通りすがりの人に呼び止められ、称賛を受ける始末。こちらの身に覚えのないこと。まさかそれはたぶん、うちのタヌキの奴で、とも云えず、黙ってうなずいて終わった。それにしてもそんなにタヌキの話がいいのなら、一度後学の為にも聞いてみたいと思うのだが、奴さん、忙しいと見えてなかなか捕まらない。他の寺の話だが、そのままその近くの荒れ寺の堂守に収まり、子も生《な》した例しがあるというから、たいしたもんだ。

たいしたもんである。私は驚愕し、

――タヌキの奴らがそこまでのものとは。ただ者ではないとは思っていたが。しかし、なんでまたそんな、相談ごとやら法話やらに興味を持ったのでしょう。これは自分でもいける、と踏んだのでしょうか。

和尚はⅱ苦り切った顔をしながら、

――檀家の身の上相談に応ずるのは坊主の主な職分の一つじゃ。これも傍で見ていて、大方の寸法を呑み込んだのだろう。ただ黙って相手の云い分をふんふんと聞く。この「ふんふん」が肝心なのじゃ。ときどき、ふんふんと二回「ふん」を繰り返す所を、一回にする。「ふうん」。それをまた、深く感心したような節回しにする。「ふううん」。腹の底から唸るようにするのがコツじゃ。それから全く別の考えを呼び込むような、「ふーん」。こいつは水平に伸ばし、心持ち上げ気味にする。これの変化を五種類も付けて、相づちを打っていれば、相手は自然に自分で解決を見出して寸志ならぬお布施を置いて帰っていくという寸法。

――それで寸志が頂けるとあらば、いい商売じゃないですか。

私は心中複雑な思いである。

――そう、タヌキは場所代のつもりか貰った寸志は寺の勝手口に置いて行く。しかしどうも一割ほどは抜いてゆくようだ。はてさて何に使うものやら。

何に使うのか。此は私の文筆家としての想像力を多いにかき立てた。

――しかしまあ、天職というか。

――そう、さして言葉数も要らぬ、タヌキにぴったりの職業じゃ。タヌキは長くしゃべらせるとそのうち訳がわからなくなる。相づちを打たせるぐらいがちょうどいい。

――しかし法話をやると云うではありませんか。法話は大丈夫なのですか。

そう云えば私もまだ和尚の法話は聞いたことがなかった。タヌキは和尚の法話を模倣するのだろうか。和尚はⅲ益益苦り切った顔をして、

――大丈夫なのだろう。

と、それ以上は語らず、ふっと矛先を変え、

――それよりも君、本分の方の小説はうまくいっているのか。

余計なとばっちりを受け、頓挫した小説のことを思い出し、碁も負けてしまい、すっかりまた憂いの固まりとなり、山門を出た。

そのとき鼻先を梔子《くちなし》の花の香が流れた。来るときは全く気づきもしなかったのだが、見れば山門の脇の梔子の低木に、白い花がいくつかついていた。
3 そうか、今、このたった今がこの匂い始めの先駆けであったのか、と少し気分が明るくなる。
家に帰り着くと庭へ回り、イシガメが掘った穴を確かめようと土耳古の丘の辺りを見たが、見事に埋め戻してあり、見分けがつかなかった。当のイシガメはどこへいったものやらと見回すと、すっかり乾いた高堂の子どもの時分の下駄の上で寝ていた。

（梨木香歩『冬虫夏草』より）

＊高堂……主人公に住まいを貸してくれている古い友人。今は既に亡くなっており、床の間の掛け軸の絵の中に住んでいて、時々姿を現す。
＊村田……高堂と同じく主人公の友人の一人。トルコに留学中で、たまに手紙が届く。少し前の手紙の中に、庭の小高い丘と似たような風景のことが書かれており、主人公が「土耳古の丘」と命名した場面が出てくる。

問一　傍線部1「猛然たる睡魔の攻勢に守勢一方の瞼疾く重たげに感じられ、」を語彙の少ない小学校低学年

程度の児童にもわかる表現を念頭において、書き改めなさい。

問二　本文中の空欄（　A　）（　B　）に入る語句として、最も適当なものを次のア〜エからそれぞれ一つずつ選び、記号で答えなさい。

A　ア　たまさか　イ　果たして　ウ　頗《すこぶ》る　エ　いよいよ

B　ア　すべからく　イ　なかんずく　ウ　懇《ねんご》ろに　エ　徐《おもむろ》に

問三　傍線部2「後をついていって小僧の集団に虐められるのを待って救ってやろうかと思うが、」について、語り手はどのような意図をもってこのような表現を用いたと考えられるか。簡潔に説明しなさい。

問四　二重線部ⅰ「弱り切ったように続けた。」ⅱ「苦り切った顔をしながら、」ⅲ「益益苦り切った顔をして、」の表現から、「和尚」のどのような思いがうかがえるか。わかりやすく説明しなさい。

問五　傍線部3「そうか、今、このたった今がこの匂い始めの先駆けであったのか、と少し気分が明るくなる。」について、語り手が最も感銘を受けた点を明確にしながら、「気分が明るく」なった理由を説明しなさい。

問六　この作品の表現上の特徴について説明した文のうち、最も適当なものを次のア〜オから一つ選び、記号で答えなさい。

ア　古めかしい表現を多用することによって、舞台となる時代を感じさせる工夫をしている。
イ　季節感のある風物を描くことによって、語り手の伝統文化への憧憬を表す工夫をしている。
ウ　複数の視点人物を設定することによって、個々の人間の多様性を描く工夫をしている。
エ　語り手による小動物の行動の観察によって、人間の愚かさを際立たせる工夫をしている。
オ　複数の友人の話題によって、語り手と和尚の会話に奥行きを与える工夫をしている。

（☆☆◎◎◎）

【三】次の文章を読んで、後の問いに答えなさい。

*今の入道殿、若くて弓をいみじくこのませたまひき。上手にもおはしましを、*この宮、弓射[a]させたてまつりて見むとおぼして、[1]わたらせたまふべき御消息ありければ、まゐらせたまへるに、女房、*うちいでしわたして、見はやしたてまつらせたまふ。賭け物は*銀《しろかね》の枝に、金の大柑子《かうじ》を十ばかりならして、州浜《すはま》に立てられたりけり。その折、入道殿は*大納言中宮の大夫とぞ申し、*四条大納言、まだ*宰相にてぞおはせし。うしろに立ちたまへり。入道殿、*三度のくだりに四の矢数《やかず》にさだめて射させたまへり。一度、入道殿の片矢《かたや》あたりぬ。大納言二ながら射はづしたまひつ。二度に入道殿諸矢《もろや》あたりぬ。大納言片矢あたりぬ。三度に入道殿最初《さいそ》のあたりぬ。大納言最初の矢あたりぬ。入道殿、「矢数射つ」と[2]心やすく思《おぼ》し召して、*乙矢《おとや》いと[3]心にもいれさせたまはずやはべりけむ、はづれ[b]ぬ。大納言、乙矢かざしてたちたまへり。宮も人々も、「これは[4]よも射あてられじ。心せ[c]らるらむ」と思し召し思ふほどに、同じあたるものか、*的《まと》の中のわれぬばかりひびきなる。人々も宮もあさましとおぼすに、入道殿、「道長、術《ずち》なくさぶらふ」とて逃げて出でさせたまへば、*大進《だいじん》なにがしのぬしとかやして、御車に[i]奉るところに、賭け物をもて[ii]まゐりて、*前駆《せんぐ》にとらすれば、見かへらせたまひて、「勝ちてこそ賭け物をば給はら[d]め」とて、捨てて出でさせたまひぬ。されば、術なくてもてまゐりたれば、宮も人々も大納言をにくみたまふ。いとあさましく心なきわざなり。さるは、心ありいみじくおはする殿の、心なきことしたまへるぞかし。宮、「など、かかるわざし[iii]たまへるぞ。口惜《くちを》しきことなり。」と仰せられければ、「そのことに[iv]さぶらふ、ほかを射はべりさぶらひつるが、吾《あれ》にもあらず、あたりてはべるなり。目のいかにもいかにも見えはべりて」とぞ申したまひける。

（新編日本古典文学全集『大鏡』による）

＊今の入道殿……………藤原道長のこと。
＊この宮…………………四条宮遵子。藤原公任の姉。『大鏡』では、思慮深く、物事によく通じていたと評されている
＊うちいで………………晴れの催しがあるとき、寝殿や対の屋の御簾の下から女房装束の袖口や褄を華やかに出すこと。
＊銀の枝に～……………枝を銀、実を金で造った柑子を、砂浜をかたどった台に植えた作り物。
＊大納言中宮の大夫……道長の任大納言は正暦二(九九一)年九月、任中宮大夫はその前年十月。
＊四条大納言……………藤原公任のこと。
＊宰相……………………公任が宰相(参議)になったのは正暦三年八月。
＊三度のくだりに四の矢数……「三度のくだり」は三度の勝負の意。一度に二回射る。「四の矢数」とは、勝負の勝ちとする矢数。矢数は矢の当り方で数えるので、六回のうち四回当ることを必ずしも意味しない。
＊乙矢……………………二本目の矢。
＊的の中…………………的の中央。ここを射当てるのが最も価値があるとされる。
＊大進なにがしのぬし……四条宮遵子の大進。「大進」は中宮職の三等官。
＊前駆……………………馬に乗って貴人の通行する道の先払いをする者。

問一　二重線部ａ「させ」ｂ「ぬ」ｃ「らる」ｄ「め」の助動詞について、それぞれ活用形を書きなさい。また、意味として最も適当なものを、それぞれ次のア～コの中から一つずつ選び、記号で答えなさい(同じ記

号を繰り返し用いてもよい)。

ア 過去 イ 完了 ウ 打消 エ 推量 オ 意志 カ 受身 キ 尊敬 ク 可能

ケ 自発 コ 使役

問二 波線部ⅰ「奉る」ⅱ「まゐり」ⅲ「たまへ」ⅳ「さぶらふ」について、それぞれ敬語の種類(尊敬語・謙譲語・丁寧語)を書きなさい。また、敬意の対象として最も適当なものを、それぞれ次のア~カの中から一つずつ選び、記号で答えなさい。

ア 入道殿(道長) イ 宮(四条宮遵子) ウ 四条大納言(公任) エ 人々

オ 大進なにがしのぬし カ 前駆

問三 傍線部1「わたらせたまふべき御消息ありければ、」とあるが、宮は道長になぜそのようなお便りをしたのか、説明しなさい。

問四 傍線部2「心やすく思し召して、」とあるが、だれが、どうしてこのように思ったのか、書きなさい。

問五 傍線部3「心にもいれさせたまはずやはべりけむ」を例にならって単語に区切りなさい。また、現代語訳しなさい。

例 弓/を/いみじく/このま/せ/たまひ/き。

問六 傍線部4「よも射あてられじ。」を現代語訳しなさい。

問七 競射の勝負は道長と公任のどちらが勝ち、宮はそれをどのように思ったか、四十字以内で説明しなさい。

問八 公任は、最後の矢が的の中央に当たった状況をどのように語ったか。最も適当なものを次のア~オから一つ選び、記号で答えなさい。

ア 最後の矢を的の中央に当てても道長の勝ちは変わらないので、いっそのこと的を外してしまえと思って射たら、たまたま当たった。

イ　最後の矢を的の中央に当てても道長の勝ちは変わらないが、最後はなんとしても中央を射てやろうという意地で、辛うじて当てた。

ウ　最後の矢を的の中央に当てられなければ道長に勝てないので、無心になって集中したら的がはっきり見え、簡単に当てることができた。

エ　最後の矢を的の中央に当てると道長に勝ってしまうので、外そうと思ったが、どうしても的が見えて、意に反して当ててしまった。

オ　最後の矢を的の中央に当てると道長に圧勝してしまうので、僅差で勝てるところを狙ったら、手元が狂い中央に当たってしまった。

（☆☆◎◎◎）

【四】次の文章を読んで、後の問いに答えなさい。

＊韓《かん》魏《ぎ》公《こう》知タリシトキ二＊北都ニ一、有リ三＊中外親ノ献ズル二＊玉《ぎょく》盞《さん》二隻ヲ一、云フ、「耕者入リテ二＊壊《くわい》塚《ちょう》ニ一而得タリ。表裏ニ無シ二繊瑕ノ可キレ指ス。真ニ[1]絶宝也ト。」公以テ二百金ヲ一答ヘレ之ニ、尤モ為ス二宝玩ヲ一。乃チ開キテレ＊醼《えん》ヲ召ス二＊漕《そう》使《し》顕官ヲ一。特ニ設ケ二一卓ヲ一、覆フニ以テス二＊繍《しう》衣《い》ヲ一。致シ二玉盞ヲ其ノ上ニ一、[2]将三用レ之酌レ酒遍勧二坐客一。[a]俄[3]為リ二＊吏将ノ所ロレ触ルル、台倒レテ玉盞倶ニ砕ク。坐客皆愕然タリ。[4]吏将伏シテレ地ニ待ツレ罪ヲ。[5]公神色不レ動ゼ、笑ヒテ謂ヒテ二坐客ニ一曰ク、「物破ルルニモ[b]亦自ラ有リトレ時。」謂ヒテ二吏将ニ一曰ク、「汝誤テル也、

6非ザルレ故ニ也。何ノ罪カ之有ラント。」公之量寛大重厚ナルコト c如レ此。

（『墨客揮犀』による）

＊韓魏公……宋代の政治家。　＊北都……地名。現在の山西省・陝西省北部。

＊中外親……いとこ。　＊玉盞……玉で作られた杯。　＊壊塚……廃墟となった墳墓。

＊醼……宴会。　＊漕使……官名。租税の穀物を都に輸送する担当官。

＊繍衣……美しくぬいとりした衣服。　＊吏将……下級役人の長。

問一　二重線部a「俄」b「亦」c「如此」の漢字の読みをそれぞれ送り仮名も含めてひらがなで書きなさい（現代仮名遣いでかまわない）。

問二　傍線部1「絶」と同じ意味で用いられているものを次のア～カからすべて選び、記号で答えなさい。

ア　絶食　イ　絶品　ウ　絶縁　エ　絶望　オ　絶景　カ　絶海

問三　傍線部2「将用之酌酒遍勧坐客。」をすべてひらがなで書き下し文に改めなさい（現代仮名遣いでかまわない）。ただし、「遍」は「あまねく」と訓読するものとする。

問四　傍線部3「為吏将所触、」を次のように書き換えた場合、空欄［A］、［B］に入る漢字一字をそれぞれ書きなさい。

［A］レ触二［B］吏将一、

問五　傍線部4「吏将伏地待罪。」とあるが、「韓魏公」は「吏将」の処遇をどのように決めたか。その理由も含めて、五十字以内で書きなさい。

問六　傍線部5「神色不動、」、6「非故也。」をそれぞれ現代語訳しなさい。

問七　「韓魏公」の人物評を端的に表した表現を本文中より四字で抜き出して書きなさい。

(☆☆◎◎◎)

【高等学校】

【二】次の【一】は夏目漱石の『文学論』第一編第一章からの抜粋、【二】【三】はそれぞれ『文学論』について論じた評論と対談である。【一】【二】【三】を読んで、後の問いに答えなさい。

【一】

凡そ文学的内容の形式は(F＋f)なることを要す。Fは[1]焦点的印象または観念を意味し、fはこれに附着する情緒を意味す。されば上述の公式は印象または観念の二方面即ち認識的要素(F)と情緒的要素(f)との結合を示したるものといひ得べし。吾人が日常経験する印象及び観念はこれを大別して三種となすべし。

(一)　Fありてfなき場合即ち知的要素を存し情的要素を欠くもの、例へば吾人が有する三角形の観念の如く、それに伴ふ情緒さらにあることなきもの。

(二)　Fに伴ふてfを生ずる場合、例へば花、星等の観念におけるが如きもの。

(三)　fのみ存在して、それに相応すべきFを認め得ざる場合、所謂"fear of everything and fear of nothing"《何もかもが怖いとか何も怖くないとかいう感情》の如きもの。即ち何らの理由なくして感ずる恐怖など、みなこれに属すべきものなり。

以上三種のうち、文学的内容たり得べきは(一)にして、即ち(F+f)の形式を[i]具ふるものとす。

(一)につき①ショウジュツせんにその適例なる幾何学の公理或は Newton の運動法則「物体は外より力の作用するにあらざれば静止せるものは終始その位置に静止し、運動しつつあるものは等速度を以て一直線に進行す」の如き文字は単に吾人の知力にのみ作用するものにしてその際[ii]毫も何らの情緒を喚起せず。或《あるいは》いふ彼の科学者が発見もしくは問題解決に際し最高度の情緒を感じ得るの理《ことわり》如何。然りこの情的要素は発見等の観念に関聯するものなること明かなれどもこれ決して[2]必然の附属物にあらず、かの概括的事実より法則を求め、実験より原理を得たる時の快感はこれ成功に対する喜びにして決してその法則、原理に性質上附着するものにはあらず、科学的知識そのものに情緒を誘出し得る元素あるにあらずして、吾人が知的活動を適度に使用したる意識に対する喜びに外ならず、故にこの種のものは文学の内容と目すべきものにあらず。

(三)に至りては、元来Fを欠くを以て従ってfを通ずる媒介観念を有せず。もしこれを自《おのずか》ら認識し得たりとするも果してこれを他のfと確然区別し得るや甚だ[iii]覚束なし。但し注目すべきは抒情詩中往々漫然たる情をこの種の形式により発表せるもの古来少からぬことなり。

さきに余はFを焦点的印象もしくは観念なりと説きしが、ここに焦点的なる語につき更に数言を重ぬるの必要あるを認む。而してこの説明は溯りて意識なる語より出立せざるべからず。意識とは何ぞやとは心理学上容易ならざる問題にして、或専門家の如きは、これを以て到底一定義に収め難きものと断言せしほどなれば、心理学の研究にあらざるこの講義において[iv]徒らにこの難語に完全なる定義を与へんと試みるの不必要なるを思ふ、ただ[3]意識なるものの概念の幾分を伝ふれば足れり。意識の説明は「意識の波」を以て始むるを②シベンなりとす。この点に関しては、*Lloyd Morgan がその著『比較心理学』に説くところ最も明快なるを以てここには重《おも》に同氏の説を採れり。

先づ意識の一小部分即ち意識の一瞬時をとりこれを撿《けん》するに必ずそのうちに幾多の次序、変化あることを知る。Morgan氏の語を以てせば「意識の任意の瞬間には種々の心的状態絶えず現はれ、やがては消え、かくの如くして寸刻と雖もその内容一所に滞ることなし」。

意識の時々刻々は一個の波形にしてこれを図にあらはせば左(図)の如し。かくの如く波形の頂点即ち焦点は意識の最も明確なる部分にして、その部分は前後に所謂識末なる部分を具有するものなり。而して吾人の意識的経験と称するものは常にこの心的波形の連続ならざるべからず。Morgan氏式をもてこの連続の様を示せば

A　B　C　D　E　F　etc.
a′　b′　c′　d′　e′　etc.
a″　b″　c″　d″　etc.

即ちAなる焦点的意識がBに移るときは、Aはaなる辺端的意識と変じて存在し、Bが更にCに転ずるときaとbとは共に意識の波の両辺となるなり。かくして余が所謂Fと称するところのもの意識中にありて如何なる位置を占むるやは、やや読者の理会したるところなるべし。

上述の解剖的波形説より推論してこの法則の応用範囲を拡大するときには凡そ意識の一刻にFある如く、十刻、二十刻、さては一時間の意識の流にも同じくFと称し得べきものあるにはあらざるか。今吾人が趣味ある詩歌を誦すること一時間なりと仮定せんに、その間吾人の意識が絶えずaなる言葉よりbなる言葉に移り、更にcに及ぶこと以上の理により明《あきらか》なれども、かく順次に消え順次に現はるる幾多小波形を一時間の後において追想するときはその集合せる小F個々のものをはなれて、この一時間内に一種焦点的意識(前後各一時間の意識に対し)現然として存在するにはあらざるか。半日にもまた如此《かくのごとき》Fあり、一

図

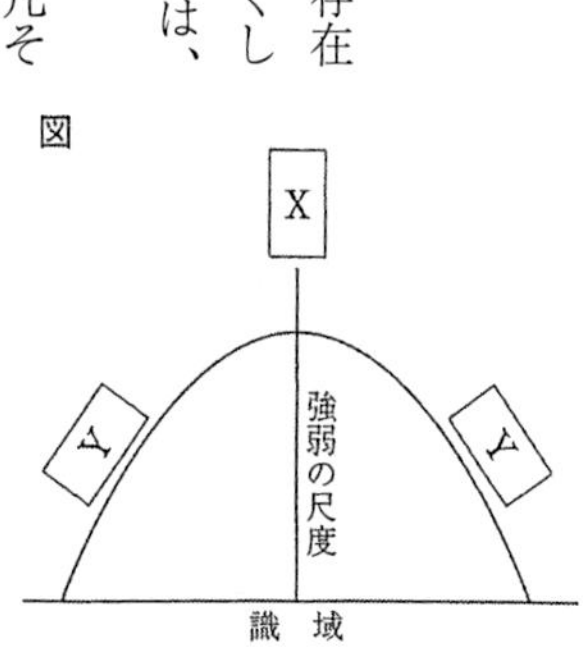

日にもまた然り、更にこれを以て推せば一年十年に渡るFもあり得べく、時に終生一個のFを中心とすることも少なからざるべし。一個人を竪《たて》に通じてFある如く一世一代にも同様一個のFあることまた自明の事実にして、かかる広義においてFを分類すれば

（一）一刻の意識におけるF、

（二）個人的一世の一時期におけるF、

（三）社会進化の一時期におけるF、

となり得べきなり。

（一）につきては更に説明の要なし。（二）例へば幼き頃のFは③ガング人形等、少年には格闘、冒険、進んで青年に至れば恋愛、中年のFは金銭、④ケンセイその重要のものなるべく、老年に至りては衆生済度《しゅうじょうさいど》その他未来の世に関しての⑤チンシ等固より際限なし。かくの如き時期的Fの推移につきても上述波形説はこれを同様に適用し得べきことを証せんがため、一例を挙ぐれば、人あり或る時期の間、v頻りに漢詩を愛読し後《のち》数年全くこれを放棄して更に手にすることなかりしが、偶然再びこれを繙《ひもと》きたりと仮定せよ。如此瞬間においては、よくその意義を解し得るにも関せず、その印象詩境共に漠然として明瞭を欠き従つて湧き出づる興味も頗る淡し。然れども暫らく習読を重ぬれば詩中の情景自ら脳裡に整ひその感興遂に極度に達し、更にこれを連続するときは漸次再び無趣味の域に傾くに至るべし。これその漢詩に対する意識次第に識末より焦点に登り更に再び識末に下るに基くものといひ得べし。（三）一世一代のFは通語の所謂時代思潮（Zeitgeist《ツアイトガイスト》）と称するものにして更に東洋風の語を以てせば勢これなり。古来勢は何ぞやと問へば曰く天なりと答へ命なりと呼ぶ。けだしxを以てyを解くと類を同じくするものなりと雖もこの一語は余が述べるところの広義のFをよく表言して遺憾なし。凡そ古今の歴史とはかかる4時代的Fの不断の変遷をたどるものに過ぎず。

近く例を我邦にとりていへば 5 攘夷、佐幕、勤王の三観念は四十余年前維新のFにして即ち当代意識の焦点なりしなり。されば 6 仮に*沙翁《さおう》を凌ぐ名人その世にありとするも時代のFは到底これを容るる余裕あらざりしなるべく、もしくは第二の*M. Arnold ありて *Sweetness and Light* (文芸教育を鼓吹せる有名なる論文)の理をとくも恐《おそら》くは、かくの如き世に何人の視聴をも動かし得ざりしならん。時の意識これを許さざればなり。かの賢人、偉人も勢には抗すべからずとはこの理を示したるものに過ぎず。

（夏目漱石『文学論』岩波文庫より抜粋）

＊Lloyd Morgan…ロイド・モーガン Conwy Lloyd Morgan (1852-1936)。イギリスの動物学者・心理学者。進化論の影響下に動物心理を研究し、比較心理学の先駆となった。

＊沙翁……………シェイクスピア William Shakespeare (1564-1616)のこと。

＊M. Arnold ……M・アーノルド Matthew Arnold (1822-88)。イギリスの批評家・詩人。十九世紀の科学偏重、功利主義の風潮に抗して、ギリシア・ローマの古典などによる人格陶冶、豊かな教養の重要性を説いた。'Sweetness and Light'(「甘美と光明」)は、彼の代表的評論集 *Culture and Anarchy* (1869)(『教養と無秩序』)に収められているエッセイ。教養つまり人間完成の追求が実現すべき二つの根本的特質として、sweetness= beauty (美)と light= wisdom (聡明)を説く。

【二】

同書(出題者注『文学論』のこと)は、書名のとおり文学、主に英文学(小説、戯曲、詩)を対象とする。漱石の狙いは、多様なかたちをとる文学全般を、できる限り［Ⅰ］に、根底から捉えてみることだった。そのために、さまざまな作品から無数の具体例を引用・検討しつつ、それらに共通する性質を高度に［Ⅱ］して取り出してみせている。それを煎じ詰めたのが、同書の開口一番に説かれる「F＋f」という定式であり、『文学論』全体がこのことの意味を説くために書かれている。

さて、漱石は、あらゆる文学は形式として見た場合、F＋fという形をしていると喝破した。どういうことか。ここで「F」と言われているのは、「焦点的印象または観念」を記号で表したもの。本人が言明していないので同書全体を踏まえて推測すると、おそらく"focal impression or idea"のこと。彼はまた、Fを「認識的要素」や「知的要素」とも呼んでいる。もう少し具体的には、感覚、人事、超自然、知識の四種類に分類している。言ってしまえば、人がなにかを思い浮かべること、認識することを指している。他方で「f」とは「情緒」であり、こちらは、"feeling"を指すと思われる。喜怒哀楽や恐怖、怒り、同情、恋心などがこれに当たる。

つまり、漱石は、およそ文学作品は人間が思い浮かべる「認識」とそれに伴う「情緒」という二大要素から構成されているというのだ。例えば、満開の桜を眺めて(知覚)、「実にいいものだ」と感じ入ること(情緒)。7書生という人間の噂を聞き(知覚・知識)、恐ろしいと感じること(情緒)。これは単純な文に過ぎないが、こうしたさまざまなFとfによって文学はつくられているというのである。ちなみにFだけあってfを伴わない文章もある。科学をはじめとする学術の文章がその例である。

では「焦点的印象または観念」という場合の「焦点」とはなにか。これは重要な発想なので注目しておきたい。漱石は、当時の最新科学の一つである心理学(現在でいう認知科学や神経科学とも重なる)を念頭に置いている。わけてもイギリスの心理学者ロイド・モーガンが唱えた意識のモデルを土台に据えている。

　モーガンは、やはり心理学者である*ウィリアム・ジェイムズの「意識の流れ(stream of consciousness)」という捉え方を踏まえている。ジェイムズは、人間の意識とは絶えず流れてゆく川のようなものだと譬えた。モーガンは、その「意識の流れ」という見方に立って、もう一歩を進めた。つまり、人間の意識をさらに積極的に「波」に譬えて表現した。私たちの意識は、時々刻々絶えず波打って流れている。ある事柄が意識に現れたかと思えば、次第に消えてゆき、また別のものが次第に現れてくる。その波の頂点を、モーガンは「焦点(focus)」と呼んで図示している。漱石もこのイメージを基礎に置いている(本文【二】中の図参照)。

　どういうことか、具体的に感じてみるのがよいだろう。ちょっと紙面から目を上げて(あるいはそのままでも)、自分の意識がどんなふうに移ろってゆくか、観察してみよう。例えば、カフェのテーブルでこの本を読んでいるとする。読んでいる間は、目が文字を追うにつれて、いままさに読んでいる箇所が眼に入り、それ以前に読んだ箇所の印象は徐々に薄れてゆく……目にしたことばから連想が働く……読もうと思って忘れてたあの本、なんだったかな……気づけば焼きたてのパンの匂いがしてくる……隣の席で赤ちゃんが笑っている……廃品回収車の口上が聞こえる……今日の待ち合わせは何時だっけ……いけない、プレゼントを選んでなかった……お腹が鳴る……。

　水面《みなも》に波がわたっていくように、実にさまざまななにかが、私の意識に浮かんでは消えてゆく。それも一度に一つとは限らず、いろいろなものが同時に現れることもある。また、[8]実際には、意識に浮かぶものごとを、いま述べたようにきちんと区別したり、整理してことばにすることはできない相談だ。漱石もその難しさをこう述べている。

走馬燈の如くに廻転推移して、非常の速度中に吾人意識の連鎖を構成する成分を一々遺漏なく書き出さんことは決して人間業にあらず。仮令数分間たりとも汝が意識の内容に漠然と起り来るものを悉く記載せんと試みよ。汝は遂に筆を抛つに至るべし。

（『文学論』岩波文庫版、上巻二九〇ページ）

そう、たとえそうしたいと願ったとしても、私たちは自分の意識の状態ひとつでさえ、まともに記述することはできない。複雑過ぎるし、ジェイムズが譬えたように川のごとく絶えず流れており、移ろう。それに対して、ことばというものは、あまりに粗雑過ぎるかもしれない。

だが、ことばという既成《レディメイド》の鋳型を使うことで、私たちは、そうした変化し続ける波の連続から、なんとかそのいくばくかをすくい取り、固定して、他の人に伝えられるのだ。

そして、文学作品では、人の意識の波の一部、意識に浮かぶもの、その波の「焦点」を、ことばで縫い取っている。これが漱石の言う「F」である。先ほど私が書いたカフェでの一幕は、そうした意識の流れ、意識の波のなかでも、ことばですくい取りやすい焦点という次第。

（山本貴光『文体の科学』による）

＊ウィリアム・ジェイムズ…William James（1842-1910）。アメリカの心理学者・哲学者。人間の意識を不断の流動ととらえて、それを静的にとらえていた従来の構成心理学に革新をもたらすとともに、二十世紀の心理小説に大きな影響を与えた。

【三】

石原　漱石は、「Fありてfなき場合即ち知的要素を存し情的要素を欠くもの、例へば吾人が有する三角形の観念の如く、それに伴ふ情緒さらにあることなきもの」と書きます。漱石はFだけ――たとえば、三角形という観念――そのものについては文学と考えていなかったのでしょうか？

小森　そう思いますね。それは数学とか自然科学の領域だと思います。

石原　ですよね。fはfeelingの略でいいのかしら。よくわからないんだけれども、彼の言葉で言うと情緒的要素ですが、このfがないと文学ではないと考えたわけですね。たとえば小説のなかに三角形が出てくる。その三角形がただ数学的な三角形の観念を呼び起こすだけであれば、文学ではない。ただしそこでなんらかの情緒的要素が湧き上がってくれれば、それは文学であるということですよね。こういう考え方がとても興味深いのは、後半の間隔論で詳しく論じられますが、この段階ですでに漱石は文学に関する読者参加を大前提にしているということなんです。

小森　そうです。だからこれは理論としては読者論的文学論です。言葉を読んだ読者の意識のなかに内容が形成されてそこに情緒が附着する。その形式が(F＋f)なのです。だからfは読者の記憶から出てくる情緒だということになるのです。

石原　そうなんです。そのことを確認したかったんです。つまり、『文学論』の最大の特質は何かというと、9これは読者論だということなんです。この時代に読者論を構築したことがすごい。

小森　しかも、読者の意識と無意識の相関関係をテクストから考える理論です。

石原　漱石が心理学を必要としたのは、読者の心理分析のためなんです。『小説神髄』も当時としてみごとな文学論ですが、登場人物の心理を模写するために心理学が必要だと考えた逍遙との決定的なちがいがここにあります。そのことを押さえておくべきだと思います。

小森　だから私たちが研究者として*W・イーザーなどの読者論を使って分析していたことより遥かに深く、読者の意識の動きを漱石は検証していた。それと同時に、読者としての自分がそのテクストをどう読んだかという話を、『文学論』ではしているわけですよね。表現の具体例を出しながら。

石原　そうそう。自己の心理の分析にもなっている。デカルト的な内観法かもしれないけど、とにかく自分の心理を手がかりにしながら、読者について考えていく。今から考えれば当たり前かもしれないけど、読者を大前提としなければ文学は成立しないということにすでに気がついていた。その斬新さを確認したい。

小森　はい、異議なしです。

石原　それから読者参加ということでは、漱石は同時代的に起きたことを小説に相当取り入れていますよね。

小森　すごいことだと思います。それはある意味、読者とのFの共有です。

石原　すでに研究がありますが、朝日新聞の紙面を追っていくと、ちょっと前に記事になっていたことがどんどん小説に出てくるわけでしょう。それは新聞の読者にとって非常に面白いし、小説にリアリティを感じるでしょう。でも、ある時期まではそれが漱石を通俗作家に見せたという面もあるわけです。ただし、現代のわれわれには書かれているさまざまな事件がすぐにはわからない。つまり、Fが共有できないので、fを起動しようがない。そのときに僕らは漱石を一体どうやって読めばいいのかという問題は、どうお考えになりますか。古典を読むときの問題ですが。

小森　逆に言うと、今だから、つまり一〇〇年たっているから、かなりパースペクティブが広がっているので、世界文学的な注釈がつけられるのではないでしょうか。注釈がつけられないと読めないという話ではなくて、すべての言葉には圧倒的な注釈が必要なだけの歴史があるわけだから、そこが文学の読み方をむしろ豊かに促してくれているのではないかと思います。

石原　なるほど。文学においては、Fを膨らませたり揺るがしたり、ひいてはfに揺らぎを与えることを、読者は自由自在に深くも浅くもできるということですね。たとえば、法律の文章ではできないんだけど。

小森　はい。法律の文章だとできないのだけれど、文学の場合は、一つの言葉から全人類史を掘り下げてもいいわけですよ。そういうふうに言葉と付き合えるワンダーランドを提供してくれていると思うわけです。文学って暇で読むのだから、いくらでも遊びをやっていいわけですよ。

石原　そういう「場」として文学をとらえるために、漱石は『文学論』を書いた。だから読者論なんです。その揺らぎは文字がもっているわけではありませんから。文字を読んだ読者が参加しないと出てこない深みなのですから。

小森　漱石はFを「一刻」「個人的一世の一時期」「社会進化の一時期」の三つに分類していると言いましたが、それがいちばん端的に表れているのが『カーライル博物館』の冒頭だと思うのです。「公園の片隅に通り掛の人を相手に演説をして居る者がある。向ふから来た釜形の尖つた帽子を被づいて古ぼけた外套を猫脊に着た爺さんがそこへ歩みを佇めて演説者を見る。演説者はぴたりと演説をやめてつか〳〵と此村夫子《そんぷうし》のたゝずめる前に出て来る。二人の視線がひたと行き当る」。これが二人の一刻の意識におけるFなのです。「演説者は濁りたる田舎調子にて御前はカーライルぢやないかと問ふ。如何にもわしはカーライルぢやと村夫子が答へる。チエルシーの哲人《セージ》と人が言囃すのは御前の事かと問ふ。成程世間ではわしの事をチエルシーの哲人《セージ》と云ふ様ぢや。セージと云ふは鳥の名だに、人間のセージとは珍らしいなと演説者はから〳〵と笑ふ」。ここがやはり二人それぞれの個人的一世の一時期におけるFが現れているところです。

　この箇所がすごいのは、わざわざ「チエルシーの哲人」と書いて、ルビを「セージ」と振り、その後に「セージと云ふは鳥の名だに」と言うでしょう。セージを辞書で引けばわかるのだけど、普通はセージといってすぐ思い浮かぶのは香辛料。肉を料理するときのサルビアなのですが、ここで演説している男は鳥の名だと言うわけですよ。これは sage hen とか sage cock というのだけれども、アメリカ西海岸の山脈に住んでいるキジオライチョウという鳥の名なのです。

まずこれを多くのイギリス人が知っているかどうかは微妙です。ゴールドラッシュのときに、アメリカ西部の山に入って食い物がないからセージを乱獲しました。それによってセージは絶滅危惧種になるという大問題があった。それを踏まえると、この演説者はたぶん一八四八年以後のゴールドラッシュでアメリカに渡って成功した男で、セージに哲人という古い意味があるのを知らなくて、鳥の名だと言う。その駄洒落をカーライルはわかって使っている。演説者は「個人的一世」のピークの記憶を語っているわけです。

いっぽう、カーライルはゴールドラッシュの前に有名になっているわけです。デビュー作の『衣装哲学』(一八三三〜三四)のなかにスコットランドの山高帽子を被ったカーライルの挿画が入っています。さらに有名になって肖像写真もよく撮られるようになり、演説者のような人でも会ったらすぐカーライルだとわかる。そうすると、これはカーライルの「個人的一世」のピークです。

そしてこの公園は、ヴィクトリア女王の夫であるアルバート公が万国博覧会を開いた会場でしょう。同時に北東の端にスピーカーズ・コーナーがあり、そこで演説していいとなっているのです。ゴールドラッシュで一旗揚げてきたような男が、カーライルの名前と顔を知っている時代という、「社会進化の一時期」のピークです。それらが「セージ」という駄洒落でみごとにつながっている。『文学論』で展開した理論的な仕事を、初期作品では全部まとめて出すような実践をしていると、あらためて思いました。

石原　非常に面白くうかがいました。セージという言葉自体のFがぶれて動いているわけですね。

小森　駄洒落だから動く。
石原　そう。動いてはじめて駄洒落になるわけですよね。それにともなうfも当然動くわけです。『カーライル博物館』の冒頭では、Fがいかにfを左右するかという実験をおこなっていると理解していいわけですね。

（石原千秋・小森陽一『漱石激読』より。ただし、設問の都合上、一部改めた。）

＊W・イーザー……ヴォルフガング・イーザー Wolfgang Iser (1926-2007)。ドイツの英文学・比較文学者。

問一　本文【一】中の波線部①～⑤のカタカナを漢字に改めなさい。
問二　本文【一】中の二重線部ⅰ～ⅴの漢字の読みを、ひらがなで書きなさい(現代仮名遣いで構わない)。
問三　本文【一】中の傍線部1「焦点的印象または観念」とはどのようなことか、本文【二】の表現を用いて説明しなさい。
問四　本文【一】中の傍線部2「必然の附属物にあらず」とあるが、ではどのようなものか。それを端的に表した最も適当な表現を本文【一】中より二十五字程度で探し、その最初と最後の四字を書きなさい。
問五　本文【一】中の傍線部3「意識なるもの」の性質とはどのようなものか、本文【二】の表現を用いて簡潔に説明しなさい。
問六　本文【一】に付随する図中の空欄 X 、 Y に当てはまる最も適当な語を本文【一】中よりそれぞれ漢字二字で抜き出して書きなさい。なお、二か所の Y には同じ語が入る。
問七　本文【一】中の傍線部4「時代的F」を言い換えた表現として最も適当な語を本文【一】中より漢字一字で抜き出して書きなさい。

問八　本文【二】中の傍線部5「攘夷、佐幕、勤王の三観念」とあるが、これらをもって例示された概念を端的に示す一語を、本文【一】中のこの傍線部の前の段落から漢字四字で抜き出して書きなさい。

問九　本文【一】中の傍線部6「仮に沙翁を凌ぐ名人その世にありとするも時代のFは到底これを容るる余裕あらざりし」をわかりやすい現代語で書き換えなさい。

問十　本文【二】中の空欄［Ⅰ］に当てはまる語として最も適当なものを次のア～オから一つ選び、記号で答えなさい。

ア　限定的　　イ　象徴的　　ウ　感覚的　　エ　普遍的　　オ　個別的

問十一　本文【二】中の空欄［Ⅱ］に当てはまる語として最も適当なものを次のア～オから一つ選び、記号で答えなさい。

ア　抽象化　　イ　具体化　　ウ　神格化　　エ　極小化　　オ　洗練化

問十二　本文【二】中の傍線部7「書生という人間の噂を聞き(知覚・知識)、恐ろしいと感じること(情緒)。」の一文は、筆者が「F＋f」の具体例を示す目的だけでなく、ある効果を狙って書いたものと思われる。それはどのような効果だと考えられるか、簡潔に説明しなさい。

問十三　本文【二】中の傍線部8「実際には、意識に浮かぶものごとを、いま述べたようにきちんと区別したり、整理してことばにすることはできない相談だ。」とあるが、では、本文【二】で文学作品にはどのようなことができると述べられているか、説明しなさい。

問十四　本文【三】中の傍線部9「これは読者論だ」とあるが、石原と小森の両名は、『文学論』がなぜ読者論と言えると考えているか、説明しなさい。

問十五　本文【三】中の傍線部10「『一刻』『個人的一世の一時期』『社会進化の一時期』」とあるが、小森が例に挙げた『カーライル博物館』の冒頭場面では、これら三つはそれぞれ具体的にどのようなことに該当するか。それぞれ、次の要領で簡潔にまとめなさい。
(1)「一刻」については、「〜一刻。」に続く形で二十五字以内で書きなさい。
(2) (1)「個人的一世の一時期」については①「演説者」について「〜時期。」に続く形で三十字以内で、②「カーライル」について「〜時期。」に続く形で三十字以内で、それぞれ書きなさい。
(3)「社会進化の一時期」については、「〜時代。」に続く形で六十字以内で書きなさい。

(☆☆☆◎◎◎)

解答・解説

【中高共通】

【一】問一　a　あまね　b　おびただ(しく)　c　いや(しくも)　d　ひもと(く)　e　けみ(した)〔えっ(した)、えつ(した)も可〕　問二　ゴーチエの詩や小説に現れている巧みな言葉の駆使や豊富な語彙は、彼が愛読する辞書から得たものである。(四十九字)　問三　平凡、正常な人間も辞書を読んで楽しむことができるから。　問四　イ　問五　すべての言葉は、もともと感覚で捉えた物質の形象を表していたということ。(三十五字)　問六　言葉に対する史的回顧　問七　想像力　問八　ウ

〈解説〉問一　文脈の中で語句の意味を捉えた上で、読みを考えることが大切である。eの「閲する」は、ここ

では、「経る。経過する。」の意。　問二　指示語の対象は、原則的にはその直前から探す。また、「辞書の愛」について簡単に説明する必要がある。　問三　筆者は、詩人が異常であるから辞書を読むという考えへの反例として自身を挙げている。　問四　傍線部3は前の二文「すべての言葉は～、ある感覚し得べき形象を表わしていたのである。」の言い換えである。　問五　傍線部4の直前には譲歩が見られるものの、その更に前の「人間の語彙はかくして感覚的に生まれついた」という主張が強く訴えられている。　問六　辞書の読物としての第二の魅力が語られる段落の冒頭に「閲した経歴」とある。言葉や文字が持つ歴史性が述べられている。問七　空欄には、辞書という名の一つの宇宙に接する際に必要となるものが入る。平凡な人間の並外れた廓大として称揚された詩人の有する能力がここで重要になってくるのである。　問八　筆者は、耽美主義者が自分の言葉で構築したと思っている美的世界の背後に、膨大な言葉の宇宙が存在していることを強調している。

【二】問一　とても眠くなって我慢できず、急にまぶたが重く感じられ、　問二　A　イ　B　エ

問三　浦島太郎の昔話を想起させることで、語り手がこのイシガメに興味をそそられたことを、読み手にユーモラスに伝える意図。　問四　タヌキの行状を話せば話すほど、自分の立場がタヌキにも代われる取るに足らないもののように感じられ、不快に感じている。　問五　季節の移ろいを感じさせる梔子の咲き始めの瞬間を香りで捉えられたから。　問六　ア

〈解説〉問一　漢語、比喩的表現を、和語、直接的な表現へと置き換える。　問二　Aの「果たして」は「思った通り」の意。Bの「徐に」は「ゆっくりと」の意。　問三　浦島太郎の話のような展開を、この場面で期待する意味をまとめる。語り手の発想は、この場面の状況だけから考えれば、必然性のないものである。

問四　会話が進むにつれて、タヌキが和尚に成り代わっても、何の問題も生じていないことが確認されていく。

問五　第一段落五文目にも「季節の移ろいの先駆けは、こういう風に乗ってある日突然やってくるのだったと思った」とある。語り手は、季節の変化に敏感で、またそれを期待している。　問六　アで言う、古めかしい表現に関しては、特に著しいのが傍線部1である。このような表現が、舞台設定と結びついている。

【三】問一　(活用形、意味の順)　a　連用形、コ　b　終止形、イ　c　終止形、キ　d　已然形、オ
問二　(種類、対象の順)　i　尊敬語、ア　ii　謙譲語、ア　iii　尊敬語、ウ　iv　丁寧語、イ
問三　弓が上手だという道長に弓を射させてみたかったから。　問四　道長が、ここまでの矢数で自分の勝ちは確実だと思ったから。　問五　単語…心／に／も／いれ／させ／たまは／ず／や／はべり／けむ、訳…心にも入れなさらなかったのでございましょうか　問六　まさか射当てなさるまい。　問七　公任が勝ったことを、客人を立てないとは驚きあきれた、情けないことだと思った。(三十八字)　問八　エ
〈解説〉問一　dは係助詞「こそ」に呼応して已然形になっている。　問二　iの「奉る」は、「乗る」の尊敬語である。　問三　傍線部1の理由については、直前で述べられている。　問四　ここまでで道長は弓矢の勝負を有利に運んでいる。　問五　助動詞「けむ」は過去推量を表す。　問六　「よも」は、多く、下に打消推量の助動詞「じ」を伴って、まさかの意を表す。また、「られ」は、傍線部4の直後の一文の「らる」と同じく、動作主への敬意を表している。　問七　宮がわざわざ道長に来てもらって、もてなしたのである。つまりは、接待の場であるはずだったのである。　問八　本文末尾の発言の中で公任は「吾にもあらず」と、意識的な行動ではなかったと述べている。

【四】問一　a　にわかに　b　また　c　かくのごとし　問二　イ、オ　問三　まさにこれをもちい(て)さけをくみあまねくざきゃくにすすめんとす。　問四　A　被(見、為、所)　B　於(乎、于)
問五　物が壊れるには自ずと時期があるものだし、吏将はわざとやったわけではないので、罪に問わなかった。(四十七字)　問六　5　顔色を変えず、　6　わざと(故意)ではない。　問七　寛大重厚
〈解説〉問一　aは歴史的仮名遣いで表記すれば、「にはかに」となる。　問二　「絶」は、かけ離れるの意から「すぐれている。まさる。」の意味も持つ。　問三　「将」は再読文字で「まさニ…ントす」と読む。
問四　受身の表現「為～所…」を助動詞を用いて表しなおす。受身の「被」「見」などを用いる。また、「於」「乎」「于」はいずれも場所・目的・対象を表し受身を示す。　問五　韓魏公の対応は、傍線部4の直後から語られる。重要なことは、吏将が地にひれ伏し罰せられることを覚悟した姿勢とは対照的に、韓魏公は顔色も変えず怒らなかったということである。　問六　傍線部5の「神色」は、ここでは顔色のこと。文脈に応じて、精神の様子も含めて傍線部5のように表現している。　問七　文章のまとめ、つまり韓魏公への評価である。ここでは本文の末尾で述べられている。

【高等学校】

【一】問一　①　詳述　②　至便　③　玩具　④　権勢　⑤　沈思　問二　i　そなふる　ii　ごうも　iii　おぼつかなし　iv　いたずらに　v　しきりに　問三　人が何かを思い浮かべたり、五感で認識したりすること。　問四　吾人が知～する喜び　問五　時々刻々絶えず流れ、ある事柄が意識に現れたかと思えば、次第に消えてゆき、また別のものが次第に現れてくるという性質。　問六　X　焦点
Y　識末　問七　勢　問八　時代思潮　問九　仮にシェイクスピアを超える名人が明治維新の時代にいても、時代のFはそれを容認する余裕がなかった　問十　エ　問十一　ア　問十二　『文学論』と同じ

く漱石の作品である『吾輩は猫である』の場面から諧謔味のある例を引くことで、読者を愉快にさせる効果。
問十三　複雑で、絶えず移ろい変化し続ける意識の状態のいくばくかを、ことばによってすくいとって固定し、他の人に伝えること。　問十四　言葉を読んだ読者の意識のなかに内容が形成され、そこに読者の記憶から出てくる情緒が附着すると考えているから。　問十五　(1)　演説者とカーライルの視線がひたと行き当たった(一刻。)(二十二字)　(2)　①　ゴールドラッシュのときにアメリカに渡り、一旗揚げた(時期。)(二十五字)　②　肖像写真もよく撮られ、会えばすぐわかるほど有名になった(時期。)(二十七字)　(3)　万国博覧会が開かれた公園の一角で、ゴールドラッシュで成功した男が演説をし、その男がカーライルの名前と顔を知っている(時代。)(五十七字)

〈解説〉問二　iiの「毫も」は打消の表現を伴って、「少しも」の意を表す。　問三　【二】の第二段落で、Fとfを、認識と情緒の対比を以て捉えている。　問四　傍線部2の直前にある通り、話題にしているのは、科学者が発見もしくは問題解決に際し感じ得る最高度の情緒である。　問五　傍線部3の後の意識の説明で、「意識の波」が取り上げられており、変化するものであることが強調されている。【二】では、第五段落で意識について述べられている。　問六　図と、「波形の頂点即ち焦点は意識の最も明確なる部分にして、その部分は前後に所謂識末なる部分を具有するものなり」という文中の説明を対応させて考える。　問七　Fの分類のうち、(三)について説明している箇所に着目する。　問八　傍線部5はその後で「当代意識」と言い換えられている。ただし、これは設問の条件には合致していない。　問九　「凌ぐ」、「容る」を言い換える必要がある。
問十　空欄Ⅰには、直前の「多様な」と対照的な意味の語が入る。　問十一　空欄Ⅱに入る語は、直前の「具体例」と対比されている。　問十二　夏目漱石の『吾輩は猫である』の冒頭で、書生が猫を捕まえて、煮て食うという話がされる。傍線部7はこの話が踏まえられている。　問十三　傍線部8の後では、「そう」と譲歩された後に、逆接の「だが」以下で主張が述べられている。　問十四　傍線部9は「つまり」以下にあり、ここまでの話題をまとめている。これ以前から、主張の根拠を探す。　問十五　傍線部10を含む小森の発言内で、三つの要素を順に説明している。「これが二人の一刻の意識におけるFなのです」、「これはカーライルの『個人的一世』のピークです」などの箇所に着目するとよい。指示語の対象はその前にある。

二〇一八年度　実施問題

【中高共通】

【一】次の文章を読んで、後の問いに答えなさい。

話は遡るが、立教大学史学科山田ゼミで、国立ハンセン病療養所多磨《たま》全生園《ぜんしょうえん》の在日コリアンの聞き書きを『生きぬいた証に』(緑蔭書房、一九八九年)としてまとめたあと、聞き書き作業に共感した国立ハンセン病療養所栗生楽泉園《くりゅうらくせんえん》在住の金夏日《キム・ハイル》さんが、著書である随筆集『点字と共に』(皓星社、一九九〇年)を、ゼミ生全員に送って下さった。金夏日さんのことを存じ上げず、ハンセン病特有の視覚障害で点字を読まれる方なのだろうと、何の気なしに『点字と共に』を手にとったわたしは、[1]その内容に愕然とした。

金夏日さんは若くしてハンセン病を発症し、病気の進行とともに失明、さらには指の触覚も麻痺して点字すら読めなくなってしまう。ハンセン病者特有の「第二の失明」といわれる悲劇だが、金さんは、栗生楽泉園の仲間二人とともに、舌で点字を読む「舌読《ぜつどく》」に挑んだ。点字ですら初学時は「半日も続ければ身体をこわす」といわれるほどの集中力を要する。その点字を舌でなぞり、読解するというのは想像を絶する行為だ。金さんは当時の様子を一九七六(昭和五一)年、栗生盲人会から出された『あしあと』の座談会で、次のように述べている。

　五十音を打ってもらって、なめてみたんだけど、とにかく最初は何にもわからない。そして、じっとやっているとは肩はこるし、目は真っ赤に充血するし、涙はぼろぼろ出るし、唾液は出るし（中略）唾だろう、と思ってまだやっていると、晴眼者が見て、わあ、おい血が出たぞと言われてね。舌の先から血が出ているんだね。ともかく大変だったです。

（『点字と共に』増補改訂版、金夏日、皓星社、二〇〇三年、一〇七ページ収録）

文字どおり［①］努力で、金夏日さんは舌読を身につけた。舌読は極度の集中力を要し体力を消耗する。点字を学び始めた頃は、まず、聖書やレ・ミゼラブル等の大著を読破する金さんも、いきなり本を読めるようになったわけではない。点字を学び始めた頃は、まず、三十一文字で完結する短歌が、身体的に無理のないテクストだった。そしてこの短歌が、金さんを表現者として開花させる。盲人の短歌会では、歌が二度読み上げられると、参加者は即座に記憶し、互いに評しあう。作品を文書化する際も、暗記しておいた歌を声に出して盲人会の職員に代筆してもらう。

2 金夏日さんの短歌を、「ハンセン病文学」という枠でくくるのは、あまりに表面的な見方のように思う。日常風景をふっと切り取るみずみずしい感性から、政治・社会問題を鋭く見抜く怜悧まで、人生の奥深さ、幅広さをこれほどに感じさせてくれる短歌があるだろうか。

金さんの歌に接するたびに、万葉の昔から、短歌が日常を描くことばの形式だったことを思う。食事をするように、呼吸をするように短歌を詠む。怒りも嘆きも、悲しみも喜びも、三十一文字という形式があるからこそ、淡々としたリズムの中に、いっそう思いが深く刻まれる。

一九六〇年ころの楽泉園では、指読者より舌読者のほうが多かったという。しかし時代の流れとともに、テープによる「本」＝テープライブラリーが増え、困難な舌読でなくとも、入園者はテクストを享受できるようになった。テープライブラリーの作成は点字のような専門性を要しないので、朗読奉仕者も増え、ライブラリーも充実していく。それ自体はすばらしいことなのだが、心血を注いで舌読を獲得した人々には、「直《ぢ》かに本を読むことはテープにまさる」という思いもあったようだ。金さんは以下のように記している。

テープレコーダーが普及した現在、点字よりもテープを利用する会員(注＝盲人会会員)が多くなった。かさばる点字書を抱え舌読するよりは、備えつけのテープレコーダーにテープを回して聞く方が、それは確かに楽には違いない。私自身盲人会のテープライブラリーから、徳川家康など多くのテープを借りて聞いている者の一人である。でも点字には点字の良さがあり、テープを聞かない日はあっても点字書を開かぬ日はまずないと言ってよい。(中略)

本棚には点字聖書や点訳になった歌集などがびっしり入っており、毎日の日課として点字聖書を読み続けている。テープ聖書もテープライブラリーにあるが、一冊をじっくり味わって読むにはやはり点字だと思う。手を伸ばせば届く所に本棚があり、十分でも二十分でも時間さえあれば、点字書を手に取って舌読している。歌を考えている時、点字本が一冊前にあるだけで、何となく気持ちが落ちつくのだから不思議だ。

私にとって点字に触れることは、生きていくために毎日食事をするのとまったく同じことである。

(初出「高嶺」一九八二年五月号／『点字と共に』、一一二－一一三ページ収録)

二〇一〇年の五月、金さんの第五歌集『一族の墓』(影書房、二〇〇九年)を買い求めた。より自在に、柔軟に、より深く展開される歌の数々と、八四歳の金さんのご[a]ケンショウを喜びつつ、[3]二〇年来未だ面識のなかった金さんに一度お会いしてお話しを伺ってみたい、そんな思いが湧き上がってきた。一週間後、版元の影書房のお骨折りで、金夏日さんと連絡をとることができた。

二〇一〇年五月二九日、大月書店の西浩孝さん栗生楽泉園を訪ねた。西さんとは、ハンセン病者の文学作品を意欲的に発掘し隔離政策への厳しい批判を率先した詩人・大江満雄(一九〇六―一九九一)に関する本づくりをご一緒していた。

はじめてお会いした金さんは、わたしたちが大江満雄に関する本を作ったということを喜んでくれた。出発前に読めるだけの金さんの著作に目を通してはいたが、お話を伺うなかで、入所者の盲人会である栗生盲人会の活動について、わたしたちの理解がまだまだ不足していることがわかった。「舌読の詳しいことは、盲人会の『湯けむりの園』を読んでほしい」という金さんのアドバイスで、わたしたちは草津町立図書館に車を飛ばし、栗生盲人会の歩みについて ② ながら勉強した。

栗生盲人会の五十年史『湯けむりの園』、同六十周年記念文集『続・湯けむりの園』はどこでも読める本ではない。この読書体験は忘れがたいものだった。舌読や療養所の生活、栗生盲人会の歴史についての理解を深めていくなかで、金さんの胸のうちが察せられるように感じられた。

翌朝再び訪ねた金さんは、にこやかに「今度はあなたたちの仕事の話を聞かせてほしい」と言う。わたしは自身の装丁の仕事について話し、あわせて最近の出版事情についてお話しした。前々日、アップル社の多機能端末iPadが日本に上陸し、電子ブックに関する話題が b 喧しかった折だ。

コンピュータやインターネットを体験したことのない金さんに、電子ブックをどう説明しようかと案じていたら、とんでもない。金さんは「テレビやラジオで聞いたことがあるよ。たいへんな時代になっちゃったもんだね」と、状況を的確に把握していらっしゃった。わたしはテープライブラリーと点字の関係を、電子ブックと「物《モノ》である本」との関係になぞらえることができるような気がして、金さんに尋ねてみた。「テープは便利だけど、流れちゃうんだな。読み返しができないからどうしても受け身になってしまう。やっぱり自分で直接読みたい。味わいたい。自分で点字で読まなければ、読み返しができない。何ページの何行目という感じにね」。

ページ概念が消滅しつつある電子ブック時代に、金さんのひとことは深く心に残った。

振り返ると、テープライブラリーと点字を、電子ブックと「物である本」の関係になぞらえたことは、やや4牽強付会の誹《そし》りがないとは言えない。しかし、金さんの「読書」を考えるとき、わたしはヨハネ福音書に書かれた「言《ことば》が肉となった」という一節を思い返さずにはいられない。「物である本」としての点字本は、何回も舌読されれば崩れて形を失う。だがそのとき、想像を絶する労苦を通して得られたテクストは、金さんの身体に「受肉」されるのだ。突き詰めれば、媒体はどうであれ、「テクストの受肉」の縁《よすが》となることこそ5「本」の究極の存在意義なのかもしれない。

書籍電子化の流れはとどめようもなく進む。その一方で「物である本」が残ってくれるならいいのだが、世の流れというものは、えてして相補的なバランスを取らない。まして薄利多売でかろうじてcカドウしている製紙、印刷、製本といった紙の本のインフラが、書籍電子化の津波に耐え得るだろうか。わたしは電子ブックとの「相補的共存」から踏み込んで、「物である本を残す」明確な意志を示さない限り、その未来は明るくないと思っている。

しかし悲観するばかりではない。「物である本」は、案外しぶとく生きのびていくかもしれない。少なくとも、テクストにコンテクストを与える、という作業は、人間が身体的存在である限り、なくなることはないのだから……。

栗生楽泉園を訪ねた三日後に、金夏日さんからハガキが届いた。

「(　A　)ではなく、(　B　)を、この先も(　C　)てほしいものです」。

(桂川　潤『本は物《モノ》である――装丁という仕事』による)

問一　二重線部a「ケンショウ」b「喧しかった」c「カドウ」について、カタカナのものは漢字に改め、漢字は読みをひらがなで書きなさい。

問二　傍線部1「その内容に愕然とした。」とあるが、それはなぜか。六十字以内で書きなさい。

問三　傍線部2「金夏日さんの短歌を、『ハンセン病文学』という枠でくくるのは、あまりに表面的な見方のように思う。」とあるが、そのように筆者が考えるのはなぜか、五十字以内で書きなさい。

問四　傍線部3「二〇年来未だ面識のなかった金さんに一度お会いしてお話を伺ってみたい」とあるが、金さんへの敬意がよくうかがえる筆者の誠実な行動を、傍線部3以降の本文の記述をもとに、簡潔に二つ書きなさい。

問五　本文中の空欄[①]に当てはまる適当な慣用表現を書きなさい。

問六　本文中の空欄[②]に当てはまる、「にわか仕込みで急場をしのぐこと。一時しのぎ。」という意味を表す慣用的な成句を五字で書きなさい。

問七　傍線部4「牽強付会」の意味として最も適当なものを次のア～オから一つ選び、記号で書きなさい。

ア　一人で考えたすえに導いた自説が、他者の考えと偶然にもぴたりと符合すること。

イ　信憑性の疑わしい言説を精査しないまま、平気で自説の根拠として引用すること。

ウ　思いつきで述べた自説が、偶然、時代の思潮に合致していたため支持されること。

エ　道理に合わないことを無理にこじつけて、自説に有利になるように展開すること。

オ　他人の提唱した説を、まるで自分で発見したことのように自説に結びつけること。

問八　傍線部5「『本』の究極の存在意義」とはどのようなことであると考えられるか。「肉」という語を含む表現を用いずに、簡潔に説明しなさい。

問九　金夏日さんから筆者に届いたハガキには、どのような言葉が記されていたと考えられるか。筆者の職業を踏まえて、空欄（　A　）〜（　C　）に当てはまる表現を考えて、それぞれ書きなさい。ただし、（　A　）については十五字以上で書くこと。

（☆☆☆◎◎◎）

【二】次の文章を読んで、後の問いに答えなさい。

八郎番は、二回まわってきた。

一回めはわたしが四歳の時、二回めは小学三年生の時である。

八郎番は、くじで決まる。だから、一回も当たらない家もあるし、運が悪くて何回かまわってきてしまう家もある。はずれをいっとうたくさん引いたのは、たしか、かなえちゃんの三軒置いて隣の川又さんのところで、全部で十一回も八郎番をさせられたと聞く。

八郎番の期間は、一回につき三ヵ月だ。その間、八郎を家に住まわせ、食事を与え、学校にきちんと通わせなければならない。子供がふつうにする手伝いくらいならさせてもいいけれど、学校を休んで働かせたり、夜遅くまで用事を言いつけたりしてはいけないことになっている。小遣いもやらなければならない。

八郎は大食らいなので、八郎一人が来ただけで、その家の食費はひどくかさむ。素行が悪いので、先生からしょっちゅう呼び出しを受けたり、始末書を書かされたりもする。

そのうえ八郎は、[①]が立つ。

何かというと理屈を[②]、口ごたえをし、いちゃもんをつけ、うるさくやいのやいの言う。いつか「ラーメン五郎」が八郎番に当たった時など、親父さんがノイローゼになってしまい、しばらくは餃子がメニューから消えてしまったくらいだ。おまえのところの餃子は味がなっていないと、八郎が毎日責めたてたのである。

八郎は、敷島家の十五番目の子供である。女が七人に、男が八人の、いちばん末の子が八郎なのである。子供が多すぎて敷島家では育てきれなくなったので、町内の家が順ぐりに八郎を[a]居候させることになったのだ。

八郎の悪いところばかり言いたてたけれど、いいところも少しはある。

ハーブを育てるのがうまいのと、彫りものが得意なところである。

行く先々の家で八郎がハーブを植えては育てるので、八郎番をしたことのある家の庭には、マロウやセボリーやボリジやヒソップがわんさか生えている。どうやって利用すればいいのか誰も知らないので、ただ[b]ハンモしているだけだ。

彫りものは、とても[c]セイコウな心臓のかたちの彫刻をつくることができる。敷島家に伝わる技術らしい。気持ち悪いので、誰も飾らない。

うちの二回めの八郎番の時には、八郎は中学生だった。お風呂に入っていると必ず覗くし、宿題がわからないと言っては小学生のわたしに聞きに来るし、迷惑このうえなかったけれど、外で会った時には、たまにアイスをおごってくれた。

八郎番は、八郎が中学を卒業するまで、町内のもちまわりで続いた。中学を卒業した八郎は、工務店に勤めながら夜間高校に通った。大学にも進み、建築士の資格をとって独立し、八郎番をした家の改築や建て直しを、ずいぶんと安く請け負った。

八郎の工務店が請け負った家は、すぐにわかる。必ず壁や塀のどこかに、克明でリアルな心臓が彫ってあるからである。いくら料金を割り引きしてくれても、あの心臓が嫌だといって八郎を避ける家も多い。八郎はそういう時、ものすごく怒って、その家の裏庭にこっそり大量のノミトリギクを植えつけてしまう。ノミトリギクは、虫よけになる、ひどくくさいハーブである。

（川上弘美『このあたりの人たち』による）

問一　二重線部a「居候」b「ハンモ」c「セイコウ」について、カタカナのものは漢字に改め、漢字は読みをひらがな書きなさい。

問二　「八郎番」という決まり事について、住人たちはどのような受けとめ方をしているか。本文中の表現を根拠として引用しながら、簡潔に説明しなさい。

問三　本文中の「[①]が立つ」「理屈を[②]」の空欄に当てはまる語句として最も適当なものを、それぞれ次のア～オから一つずつ選び、記号で書きなさい。

[①]　ア　腕　イ　気　ウ　弁　エ　顔　オ　筆

[②]　ア　もみ　イ　ごね　ウ　さらい　エ　こね　オ　なで

問四　「わたし」が考える「八郎」の長所を二つ指摘しなさい（指摘の仕方は、抜き出しでも要約でも構わない）。また、長所が書かれていることが作品に与えている効果を説明しなさい。

問五　この作品の特徴について説明したものとして適当なものを、次のア～カの中から二つ選び、記号で書きなさい。
ア　八郎を巡る風変わりで突飛なエピソードが描かれながらも、町内や家庭の決まり事などが丁寧に描写されているために、作品世界が空疎にならず不思議な現実感を感じさせる。
イ　八郎という奇妙な人物を語り手として、彼の登場で振り回される人々の様子を八郎の視点から描写することで、それぞれに独自の生活文化を持つ日本の家庭が生き生きと描かれている。
ウ　八郎の行動や性格を、複数の視点人物から描くことで、周囲とは異質な存在を受け入れるか排除するかという二通りの対応を、各家庭の個性とともに鮮やかに対比させている。
エ　作品の視点人物は八郎よりやや年下の幼なじみだが、近所に迷惑をかける彼を非難するだけでなく、彼なりのよい面も紹介するなど、必ずしも八郎を忌み嫌っているわけでないことをうかがわせる。
オ　「小学三年生」「三軒」「十一回」「ラーメン五郎」「七人」など、作品の随所に多用される数字が布石になっており、最後の段落で八郎の数奇な生い立ちの謎が解ける構成になっている。
カ　周囲を困らせてばかりの少年時代の八郎に対し、非の打ちどころのない好青年に成長した八郎の姿が最後に描かれ、前半で読者の抱いた八郎像が見事にひっくり返される仕掛けになっている。

（☆☆☆◎◎◎）

【三】次の文章を読んで、後の問いに答えなさい。

此頃《このごろ》雨ふりつゞきて晴《はる》る期《ご》も見えず。よりてふるき歌に、

*住吉の松の千歳《ちとせ》も　1ふるばかり久しくはれぬ五月雨の空

俳諧の発句《ほつく》に、

*さみだれやある夜《よ》ひそかに松の月

などいふを思ひ出《いで》て、かくあまりにふりすぎ久しすぎたるも、興《きよう》さめて見ゆるものなり。おもふついでにまた歌に、

*ながめじと思ひすてゝもとにかくに涙せきあへぬ秋の夕暮《ゆふぐれ》

これらも悲しすぎたり。春の曙《あけぼの》に命を延ばへ、郭公《ほとゝぎす》を待ちて幾夜も　2いねざりしなども其類にて、古人の上手《じやうず》にも　3此類《このたぐひ》多けれども、余《われ》はこのまず。

*有明のつれなく見えし別《わかれ》より暁　4ばかり憂きものはなし

といふを*古今《こきん》第一とし、「*秦時明月漢時関《しんじのめいげつかんじのくわん》。万里長征《ちやうせい》人未《いまだ》レ還《かへらず》」といふを唐絶《たうぜつ》の圧巻《あつくわん》などいふは、眼《まなこ》たかし。近頃*小沢蘆庵《をざはろあん》のみ此意《このこゝろ》を知れりと見ゆること多かりし。*諸九《しよきう》といへる尼《あま》、*夷講《えびすこう》にて酒もりする処《ところ》にて、

客をつるいとは*三筋《みすぢ》やえびす講

といふほくしたりければ、一座興《きよう》ありつれども、其さま賤しければ、後悔《こうくわい》したりと、みづから語りし。かゝる体は俳諧の俗談平話といへるにさへいやしむを、近頃詩歌の人、好みてこゝをせにして物するは、いかにぞや。

（菅茶山『筆のすさび』による）

＊住吉の〜………出典不明。第一・二句は実景であると同時に「ふる」を導く序詞。

＊さみだれや〜…近世中期の俳人、大島蓼太の発句。五月雨が続いていたが、ある夜ふと気づくと雨が

上がっており、いつの間にか庭の松に月がかかっていた。

＊ながめじと〜…出典不明。やや似た歌に、新後拾遺和歌集・秋上に「ながめじと思ひすつれどあはれのみ身にそひてうき秋の夕暮」がある。

＊有明の〜………古今集・十三・恋。壬生忠岑の歌。

＊古今第一………後鳥羽院が定家・家隆に古今集の秀歌を問うたところ、二人ともこれを挙げたなど、古来定評のある歌。

＊秦時明月〜……唐詩選・七、王昌齢「従軍行」の第一・二句。天の月も地の関門も秦・漢の昔と少しも変わらない。匈奴との戦で万里の彼方へ遠征した兵士たちはまだ帰れないでいる。

＊小沢蘆庵………近世中期の京都の歌人。

＊諸九……………近世中期の女流俳人。

＊夷講……………商家で福の神の夷神を祭り、繁栄を祈って宴を張る年中行事。俳諧では冬の季語。

＊三筋……………えびす講で弾いていた三味線の糸。

問一　傍線部1の掛詞「ふる」について簡潔に説明しなさい。

問二　「ながめじと〜」の歌を現代語訳しなさい。

問三　傍線部2「いねざりし」を例にならって品詞分解して文法的に説明し、現代語訳しなさい。

例	知	ら／	ぬ	／な	る／	べ	し。
	ラ行四段動詞	「知る」の未然形	打消の助動詞	「ず」の連体形	断定の助動詞	「なり」の連体形	推量の助動詞
							「べし」の終止形

問四　傍線部3「此類多けれども、余はこのまず。」とあるが、筆者がそう考えるのはなぜか。「此類」がどのような性質の詩歌を指しているかを明らかにして簡潔に説明しなさい。

問五　「有明の～」の歌に関する説明として正しいものを、次のア～オからすべて選び、記号で書きなさい。

ア　「有明」とは陰暦二十日過ぎに夜が明けても空に残っている月のことである。

イ　「つれなく見えし」が「有明の」を受けるととるか、「別れ」にかかるととるかで解釈が異なる。

ウ　三句切れである。

エ　藤原定家もほめたとされるが、百人一首には選ばれていない。

オ　枕詞は使われていない。

問六　傍線部4「ばかり」と同じ意味の「ばかり」を含む例文を次のア～オから一つ選び、記号で書きなさい。

ア　子の時ばかりに、家のあたりの昼の明さにも過ぎて光りわたり(竹取物語)

イ　月影ばかりぞ、八重葎にも障らず射し入りたる(源氏物語)

ウ　雨いたう降るとて急げば、酒ばかり飲ます(落窪物語)

エ　法師ばかりうらやましからぬものは、あらじ(徒然草)

オ　名に愛でて折れるばかりぞ女郎花我落ちにきと人に語るな(古今和歌集)

問七　「秦時明月漢時関。～」の詩と「客をつる～」の句について、筆者の論に合っている説明を次のア～カから一つ選び、記号で書きなさい。

ア　「秦時明月漢時関。～」の詩は、静かで抑制の利いた描写で寂寥感を見事に表現した名作であり、「客をつる～」の句も当意即妙の言葉で座の感興を活写しており、好ましい。

イ　「秦時明月漢時関。～」の詩は、目に浮かぶような景色の描写に作者の観察眼の確かさがうかがえ、

「客をつる～」の句も当意即妙の言葉で座の感興を活写しており、好ましい。

ウ　「秦時明月漢時関。～」の詩は、静かで抑制の利いた描写で寂寥感を見事に表した名作であるが、「客をつる～」の句は俳諧としてもやや卑近に過ぎる表現で、好ましくない。

エ　「秦時明月漢時関。～」の詩は、目に浮かぶような景色の描写に作者の観察眼の確かさがうかがえるが、「客をつる～」の句は激した感情を抑制せずに表現しており、好ましくない。

オ　「秦時明月漢時関。～」の詩は、風物を数百年前の秦・漢の時代を持ち出して描写するなど、大げさで評価できず、「客をつる～」の句も俳諧としてもやや卑近に過ぎる表現で、好ましくない。

カ　「秦時明月漢時関。～」の詩は、風物を数百年前の秦・漢の時代を持ち出して描写するなど、大げさで評価できず、「客をつる～」の句も激した感情を抑制せずに表現しており、好ましくない。

（☆☆☆◎◎◎）

【四】次の文章を読んで、後の問いに答えなさい。

*楚欲《シ》下與《と》二斉・韓一共《ニ》伐《タント》上秦《ヲ》、因《リテ》欲《ス》レ圖《はかラント》レ周《ヲ》。[1]*王使*東周武公謂楚*令尹《れいいん》昭子曰、「周《ヲバ》不《ル》レ可《カラ》レ圖《ル》也《ト》。」昭子曰《ハク》、「乃[a]圖《ルハ》レ周《ヲ》則《チ》無《シ》レ之。雖[b]レ然、何《ゾ》不《ルト》レ可《カラ》レ圖《ル》。」武公曰《ハク》、「西周之[①]地、絶《チ》レ長《キヲ》補《ヘバ》レ短《キヲ》、不《レドモ》レ過《ギ》二百里《ニ》一、名《ハ》為《たり》二天下《ノ》*共主一。裂《クモ》二其《ノ》地《ヲ》一、不《レ》足《ラ》二以《テ》肥《ヤスニ》レ國《ヲ》。得《ルモ》二其《ノ》衆《ヲ》一、【兵以不勁足】。雖《レ》然、攻《ムル》レ之《ヲ》者《ハ》名《ツクルニ》為《ス》レ弑《しいスト》レ君《ヲ》。然《リ》而《シテ》猶[c]有《ルハ》二欲《スル》レ攻《メント》レ之《ヲ》者一、見《ルガ》二*祭器《ノ》在《ルヲ》一レ焉《ここニ》故也。夫[d]*虎《とらハ》肉

臊《なまぐさ》クシテ而*兵利レスルモ身ヲ、人ハ猶攻レム之②ヲ。若e使2三メバ澤中之*麋《び》ヲシテ蒙《かうむ》二ラ虎之皮ヲ一、人之攻レムル之ヲ也《や》、必ズ萬倍セン矣。裂二クハ楚之③地ヲ一、足二リ以テ肥レヤスニ國ヲ、詘《しりぞ》二クルハ楚之④名ヲ一、足二ル以テ尊《たつと》レクスルニ主ヲ。3今子欲誅《ちゅう》残《ざん》天下之共主、居三代之傳器。器南セバ、則チ兵至ラント矣。」於f是レ楚ノ計輟ヤミテ不レ行ハレ。

（『資治通鑑《しじつがん》』による）

＊楚・斉・韓・秦・周……いずれも戦国時代の国名。　＊王……周王朝最後の天子、赧王。
＊東周……東遷後の周王朝のこと。赧王の時代には弱体化し、赧王は武公を頼って西周の地に遷都した。　＊武公……周の王族の一人。
＊令尹……宰相。　＊共主……群雄割拠する戦国時代にあって、衰えたとはいえ周王朝はおいそれと手を出せない諸侯の長であった。
＊祭器……祭事に使われる器。王位の象徴。　＊虎……皮は利用価値があるが肉は食用に適さない。　＊麋……鹿の一種。肉は食用。

問一　本文中で置き字として扱われている漢字を二字、抜き出して書きなさい。

問二　二重線部 a「乃」 b「雖然」 c「猶」 d「夫」 e「若」 f「於是」の漢字の読みをそれぞれ送り仮名も含めてひらがなで書きなさい（現代仮名遣いでかまわない）。

問三　波線部①～④の「之」のうち一つだけ用法の異なるものを選び、記号で書きなさい。

問四　傍線部1「王使東周武公謂楚令尹昭子曰、」の箇所は、「周王が、東周の武公に（命じて）、楚の宰相の昭子に向かって言わせたことには、」という意味である。この箇所を正しく書き下し文に改めて書きなさい。

問五　本文中の【　　】内の漢字を、意味が通るように並べ替えて書きなさい。（訓点は施さないこと）。ただし、「勁」は「つよクス」というサ変動詞とする。

問六　傍線部2「使澤中之麋蒙虎之皮」とあるが、これは具体的にどのような状況か、簡潔に書きなさい。ただし、「麋」および「虎之皮」を、それぞれ喩えているものに適切に言い換えること。

問七　傍線部3「今子欲誅残天下之共主、居三代之傳器。」に正しく訓点を施しなさい。ただし、「誅残」は「ちゅうざんス」というサ変動詞、「居」は「おク」というカ行四段動詞とする。

（☆☆☆◎◎◎）

【高等学校】

【一】次の【一】は『枕草子』一三一段（新編日本古典文学全集による）、【二】は同章段について論じた文章である。【一】【二】を読んで、後の問いに答えなさい。

【一】

五月ばかり、月もなういと暗きに、「女房や候《さぶら》ひたまふ」と、声々して言へば、「出でて見よ。例ならず言ふは誰《たれ》ぞとよ」とa仰せらるれば、「こは、誰《た》ぞ。いとおどろおどろしうきはやかなるは」と言ふ。物は言はで、御簾をもたげて、そよろとさし入るる、呉竹《くれたけ》なりけり。「おい。この*君にこそ」と言ひわたるを聞きて、「いざ、いざ、これまづ殿上に行きて語らむ」とて、*式部卿宮《しきぶきやうのみや》の源《げん》中将、*六位どもなどありけるは、いぬ。

*1頭弁《とうのべん》はとまりたまへり。「あやしくてもいぬる者どもかな。*御前《ぜん》の竹を折りて、歌よまむとてしつるを、『同じくは、*職《しき》にまゐりて、女房など呼び出できこえて』と持て来つるに、呉竹の名を、いととく言はれていぬるこそいとほしけれ。2誰《た》が教へを聞きて、人のなべて知るべうもあらぬ事をば言ふぞ」などのたまへば、「竹の名とも知らぬものを。3なめしとやおぼしつらむ」と言へば、「まことに、そは知らじを」などのたまふ。

まめごとなども言ひ合わせてゐたまへるに、「栽《う》ゑてこの君と称す」と誦《ず》して、またあつまり来たれば、「4殿上にて言ひ期《き》しつる本意《ほい》もなくては、など帰りたまひぬるぞとあやしうこそありつれ」とbのたまへば、「さる事には、何のいらへをかせむ。なかなかならむ。殿上にて言ひののしりつるは。上《うへ》も聞しめして、興《きょう》ぜさせおはしましつ」と語る。頭弁もろともに、同じ事をかへすがへす誦したまひて、いとをかしければ、人々みなとりどりに物など言ひ明かして帰るとても、なほ同じ事をもろ声に誦して、*左衛門《さゑもん》の陣《ぢん》入るまで聞ゆ。

つとめて、いとと<*少納言の命婦《みやうぶ》といふが、御文《ふみ》まゐらせたるに、この事をc啓したりければ、下《しも》なるを召して、「さる事やありし」と問はせたまへば、「知らず。何ともd知らではべりしを、行成《ゆきなり》の朝臣《あそん》の取りなしたるにやはべらむ」と申せば、「取りなすとも」とて、うちゑませたまへり。

5誰《た》が事をも、「殿上人ほめけり」など聞しめすを、さ言はるる人をもよろこばせたまふもをかし。

（新編日本古典文学全集18『枕草子』による）

＊　この君……『晋書』王徽之《おうきし》伝に「嘗テ空宅ノ中ニ寄居シ、便チ竹ヲ種ヱシム。或ルヒト其ノ故ヲ問フ。徽之但嘯詠シテ竹ヲ指シテ曰ハク、『何可一日無此君耶』ト」とある。

＊　式部卿宮の源中将……源頼定。村上帝の皇子為平親王(式部卿の宮)の二男。

＊　六位ども……六位の蔵人たち。

＊　頭弁……蔵人の頭で弁官を兼ねる者。ここは藤原行成。

＊　御前……清涼殿の前庭。

＊　職……職は中宮職(中宮関係の事務をとる役所)。中宮定子の父である関白道隆が死去す

ると、定子の境遇は急変し、里での落飾、出産を経て再入内の後は、その役所内の局である「職の御曹司《みぞうし》」が定子の御在所となる。左大臣道長の権勢はいよいよ増し、その女彰子が入内するなど、定子不遇の時代である。

＊左衛門の陣…………建春門。内裏外廓の東門。武官の詰所。職の御曹司は陽明門から建春門に至る道に南面している。

＊少納言の命婦…………主上付きの女房。伝未詳。

【二】

『枕草子』というテクストには、純粋に解釈のレベルで戸惑いを覚えるような点が、まだ数多く残されている。

本章では、一三〇段と一三一段の従来の読みに関して疑問を提示したいが、まず「五月ばかり、月もなういと暗きに」の段(一三一段)を取りあげる。男性貴族たちが中宮の局にやってきて(後文から職の御曹司滞在中のことだと分かる)、やおら御簾を持ち上げて呉竹を差し入れる。＊〈作者(体験主体)〉が反射的に、「おい、この君にこそ」と答えると、それを聞いた男たちは、「いざいざ、これまづ殿上に行きて語らむ」と帰ってゆく。

「この君」は、『晋書』王徽之伝の、王徽之が呉竹を植え「此君」と称して愛玩したという逸話に由来する、呉竹の異名である。その呉竹に掛けて、「なんだ、あなた様でしたか」ととっさに切り返した〈作者(体験主体)〉の機転に感嘆して、男たちは満足して引き上げていったと解せられている。その出来事の後、頭弁藤原行成だけがあとに残って、〈作者(体験主体)〉と、

「あやしくてもいぬる者どもかな。御前の竹を折りて、歌詠まむとてしつるを、『同じくは、職にまゐりて、

女房など呼び出できこえて』と持て来つるに、呉竹の名をいととく言はれていぬるこそ、いとほしけれ。誰が教へを聞きて、人のなべて知るべうもあらぬことをば言ふぞ」などのたまへば、「竹の名とも知らぬものを。なめしとやおぼしつらむ」と言へば、「まことに、そは知らじを」などのたまふ。

という会話を交わす。まず、ここのつながりが分からない。行成はなぜ一人あとに残ったのか。「歌を詠み交わすつもりで来て、まだその目的を達していないのに、なぜ皆は引き返してしまったのだろう」という独り言のようなことばが、形の上では一応その説明にあたっているようではある。

そもそも、呉竹は伝統的な歌材から外れる題であり(原著注1)、呉竹をめぐってありきたりな和歌のやりとりを企てていた訳ではもとよりあるまい。歌に詠みにくい題材を、あの機転のきく中宮女房(則ち〈作者(体験主体)〉)がどう料理するか、それを試してみようといういたずら心を起こして、わざわざ職の御曹司まで連れ立ってやってきたのではなかったか。そのいたずら心に対して、「呉竹」＝「この君」と、出会い頭に切り返したのは、それだけで充分機知に富んだ返答になっているはずである。男たちが「いざいざ、これまづ殿上に行きて語らむ」と満足して引き上げていくのも当然であって、「歌を詠まなくてもいいのか？」とつぶやいて居残る行成の態度は、表面的に受け取るならばいかにも鈍感で、〈作者(体験主体)〉と深く心を許しあっていた才人の対応としてはふさわしくない。

また、「呉竹の名をいととく言はれていぬるこそ、いとほしけれ」という行成のことばも文脈上しっくりこず、すぐに立ち去った同僚の態度に対する i フシンならば、「いとほしけれ」とあるところは「あやしけれ」「おぼつかなけれ」等とある方が分かりやすい。それに「誰が教へを聞きて、人のなべて知るべうもあらぬことをば言ふぞ」とは何のことを言っているのか。「この君」＝呉竹の異名ということなら、王徽之の逸話は当時広く読まれていた『蒙求』にも見え、後出のようにこの逸話を踏まえた藤原篤茂の詩句が『和漢朗詠集』にも採られているからには、広く知られていた知識であったと見なさなければならず、それを行成が「人のなべて知るべうもあらぬこと」と言うはずがないのである。これらの素朴な疑問に対して、諸注は明確な説明を与えていない。

「竹の名とも知らぬものを」という〈作者(体験主体)〉のことばは、通説では、「おい、この君にこそ」という返答が企んでのものではなかったととぼけたことばと解しているが、それでは次の「なめしとやおぼしつらむ」ということばとのつながりが悪い。殿上人たちははじめから〈作者(体験主体)〉の機知を期待して訪れているのであって、〈作者(体験主体)〉にしても期待されていることは百も承知、だとすれば、典拠が正しく理解されず誤解されたのではないかと恐れているというのならまだ分かるが、無意識に口に出たことばが典拠のある返答ととられたことによって、無礼との印象を与えたのではないかと危惧するというのは不自然だろう。

行成の「まことに、そは知らじを」ということばについても解釈が分かれているが、先に確認したように、「この君」が呉竹の異名であるとは知らないはずだという解釈は、逸話の知名度から見てありえず、〈作者(体験主体)〉の[A]韜晦に調子を合わせたとする説も、殿上人たちが立ち去った後の二人きりの会話であることを考えれば、調子を合わせることに意味がないだろう。「〈作者(体験主体)〉が『この君』=呉竹の異名であることを知らなかったとは、まさか殿上人たちも思うまい」と解釈する説もあるが、〈作者(体験主体)〉のことばがまさしくとっさに出たことばで何の底意もないと行成が本気で信じているはずはないから、やはり二人きりになった後で行成が〈作者(体験主体)〉の韜晦に調子を合わせる必要がないという難点がある。

この段における〈作者(体験主体)〉と行成のやりとりのわからなさについては、近時[6]古瀬雅義の新説(原著注2)が出て、理解が一歩前進した感がある。即ち古瀬説によれば、冒頭の〈作者(体験主体)〉の「おい、この君にこそ」という返答は、単に呉竹=「この君」に引っかけた即興の返答というにとどまらず、『晋書』王徽之伝の逸話に見える「嘗寄居空宅中」という王徽之の境遇を連想させ、それが中宮の現在の不適な境遇を想起させることに気づかなかった、一種の失言であるという。その失言をごまかすために、一貫して「竹の異名とは知らなかった」ととぼける必要が〈作者(体験主体)〉の側に生じたのであり、行成の発言は、〈作者(体験主体)〉の意図をB汲んでその失言が表面化しないようにうまくとりなしたものだとする。

この古瀬説は、「この君」が呉竹の異名というところからさらに一歩典拠の内容に踏み込むことで、この章段のやりとりの不分明さに解釈の方向性を与え、併せて他の章段と共通する〈作者(体験主体)〉と行成との心情的つながりを浮き彫りにしてみせた点で優れている。

しかし、なおいくつかの疑問も残る。思いつくまま箇条的に記すと、

(a)「おい、この君にこそ」という返答だけで、中宮の不遇を連想させる典拠を引いた失言だと〈作者(体験主体)〉も行成も直感したというのは、負の方向への連想だけに過敏に過ぎないか。

(b)「この君」が呉竹の異名だとは知らなかったと〈作者(体験主体)〉が言い張っているという理解は、この逸話の知名度と〈作者(体験主体)〉の博学のイメージからしていかにも無理ではないか。

(c)一人残って〈作者(体験主体)〉と事後の打ち合わせをした行成が、再び殿上人たちと訪れる場面では、「植ゑてこの君と称す」という『本朝文粋』の藤原篤茂の詩句(原著注3)を朗詠している。しかし、「この君」という一語が「空宅」という不吉な観念を呼び起こすというのならば、「空宅」に竹を植えて愛玩したという王徽之のイメージは篤茂詩の背景にも当然浮かび上がるから、行成が典拠をずらして見せたことの効果が果たしてどの程度あるものか疑わしい。

しかし、古瀬の仮説をそのままの形で承認することはできないものの、そこには重要な観点が含まれている。即ち、この段の分かりにくさを解き明かすためには、〈作者(体験主体)〉の答えが単に漢文学の知識を披瀝し

た機知に富んだものであったという理解だけでは足りず、職の御曹司に侘び住まいを続ける中宮の不遇と関わらせて解釈する必要があるという前提がそれで、この点については筆者も同様に考える。職の御曹司を舞台にした中宮女房と男性貴族集団との交渉を記録した章段はいくつかあるが、それらには等しく、帝の側近グループと中宮女房集団との距離を隔てた交渉という、一種の緊張関係が読み取れるからである(原著注4)。

　殿上人たちはおそらく、呉竹＝「この君」という連想の反射的な素早さに感嘆し、満足して引き上げていったのであろう。しかし、一人あとに残った行成は、それ以上の何かを〈作者(体験主体)〉のことばに聞き取ったのではなかったか。「誰が教へを聞きて、人のなべて知るべうもあらぬことをば言ふぞ」という問いは、その疑惑を〈作者(体験主体)〉に質[C]すものであった。「竹の名とも知らぬものを」という〈作者(体験主体)〉の口吻は、「『この君』が竹の異名だということすら知らないのに、それ以上のことまで意図していたはずがないでしょう」というニュアンスが感じられる。その〈作者(体験主体)〉の底意として行成に疑われた意図とは、おそらく〈作者(体験主体)〉が実際にそこに響かせることを意図していた底意なのであり、それを後になっては否定してとぼけようとしているのだから、中宮の不遇を認めるような「空宅」の含意ではありえない。

　〈作者(体験主体)〉がそこにひそかに含ませようとした底意とは、実は「晋書」に記されている、王徽之が竹を指して言ったことば、「何可一日無此君耶[7]」だったのではあるまいか(原著注5)。

　そもそもこの試みは、頭弁行成をはじめ、源中将頼定、蔵人たちなど、清涼殿の殿上の間にシコウ[ii]している帝の側近グループの間で持ち上がった座興であった(清涼殿の前庭にある呉竹が話題になるのはそのためだろう)。後で帰参した殿上人たちが帝に報告していることから考えても、帝自身も一枚加わった当座の座興だったのであろう。歌題としては珍しい部類に属する呉竹であえて歌を詠もうというひとひねりした趣向が進行するうち、かつてはこのような折にしばしば格好の話題を提供した女房が職の御曹司にいることに思い当たった、それは帝とその側近集団の意職が職の御曹司に侘び住まいをしている中宮とその女房集団の方へ向けられた瞬間でもあった。

中宮女房集団の側から見れば、殿上人たちの訪れは、常に待ちわびている帝の側からの接触、帝の周辺の空気に触れる希少な機会としてとらえられるものであったにちがいない。呉竹が差し入れられた時、とっさに〈作者(体験主体)〉の口をついて出た「おい、この君にこそ」ということばは、そのような状況の下で中宮方の心情をいわば代表する形で口に出された挨拶のことばだったのではないか。

何ぞ［　　　　　　　　］。

「この君」ということばの背後に秘められたこの一句は、落飾し、后として内裏にあることがかなわなくなって久しい中宮の悲嘆をD忖度し、代弁した、帝に対する心情的つながりの確認を促すことばだったと解釈できる。

そう解釈すれば、殿上人たちが帰参した後に行成が一人残った理由も想像できる。他の人々とは違って、行成は〈作者(体験主体)〉の答えが単に呉竹の異名を用いた気のきいた即興にとどまるものではなく、中宮グループを忘れ去ったかのように日々を過ごしている帝周辺に対する軽い当てこすりとも抗議ともとれる挨拶であり、ひいては中宮になり代わって帝に心中を訴える体のアピールであることを感じ取った。当然、そのまま引き返す訳にはいかない。「あやしくてもいぬる者どもかな」云々は、〈作者(体験主体)〉のことばの底意に気づかず表面的な理解で満足して引き上げて行った同僚に対する苛立ちの表明であり、それに続く「呉竹の名をいととく言はれていぬるこそ、いとほしけれ」ということばは、先にも述べたように、同僚に向けられたととる従来の解釈だと、*三巻本本文の「いとほしけれ」という語の語感がしっくりこないのだが、真意に気づかれぬまま殿上人たちに立ち去られた〈作者(体験主体)〉に向けられた同情のことばととれば、自然に理解される。

それに対する〈作者(体験主体)〉の「竹の名とも知らぬものを」ということばも、この文脈からすれば当然の応対で、一女房でありながら中宮になり代わって帝への求訴を行なったと見られては僭上との思いから出た韜晦であろう。「この君」が呉竹の異名であることも知らなかったのに、どうして中宮様になり代わって主上に訴えかけるなどという恐れ多いことをいたしましょうか、というわけである。「なめしとやおぼしつらむ」というのも、帝とその周辺を意識した自らのことばが、僭上のふるまいととられることを危惧することばと解すれば、まことに自然である。

その後、行成が「まめごとなども言ひ合はせてゐたまへる」ところに、殿上人たちが戻ってくるのだが、この「まめごと」も、従来の解釈では捉え方が曖昧で、粋な即興のやりとりの後で二人が交わす会話としては「まめごと」という語のニュアンスがそぐわない感触を残すのだが、これ以前の二人の会話の文脈を先のように解すれば、中宮と帝との[iii]ソカクを意識しての二人の会話で、それぞれの側近として中宮と帝の心情を代弁するかのごとき情報交換が行なわれたと解され、まさに「まめごと」という表現にふさわしい。

8「おい、この君にこそ」という〈作者(体験主体)〉の返答に秘められた意図と、それに対する行成の反応を、以上のように読み取れば、翌朝早速帝からの文が届けられるという記述とのつながりも理解しやすい。帝は行成の報告を聞いて、職の御曹司に侘び住まいをしている中宮への不憫の思いを募らせ、急いで消息を遣わしたのである。

その折、中宮に呼び出されて「さることやありし」と下問された〈作者(体験主体)〉は、「知らず。何とも知らではべりしを、行成の朝臣のとりなしたるにやはべらむ」と答える。これは古瀬の言うような自らの失言を意識してのことばではなく、中宮になり代わって帝に直訴した形になった自らの僭上を取り[iv]ツクロったことばであろう。しかし実際には、積極的な発言によって、帝から中宮への働きかけを引き出した自らの機知に対して、〈作者(体験主体)〉は充分な手ごたえを感じていたにちがいない。

『『とりなすとも』とてうち笑ませたまへり」という中宮の反応は、そのような〈作者(体験主体)〉の意図を充分に理解しての反応であろうが、それが〈作者(体験主体)〉に対する感謝の気持ちの現われなのか、いらぬお節介との苦笑気味の反応であるのかは、何とも言えないところである。時期的に近接する八三段などでは、中宮は〈作者(体験主体)〉の示威的なパフォーマンスに明らかに手を焼いている気配であることを鑑みると、〔　〕ではなかったかと想像するのだが。

（土方洋一『日記の声域――平安朝の一人称言説』による）

＊〈作者(体験主体)〉……著者は本書冒頭において「『枕草子』の日記的章段においては、体験時の〈われ〉のみならず、執筆時の〈われ〉もまた極めて演技的に装われた主体であり、物語における虚構の語り手(「草子」という性格上「書き手」と呼ぶべきか)に近い」とし、体験時の〈われ〉の意識をもってテクスト内を生きる主体を〈作者(体験主体)〉、執筆時の意識をもってテクストを統括する主体を〈作者(表現主体)〉と呼び分け、テクスト外の歴史的個人のイメージにつながる主体を単に〈作者〉と表記している。

＊三巻本……『枕草子』諸本の一系統。

＊時期的に近接する八三段などでは、……著者は「職の御曹司時代の〈作者(体験主体)〉の言動には、中宮の不遇を意識し、中宮女房を代表して、中宮の存在感を外部に

対してアピールしようとするあまり、やや分を外れた過激なパフォーマンスに傾く傾向が読み取れる。」とし、本書の別の章で八三段、九五段について論じている。

原著注1――漢詩とは異なり、和歌においては実体としての竹が素材になることは殆どなく、用例の多くは「呉竹の」という枕詞の用例である。

原著注2――古瀬雅義「『この君にこそ』という発言」(『国語と国文学』一九九七年二月)。以下、同氏の説はこの論文による。

原著注3――藤原篤茂「修竹冬青詩序」(『本朝文粋』巻十一)

原著注4――四七段・七四段・八三段・一三〇段など。

原著注5――ほぼ同一の語句は『蒙求』『世説新語』にも見え、典拠の如何に関わらず、この語句が王徽之の逸話と一体のものであったことが分かる。

問一　本文【二】中の二重線部a～dに含まれる敬語について、それぞれ敬語の種類(尊敬語・謙譲語・丁寧語)を書きなさい。また、敬意の対象として最も適当なものを、それぞれ次のア～カから一つずつ選び、記号で答えなさい(同じ記号を複数回用いてよい)。

ア　源中将頼定や蔵人たち　イ　頭弁行成　ウ　上(一条帝)　エ　少納言の命婦　オ　中宮定子

カ　作者(清少納言)

問二　本文【二】中の傍線部1「頭弁」について、頭弁藤原行成に関する説明として、正しいものを次のア～オからすべて選び、記号で答えなさい。

ア　能書家として知られ、小野道風、藤原佐理とともに三蹟の一人に数えられる。
イ　位人臣を極め、「この世をばわが世とぞ思ふ望月の欠けたることもなしと思へば」の歌がある。
ウ　和歌、漢詩、管弦のいずれにも秀でており、「三舟の才」の逸話が有名である。
エ　『権記』と称される日記は当時の政情や宮廷の様子を詳細に記しており、史料的価値が高い。
オ　『千載和歌集』の撰者。当代の歌壇の第一人者で、「幽玄」と称する美的理念を唱えた。

問三　本文【一】中の傍線部2「誰が教へを聞きて、人のなべて知るべうもあらぬ事をば言ふぞ」について、次の各問いに答えなさい。
(1)　現代語訳しなさい。
(2)　本文【二】によれば、この言葉を表面どおりに解釈することが、どうして不自然なのか。簡潔に書きなさい。

問四　本文【一】中の傍線部3「なめしとやおぼしつらむ」を、次の例にならって単語に区切り、文法的に説明しなさい。

例

子／と／なり／給ふ／べき／人／な／めり。

名詞	格助詞	ラ行四段動詞「なる」連用形	ハ行四段動詞「給ふ」終止形	推量の助動詞「べし」連体形	名詞	断定の助動詞「なり」連体形	推定の助動詞「めり」の終止形

問五　本文【一】中の傍線部4「殿上にて言ひ期しつる本意」とは具体的にどのような試みか。説明しなさい。

問六　本文【一】中の傍線部5「誰が事をも、『殿上人ほめけり』など聞しめすを、さ言はるる人をもよろこばせたまふもをかし」について、主体がわかるように言葉を補って現代語訳しなさい。

問七　本文【二】中の二重線部A～Dの漢字について、次の各問いに答えなさい。

(1)　A～Dの読みをひらがなで書きなさい。
(2)　AとDの意味を簡潔に書きなさい。
問八　本文【二】中の波線部ⅰ～ⅳのカタカナを漢字に改めなさい。
問九　本文【二】中の傍線部6「古瀬雅義の新説」と、筆者の説とに共通するのはどのような観点か。簡潔に書きなさい。
問十　本文【二】中の空欄［　　　］には、本文【二】中の傍線部7を「可一日無此君耶」の書き下し文が入る。傍線部7を正しく書き下し、書きなさい。
問十一　本文【二】中の傍線部8「『おい、この君にこそ』という〈作者(体験主体)〉の返答に秘められた意図」について、秘められた意図とは具体的にどのようなことであり、〈作者(体験主体)〉はどうしてそれを後になって否定してとぼけようとしたのか。百字以内で説明しなさい。
問十二　本文【二】中の空欄〔　　〕には「前者」「後者」のいずれかが入る。適当なものを書きなさい。
問十三　あなたが「古典B」の授業で『枕草子』の本文【二】中の章段を扱うとしたら、本文【二】を読んだ経験をどのように生かすか。簡潔に書きなさい。

《参考》　高等学校学習指導要領「古典B」目標
　古典としての古文と漢文を読む能力を養うとともに、ものの見方、感じ方、考え方を広くし、古典についての理解や関心を深めることによって人生を豊かにする態度を育てる。

(☆☆☆◎◎◎)

解答・解説

【中高共通】

【一】問一　a　健勝　b　かまびす・やかま(しかった)　c　稼働(稼動)　問二　指の触覚もまひした金さんが、極度の集中力を要し体力を消耗する舌読という壮絶な方法で読書をする様子に衝撃を受けたから。(五十八字)　問三　短歌そのものが感じさせる感性や怜悧などの本質的な価値を見ず、作者の特殊な境遇のみに着目しているから。(五十字)　問四　一つ目…出発前に読めるだけの金さんの著作に目を通したこと。二つ目…金さんに薦められた書籍を、すぐに図書館に行って読んだこと。　問五　血の滲む　問六　付け焼き刃　問七　エ　問八　テクストに物としての実体を与えることで、身体的存在である人間とテクストとを仲立ちする媒体となること。　問九　A　ページ概念の消失した実体のない本　B　従来通りの物としての本　C　作り続けていっ

〈解説〉問一　漢字は新聞を読む等、普段の訓練で大きく差が出るが、a、bはやや文語調なので学習を要すると思われる。　問二　「その内容」とあるので、前後に該当部分があることが予想される。本問の場合、次段落にあるので、内容を制限字数以内にまとめればよい。　問三　直後にその理由がある。病気で身体的なハンデを負っているにもかかわらず、そのハンデをまったく感じさせない短歌であると筆者は評している。　問四　本問は、中学校学習指導要領にある「取材」に関する事項と関連付けておきたい。インタビューする際、相手や取材事項に関する知識が多いほどスムーズに行くケースも多くなる。　問五　「文字通り」という空欄を形容する語句、および空欄後の「努力」を踏まえて、前の文章を読むとよい。　問六　問題にある意味と五字が大きなヒントになるだろう。　問七　4「牽強付会」(けんきょうふかい)とは「自分に都合がいいように、

道理や事実に合わない理屈をつけること」をいう。傍線後にある「誹り」から、あまりよい意味ではないことが予測できるだろう。　問八　「本」の究極の存在意義について、筆者は点字本が「テクストの受肉」の縁となることと述べている。この内容を「肉」という表現を使わずに書けばよい。さらに前を見ると「媒体」という言葉があるので、この表現や意味を活用してまとめるとよいだろう。　問九　筆者の職業である「装丁」とは本の表紙や外箱などを選定し、原稿を一冊の本に仕上げることを指し、現在では表紙のデザインが主流となっている。問題文のテーマともいえる「物である本」を作り上げるのが装丁家の仕事であり、金さんもその点において筆者に共感を覚えたのであろう。Aが難しいと思われるが、問題文では本との比較対象物としてテープライブラリーをあげており、さらに電子ブックにも言及しているが、双方ともやや批判めいた評価をしている。したがって、テープライブラリーや電子ブックを総称できる表現で解答すればよいだろう。

【二】問一　a　いそうろう　b　繁茂　c　精巧　問二　「親父さんがノイローゼになってしまい」などの表現から、「八郎番」をあまり喜ばしくないことがうかがえる。　問三　①　ウ　②　エ

問四　長所…・ハーブを育てるのがうまい。　・彫り物が得意。　効果…八郎のあまり実益のない長所が、結末部の成長した八郎のやや滑稽なエピソードの伏線になっている。　問五　ア、エ

〈解説〉問二　八郎番については「運が悪くて…」「はずれ」といった表現から考えることができる。また、「小遣いもやらなければならない」「食費がひどくかさむ」「素行が悪いので…」といった表現からもうかがえる。

問三　②のあとに、「口ごたえをし、いちゃもんをつけ、うるさくやいのやいの言う」をてがかりにするとよい。　問四　八郎のいいところについては、文章の後半で述べられている。解答のほかに「八郎番をした家の改築や建て直しを、ずいぶんと安く請け負った」も考えられる。ただし、そのいいところのほとんどが人に役

立っていないという、残念な様子も描かれている。　問五　文の前半で「八郎番」について詳説していることで、町内の様子や敷島家と町内の関係などがイメージできるだろう。また、私が八郎を忌み嫌っているわけではないことは最後から三段落目からわかる。イは「八郎の視点から描写する」、ウは「複数の視点人物から描く」、オは「数字が布石」、カは「非の打ちどころのない好青年」などが不適切である。

【三】問一　同音の動詞「降る」と「経る」の二つの意味を掛けている。　問二　もう物思いにふけるまいときっぱりと断念しても、何につけても涙をこらえかねる秋の夕暮れであることよ。

問三　文法

い　ね	ざ　り	し
ナ行下二段動詞「いぬ」の未然形	打消の助動詞「ず」の連用形	過去の助動詞「き」の連体形

訳　寝なかった　問四　状況や感情の表現が過剰な詩歌は興ざめだから。　問五　ア、イ、オ　問六　エ　問七　ウ

〈解説〉問一　「掛詞」は同訓異義の語を用い、上下にかけて一語に両用の意味を持たせた修辞法で、1の「ふる」は「降る」と「経る」の二つの意味が掛けてある。　問二　「ながめじ」は「ながむ(物思いに沈む)」(他マ下二)の未然形に、打消意志の助動詞「じ」の終止形の付いた形で「物思いに沈むまいと」という意味になる。「思ひすてても」は、断念してもという意味。「とにかく」は「何かにつけても」という意味の副詞、「涙せきあへぬ」の「せきあへ」は「せきあふ(せきとめる)」(他ハ下二)の未然形で「せきとある」意に打消の助動詞「ず」の連体形がついた形で、「涙をせきとめることができない」という意味になる。　問四　「此類」とは雨降りの日が続くことを嘆く歌、俳句の感情の過剰表現、および悲しみの告白や命を延ばして郭公の声を幾夜も寝ずに待つなどオーバーな心情表現を指し、筆者は「余は好まず」と敬遠している。　問五　ウ　この歌は無句切れである。　エ　この歌は百人一首に選ばれている。　問六　副助詞の「ばかり」は①時期・時刻・場所、

②だいたいの分量、③下に打消しの語を伴って、最高の程度を示す、④それだけに限定する意、⑤程度がそれ以上にすぎない意、を表す。アは①、イは④、ウは④、エは③、オは⑤である。　問七　筆者は、王昌齢の七言絶句「従軍行」を人々が圧巻と評価していることに対し「眼たかし」と高く評価し、「客をつる～」の発句は「かかる体は俳諧の俗談平話といへるにさへいやしむ」ときびしく批判している。漢詩については、いつの時代にも、戦乱により犠牲を伴う人間の営みへの悲嘆の寂?感を歌い上げた名作であることを認めている。このことを踏まえて、適切な説明を選ぶとよい。

【四】問一　而、矣　問二　a　すなはち(すなわち)　b　しかりといへども(しかりといえども)　c　なほ(なお)　d　それ　e　もし　f　ここにおいて　問三　②　問四　王東周の武公をして楚の令尹昭子に謂はしめて曰く、　問五　不足以勁兵　問六　国土が豊かで兵力も充実した楚の国が、王位の象徴である周の祭器も手に入れた状況。

問七　今子欲《ス》下誅二残《シ》天下之共主《ヲ》一、居《カント》中三代之傳器《ヲ》上。

〈解説〉問一　置き字は、助字のうち一般に訓読しないものを呼ぶ言葉で「於・于・乎・而」や文末の「矣・焉・也」などがある。　問二　なお、aは「そこで」、bは「そうはいうけれども」、cは「その上に、さらに」、dは「いったい」、eは「仮りに」、fは「そこで」といった意味がある。　問三　「之」は、A「これ」と読み、直接に事物や人を指す代名詞。B「の」と読み、中間に置いて上と下の関係を表す助字が使われている。Aは②、Bは①③④である。　問四　1に返り点をつけると「王使《メテ》三東周《ノ》武公《ヲシテ》謂《ハ》二楚《ノ》令尹昭子《ニ》一曰《ク》」となる。　問五　前文「裂其地、不足以肥國」と対句形成になっていることを踏まえて考えること。　問六　「澤中の麋をして虎の皮を蒙むろしめば」は、「沢の中の麋(となかい)を虎の皮でおおいかくしたならば」の仮定形・使役形である。ここで「纛」は六千里四方の土地と財力および兵力のある楚の国、「虎の皮」は王位を象徴する周の祭器を指す。　問七　「欲」「誅残」「居」の動詞と「天下之共主」「三代之傳器」の目的語の関係をふまえ、漢文の構造を訓点で和文の構造にする。和文は「今子天下の共主を誅残し、三代の傳器を居かんと欲す」である。

【高等学校】

【二】問一（種類、対象の順）a　尊敬語、オ　b　尊敬語、イ　c　謙譲語、オ　d　丁寧語、オ

問二　ア、エ　問三　(1)　誰の教えを聞いて、普通、人が知りそうもないことを言うのか。　(2)　王徽之の逸話は広く知られた知識であり、清少納言も頭弁行成も知らないはずがないから。　問四　なめし…ク活用形容詞「なめし」終止形　と…格助詞　や…係助詞　おぼし…サ行四段動詞「おぼす」連用形つ…強意の助動詞「つ」終止形　らむ…現在推量の助動詞「らむ」連体形　問五　歌に詠みにくい呉竹という題材に、機転のきく中宮女房として知られた清少納言がどう対応するか、試してみようという試み。

問六　中宮様は、誰のことでも、「殿上人がほめた」とお聞きあそばすと、そう言われた人のことを、お喜びあそばすのもおもしろい。　問七　(1)　A　とうかい　B　く(んで)　C　ただ(す)　D　そんたく

(2)　A　自分の才能や本心を隠すこと。　D　他人の気持ちをおしはかること。　問八　i　不審

ii　仕(伺)候　iii　疎隔　iv　繕った　問九　この章段の清少納言と頭弁行成とのやりとりは、職の御曹司での中宮と不遇を関わらせて解釈する必要があるという観点。　問十　一日も此の君無かるべけんや（と）　問十一　『晋書』に記されている王徽之の言葉を踏まえつつ、帝に対して心情的つながりの確認を促す意図があったが、一女房でありながら中宮になり代わって帝へのアピールを行ったことを、恐れ多いと考えたため。（九十六字）　問十二　後者　問十三　注釈に囚われず登場人物の発言や行動について素朴な疑問

を持つことが、ものの見方や考え方を深めることにつながるような言語活動の設定を考える。

〈解説〉問一　a「仰せ」は「仰す」の未然形で、「言ふ」の尊敬語に尊敬の助動詞「らる」の付いた形である。b「のたまへ」は、「のたまふ」(自ハ四)の已然形で「言ふ」の尊敬語である。　c「啓し」は「啓す」(他サ変)の連用形で、「言ふ」の謙譲語である。　d「はべり」は、「はべり」(自ラ変)の連用形で、丁寧語である。　問二　イは藤原道長、ウは藤原公任、オは藤原俊成である。　問三　(1)「人のなべて」は「人が一般に」という意味であり、「知るべう」の「べう」は「べく」のウ音便である。(2)「この君」＝呉竹の異名は、王徽之の逸話に関わるもので、広く知られていた知識であったと見なさなければならない、と述べている。したがって清少納言も頭弁行成も当然「この君」について知っていなければ不自然である。　問四　用言は「なめし」と「おぼし」で、付属語の助動詞は「つ」(強意)と「らむ」(推量)である。助動詞「つ」は動詞の連用形、「らむ」は活用語の終止形につく。「らむ」が連体形になっているのは、係助詞「や」に呼応して係結びになっているためである。　問五「言ひ期しつる本意」とは、「(殿上の間で)話して予定していた本来ののぞみ」のことをいう。頭弁の「御前の竹を折りて、歌よまむとてしつるを『同じくは、職にまゐりて、女房など呼び出できこえて』と持て来つるに」とあるように、中宮女房の清少納言が呉竹を題材として、どう詠むかを試そうというのぞみである。　問六「よろこばせたまふ」の「せたまふ」は二重尊敬で、「お喜びあそばす」と訳すことに注意したい。　問九　清少納言の「おい、この君にこそ」の返答については、彼女が漢文学に関しての知識を披瀝した機智のみでなく、職の御曹司に侘び住まいを続ける中宮の不遇と関わせて解釈する必要がある、という点で筆者は、古瀬の仮説と共通している。　問十　7に返り点などをつけると、「可《ケン》三一日《モ》無《カル》二此君《ノ》一耶《ト》」となる。　問十一　漢文学に関して造詣の深い清少納言が不遇な中宮定子の心情を忖度し、王徽之の「呉竹＝この君」の即興の返答したものの、一女房の立場で、中宮になり代わって主上への求訴をすることが越権行為であると反省したため、自分の発言を否定している。　問十二　空欄の前の文「中宮は〈作者(体験主体)〉の示威的なパフォーマンスに明らかに手を焼いている気配であることを鑑みると」から「いらぬお節介との苦笑気味の反応」(後者)が適当である。　問十三　清少納言の人物像と宮廷生活での女房としての役割や、漢文学についての造詣の深さと平安時代の貴族社会と中国との文化交流など幅広い視野に立っての指導が求められる。「古典B」の指導事項のア～エ、および「言語活動例」ア～エ、また、「内容の取扱い」を踏まえて、伝統文化としての「古典」への興味・関心を喚起させ、「古典」尊重の態度を育成することも踏まえておきたい。

二〇一七年度　実施問題

【中高共通】

【一】次の文章を読んで、後の問いに答えなさい。

たんなる電波媒体に比べてインターネットが革命的と呼べるのは、これが双方向の通信を可能にしたばかりでなく、はじめて万人に一対一のみならず、一対多数の発信の道を開いたからである。ブログやホームページはいわば電子的な私信であり、ときに公共の掲示板や街頭演説になったりするわけだが、いずれの場合も発信者は自分の顔も音声も文体も他人にa曝すことなく、いわば身を隠して表現できる分だけ容易に発信することができる。

とくに一対多数の発信の場合、この匿名性が大きな効果を発揮することが多く、大衆の政治的不満を革命へと組織する力さえ持つことが、*二〇一一年の中東動乱でつぶさに明らかになった。立ち上がったのが無名の大衆であり、倒されたのが多年の独裁政権だったために、ここで活躍したインターネットの役割は①世界の知識人に過剰なまでに評価された。

だがまもなく露呈されたのはこの革命に統一的な思想もなく、革命後の社会形成の体系だった計画もなかったという事実であった。それは中東地域の複雑なイデオロギー状況の結果でもあったが、より直接には電子メールという特殊な媒体の性質が避けがたくもたらしたものであった。電子メールの一回の発信量は短く、トゥイッターなら一四〇字、中東で汎用された「フェイスブック」でも十数行を越えることは少なかった。人間の言葉はこの分量では瞬間的な感情のiトロには適していても、およそ理性的な思想や体系的な計画の表現にふさわしいとはいえない。電子メールは大衆の怒りを虚空に向けて発散することは促しても、その怒りを一つの主張にまで編集する人間、それを通じて運動を組織する指導者を生む力を持たなかったのである。

またこの媒体は自由な先進国においてはおもに社交的な会話、個人のあいだや集団内部のお喋りに使われているが、ここでも一回の発言量の短さと、それを裏返した発言頻度の高さとが②深刻な問題を秘めている。日本の場合だが、若者の携帯電話のメール発信は一日数十回に及び、メールを受けたら数分以内に返信するのが彼らの約束事になっていると聞いた。当然、会話の内容は手紙や口頭の電話よりも短く、朝夕の挨拶、日常の見聞とそれについての感想、単純な事務連絡にかぎられるほかない。

ここでも論理や現実描写よりも感情表現に重点が置かれるわけだが、問題はその感情表現そのものが短さのために［　　］に陥りがちなことである。本来の感情表現には表情や音声や身振りなど身体表現の助けが不可欠であり、書信なら文体がその代わりを務めるものだが、電子メールはそのいっさいを排除してしまう。残された短い単語の羅列ばかりでは、感情本来の微妙な陰影やふくらみが伝えられるはずがないのである。

道を歩きながら電車に揺られながら、絶えまなく携帯電話のキーを押す若者を眺めていると、彼らにとって通信とは情報を伝える手段ではなく、情報を介して他人と触れあい、その存在を感じつづけるための方法ではないかという感想が浮かんでくる。「メッセージとはマッサージだ」というM*・マクルーハンのiiケイクも蘇るが、それ以上に「お喋りは猿の毛づくろいにあたる」という、R*・ダンバーの鋭い洞察が思いだされるのである。だがもちろん若者のメールには身体の随伴がなく、その点ではI猿の毛づくろいに遠く及ばない孤独な営みである。表情も音声も身振りもなく、まして場所の雰囲気も表現の長い過程もない応答は、個人の広く浅い接触は生んでも、真の社交をb培う可能性はないのである。

二十世紀の半ば、デ[*]ィヴィッド・リースマンは当時の大衆を「淋しがり屋の群集」と呼んだ。内に伝統的な価値観や自律的な規範を持たず、たえず流行や世論に追随する「他人志向型」の人間が増えたというのであった。二十一世紀の今日、新しい大衆は「[II]騒がしい群集」へと変身したように見えるが、その実、秘められた淋しさはかえって深まったと考えるべきだろう。リースマンの他人志向人間は他人が存在することを当然視することができ、もっぱらそれに追随することで安心することができた。現代の他人志向人間は追随もするが、少なくともその一部は他人が[iii]カタワラにいることを確信できず、たえずレーダーのように言葉を発信して他人の反応を待たなければならないのである。

さらに電子媒体のより深刻な文明上の問題は、こうした感情的、断片的な情報の氾濫に人びとが慣れ、結果として論理的、体系的な思考法を面倒がるようになることである。すでに多くの先進国でいわゆる「活字離れ」が進み、書物や雑誌はもちろん、新聞でさえ売れ行きを減らしているといわれる。そこにはたんに長文を読むことを[c]億劫がる風潮も見られるが、同時に疑われるのは長文を書くような職業的著者への不信、広く古典や専門的知識人の権威にたいする反感が潜んでいることである。控えめにいっても、〔　A　〕個人の思索の跡を〔　X　〕よりは、〔　B　〕仲間と〔　Y　〕ほうが楽しい、という漠然たる気分が人びとを書店から遠ざけているのではなかろうか。

ここに現代の商業主義が加わり、広告料という経済問題がはいりこむと事態は決定的に悪化する。すでにこの弊害はアメリカの新聞界において現実のものとなり、広告料が新聞から電子媒体に流れることによって、倒産する新聞社が続出しているという。二〇一〇年までの数年間に廃刊された新聞は一〇〇を超え、失業した新聞記者は二万人に達するという報告もある。取材や調査に予算をかけ、専業記者に俸給を払う新聞社に広告料がなければ、無料の投稿によってなりたつブログに太刀打ちできないのは当然だろう。その結果、ただちに起こるのは情報の総量の減少であり、とくに広域の世界的な情報の供給減であるが、それ以上に憂慮されるのは新聞の持つ情報編集の機能の低下、③情報を選択し評価してそれに責任を負う能力の弱体化だといえる。

これは放送局についてもいえることだが、④今日、大きな報道機関に期待される最重要の役割は、それが自己の責任において情報に署名をつけるということである。情報の真偽についてはもちろん、無数の情報のあいだの重要性の価値づけ、いいかえれば社会が何を知るべきかという指針を、日々にみずからの名前を賭けて明示することである。自由な社会では報道機関の選択にも競争が生じ、そのなかでやがて情報はⅳトウタされて一つの漠然とした統一像を結ぶ。一般市民はこの世界像にもとづいてそれぞれの価値判断をくだし、自己の社会的、政治的な態度を決めるところから民主政治への参加を始めるのである。

したがってもしこの社会において情報選択の専門機関が衰え、署名つきの編集された情報がd乏しくなるとすれば、人類は流言蜚語の氾濫に飲みこまれるだろう。人びとは地域や自分の嗜好にしたがって偏った情報にのみ耳を傾け、世界全体の状況について感覚麻痺(アパシー)の状態に陥るかもしれない。逆にまったくの偶然から共有された不確実な情報をⅴモウシンして、政治的なポピュリズムやファシズムへと暴走するかもしれない。現実にこれが二〇一一年以前の中東の置かれていた状況だが、情報媒体の変化という一点だけを見れば、これは先進国を含めた全世界の将来像であるかもしれないのである。

(山崎正和『世界文明史の試み　神話と舞踊』による)

＊二〇一一年の中東動乱……チュニジアの「ジャスミン革命」に端を発し、アラブ世界に波及した、大規模な反政府デモ・民主化運動を指す。「アラブの春」と総称される。二〇一一年一月のチュニジアの政権崩壊からわずか一年足らずで、エジ

プト、リビア、イエメンでも独裁政権が打倒された。運動の急激な拡大の背景には、インターネットを通じた不特定多数の民衆によるリアルタイムの発信という強大な情報伝播力があったとされる。

＊M・マクルーハン……………Herbert Marshall McLuhan(一九一一―八〇年)。カナダの英文学者、情報理論学者。

＊R・ダンバー…………………Robin Ian MacDonald Dunbar(一九四七―)。イギリスの人類学者、進化生物学者。

＊ディヴィッド・リースマン…David Riesman(一九〇九―二〇〇二)。アメリカの社会学者。

問一　二重線部a～dの漢字の読みをひらがなで書きなさい。

問二　太線部i～vのカタカナを漢字に改めなさい。ただし送り仮名を含む場合はその部分をひらがなで書くこと。

問三　本文中の空欄［　　］に入る表現として最も適当なものを以下のア～オから一つ選び、記号で答えなさい。

ア　紋切り型　　イ　独りよがり　　ウ　二枚舌　　エ　机上の空論　　オ　おうむ返し

問四　傍線部①「世界の知識人に過剰なまでに評価された」とあるが、筆者は「知識人」たちの評価をどうして「過剰」と判断するのか。百字以内で説明しなさい。

問五　傍線部②「深刻な問題」とは具体的にどのようなことか、説明しなさい。ただし、「社交」という語を必ず用いること。

問六　波線部Ⅰ「猿の毛づくろいに遠く及ばない孤独な営み」、Ⅱ「騒がしい群衆」はそれぞれ、どのようなことを喩えた表現か。最も適当なものを以下のア～エからそれぞれ一つずつ選び、記号で答えなさい。

Ⅰ　猿の毛づくろいに遠く及ばない孤独な営み

ア　お互いの身体に触れ合って存在を実感し合ってはいるが、肝心の伝えるべき情報を伴っていない行為。

イ　情報の伝達が目的なのではなく、お互いの存在を確認しあうことを目的としながらも、身体性を欠いた行為。

ウ　情報の伝達が目的となってしまい、相手の存在を感じつづけるという本来の目的が忘れ去られている行為。

エ　親密な相手と情報を伝え合うのではなく、見知らぬ他人に一方的に情報を発信する一度きりの行為。

Ⅱ　騒がしい群集

ア　他人との交流がなくても淋しく感じず、周囲の迷惑をよそに自分勝手に振る舞う人々。

イ　自分の価値観をもたず、流行を追いかけ、他人に追随することで安心する淋しい人々。

ウ　常に集団で行動し、仲間と騒ぐことに生きがいを感じている、淋しさとは無縁の人々。

エ　淋しさを紛らわせるため、他人の反応を期待してひんぱんに言葉をやりとりする人々。

問七　本文中の空欄〔　A　〕〔　B　〕に当てはまる連体修飾表現と、空欄〔　X　〕〔　Y　〕に当てはまる述部を考え、それぞれ自分の言葉で書きなさい。なお、〔　A　〕〔　B　〕と、〔　X　〕〔　Y　〕の組み合わせには、それぞれ対照的な表現が入る。

問八　傍線部③「情報を選択し評価して」とあるが、そのために必要である〔その時代を生きるために最低限必要とされる、素養」を端的に表す外来語をカタカナ五字の一語で答えなさい。

問九　傍線部④「今日、大きな報道機関に期待される最重要の役割は、それが自己の責任において情報に署名をつけるということ」とあるが、これによって「人びと」はどのようなことができるようになるのか、八十字以内で説明しなさい。

問十　本文をもとにして、「電子媒体の功罪について考える」という指導目標を設定した場合、どのような「言語活動」が可能か。簡潔に案を書きなさい。

（☆☆☆◎◎◎）

【二】次の文章を読んで、後の問いに答えなさい。

どんな種類の木であっても、並木はどこか学校に似ている。整列しているからだ。等しい間隔で並んでいる。同じ種類の木がそんなリズムを作って生えてくることは、自然の中では起こり得ない。その意味で、並木にはいつも、人の手の痕跡が残る。そこにあるものは、美しさ、緊張感、ときに退屈さ、そしてまたときには、そのすべてをひっくり返す冗談のようなものだ。少しも前進しない行列を、人も季節も追い越していく。

A　最寄り駅に桜並木があって、①時季がめぐって来ると、木から木へ伝染するかのように開花する。これもまた学校を思い起こさせる。マス・ゲームに類似するものを。みな同じように、できるのだな、できない木はないのだな、と見上げる。寂しくなる。どの木もどの木も、まったく真似事のように咲いて、と少し苛立つ。それから、ほっとする。花びらの薄明かりに沈む暗い幹に、目を凝らす。桜の幹は、老いた人の手を思わせる。開いたページの端を押さえるために、そっと添えられた手。花びらは、切り刻まれた紙。風が吹けば、ちりぢりになってしまう。木たちは読めない歴史を丹念に重ねる。

ある年のこと。駅の桜並木に異変が生じた。そのなかの一本が、いつまで経っても、花をつけないのだ。他の木はすべて、にぎやかに咲いた。満開。一本だけが黙して、黒々と冬からのすがたをつづけていた。枯れていた。ひっそりと。並木のそこだけ、がらんと静まる。枯れ木の空間は得体の知れない穴となり、あたりのにぎわいを吸いこみつづける。枯れちゃったのか、と見上げる。うっかり眠っているだけで、叩けば咲きはじめるのではないか。そんな気もちで枝々を眺める。完全に、枯れていた。咲かない桜に心を動かされる。②見たかったのはこういう景色だ、と思う。咲く桜もあれば咲かない桜もある。それで一向に構わない、統率のとれない並木道。求めていた不協和音。

しばらくして、その枯れ木は根元から伐られた。やはり、枯れ木は列から外されるのだ。外れたくて咲くのをやめたのかもしれない木だった。並木はそこだけ歯が抜けて、すうすうと、風を通すようになった。風は遠慮がちに通り抜けた。なくなってみれば、それはそれで、はじめからなかったかのように、馴染んでいく。そばの電柱は何食わぬ顔で鳥をとまらせる。こんなに速やかに、と心ぼそくなるほどの速度で馴染んでいくのだった。駅で上りの電車を待つときには、その空間と向かい合う。踏み切りの音。かんかんかん、と勢いよく刻む音。木の不在があたりを押し包む。③そこではいつも、天空の紙芝居をやっている。知っているかたちの雲が見知らぬ顔つきで登場し、がたがた、もくもく、何事か呟いて退場する。ついこないだまでそこに在った木。④伐られたのではなく遠くへ飛び去ったのだと、思いたくなる。かたちをなくしながら、どこか遠くへ。

（蜂飼耳「列から外れる」（『空席日誌』所収）による）

問一　傍線部①「時季」と同じ読み方の語句「時期」「時機」について、意味の違いがわかるように、それぞれ簡潔に語義を書きなさい。

問二　[A]の段落で用いられている表現技法の名称を一つ挙げ、本文中でその技法がどのような効果を上げているかを説明しなさい。

問三　傍線部②「見たかったのはこういう景色だ、と思う」とあるが、筆者がそのように思った理由を簡潔に説明しなさい。

問四　傍線部③「そこではいつも、天空の紙芝居をやっている」とあるが、具体的には何の、どのような様子を描写したものか。説明しなさい。

問五　傍線部④「伐られたのではなく遠くへ飛び去ったのだと、思いたくなる」とあるが、ここには木や人に対する筆者のどのような思いが読み取れるか。「木」、「人」の両方について言及しながら説明しなさい。

（☆☆☆◎◎◎）

【三】次の文章を読んで、後の問いに答えなさい。

比叡山にて、北谷の児は、「雪に過ぎたる物やあら(ん)[A]」と愛せられし。また南谷の児は、「花にまされるながめやあらん[a]」と興ぜられし。

かかりし程こそあり(けり)[B]、後にはあなたこなた、心なきに心をつけ、いさかひになり、花をばあしくい[b]ひちらし、雪をば異なものに言ひ消し、雪のかたよりは、「花をほむる[c]狼藉の類を寄せて打たん」といふ。また花のかたよりは、「雪をほむるうつけどもを、ただはたいてのけよ」と、互ひに怒れる心たけく、山の騒ぎ、ことの外なりし。

西*三条逍遥院殿つたへ d きこしめされ、①わざと山におのぼりあり。「雪にめでられしも理あり。

〔　　　　　　　　　　〕

花に心をそめられしも、もつともゆゑあり。

②*雪ならば幾度袖をはらはまし花のふぶきの志賀の山越

自今以後、勝劣をあらそはず、中をなほりて、同*入和合の床に勤*学あれ」と、しづめてこそ御帰りけれ。

（安楽庵策伝『醒睡笑』による）

＊西三条逍遥院殿…三条西実隆（一四五五―一五三七）。内大臣。一条兼良とともに乱世における文教維持者の双璧。

＊雪ならば～………作者・出所不明の歌であるが、謡曲「志賀」「三井寺」にも引かれて名高い。「志賀の山越」は北白川から近江へ越える道。

＊同入和合の床……仲むつまじく同じ床に入る。仏語の形を借りて男色をしゃれのめし皮肉った。

＊勤学………………学問に励む。せいぜいおはげみなさい、との皮肉。

問一　本文中のA・Bの助動詞について、それぞれ必要があれば適切な形に改めて書きなさい。改める必要がない場合はそのままの形で書くこと。

問二　二重線部a～dの古語について、それぞれ次の問いに答えなさい。

　a　「ながめ」の語義を書きなさい

　b　「あしく」の対義語を古語の終止形で書きなさい。

c 「ほむる」の活用の種類を「○行○段活用」の形で書きなさい。

d 「きこしめさ」の敬語の種類を漢字で書きなさい。

問三 傍線部①「わざと山におのぼりあり」とあるが、「西三条逍遥院殿」はどうしてそのように思い立ったのか、簡潔に説明しなさい。

問四 本文中の空欄〔　〕には和歌が入る。二つ目の和歌の内容から考えて、空欄〔　〕に入る一つ目の和歌として最も適当なものを以下のア～オから一つ選び、記号で答えなさい。

ア 春ならば花とやみらむ冬ごもりみやまをわけてふれる白雪

イ 霞たちこのめもはるの雪ふれば花なきさとも花ぞちりける

ウ 雪降れば木ごとに花ぞ咲きにけるいづれを梅とわきて折らまし

エ 面影に花の姿を先立てて幾重越え来ぬ峰の白雲

オ 花ならば咲かぬ梢もあるべきに何に譬へん雪のあけぼの

問五 傍線部②「雪ならば幾度袖をはらはまし」を現代語訳しなさい。

問六 本文のおもしろみをより効果的にしていると考えられる文章上の特徴を簡潔に説明しなさい。

(☆☆☆◎◎◎)

【四】次の文章を読んで、後の問いに答えなさい。(問題の都合上、訓点を省略したり、句読点や記号を加筆・変更したりした箇所がある。)

公*嘗[a]テ語リテレ人ニ曰ク、「[治][A]レ民如レ[治][B]レ病。彼ノ富医之至ル二人ノ家ニ一也、僕*馬ハ鮮明、進退有リレ礼。為ニレ人ノ診レ脈ヲ、按*ジ二医書ヲ一、述ベ二病証ヲ一、口弁如シレ傾クガ。聴クニレ之ヲ可シレ愛ス。然レドモ【薬・効・病児・服・無・云】則チ①不如貧医。

貧医ハ無ク二僕馬一、挙止ハ生*疎ナリ。為ニレ人ノ診レ脈ヲ、②不能応対。病児服シテレ薬ヲ云ハバ二疾《やまひ》已ニ(b)愈ユト一矣、則便《すなはち》是レ良医ナリ。凡ソ(c)治ムルレ人ヲ者ハ、不レ問ハ二吏材ノ能否、設*施ノ何如ヲ一、但ダ民ノ称スルハレ便ト、即チ是レ良吏ナリト。」故ニ公為ニ二数郡ヲ一、不レ見《あらはサ》二治《ち》迹*《せきヲ》一、不レ求メ二声誉ヲ一、③以寛簡不擾為意。故ニ所レ至ル民便ナリトシ、④既去民思。如キハ二揚州青州南京ノ一、皆大郡タリ。公至リ三五日ノ間、事已ニ十ニ減ズ二五六ヲ一。一両月ノ後、官府ノ間如シ二僧舎ノ一。或ルヒト問フ、「公為シレ政ヲ寛簡ニシテ而事不ル二弛廃セ一者は、何ゾ也ト。」曰ク、「以テレ縦《しやうヲ》為シレ寛ト、以テレ略ヲ為サバレ簡ト、則チ弛廃シテ而民受クル二其ノ弊ヲ一也。吾之所謂《いはゆる》寛ト者《は》、不ルレ為サ二苛急ヲ一耳(d)。所謂簡ト者《は》、不ルレ為サ二繁砕ヲ一耳ト。」識者以テ為ス二知言ト一。

（『宋名臣言行録』による）

＊公……欧陽脩（一〇〇七―一〇七二）のこと。仁宗のとき長く翰林学士（詔勅起草官）をつとめ、のち副宰相となった。宋代新興士大夫の代表者であり、文章家、学者、歴史家として大きな足跡を残した。

＊僕馬…召使と馬車。　＊按…調べる。　＊生疎…粗野なこと。　＊設施…計画して施行する。

＊迹……跡

問一　二重線部a～dの読みをひらがなで書きなさい。
問二　本文最初の会話文を、内容の上で二つに分けるとしたらどこが適当か。後半の最初の三文字を書きなさい。
問三　□A、Bの「治」と同じ意味の「治」を含む二字熟語をそれぞれ一つずつ考え、書きなさい。
問四　本文中の【　】内の漢字群を、本文の次の行を参考にして意味が通るように並べ替え、書きなさい（訓点は施さないこと）。
問五　傍線部①「不如貧医。」、②「不能応対。」をすべてひらがなで書き下したものとして、最も適当なものを以下のア～エからそれぞれ一つずつ選び、記号で答えなさい。
①　不如貧医。
ア　ひんいにごとからず。　イ　ひんいにあらざるがごとし。　ウ　ひんいにしかず。
エ　いのごとくまずしからず。
②　不能応対。
ア　おうたいするあたはず。　イ　よくおうたいせず。　ウ　こたふことあたはざるにたいし。
エ　よくたいしてこたへず。
問六　傍線部③「以寛簡不擾為意。」は「簡潔で民をわずらわさないことをよしとした」という意味である。この一文に正しく訓点を施しなさい（ただし、「擾」は「みだス」というサ行四段動詞とする）。
問七　傍線部④「既去民思」の状況を説明したものとして、最も適当なものを以下のア～オから一つ選び、記号で答えなさい。
ア　欧陽脩が州知事のとき、良医を集め、重大な病のうち五六割を根絶してしまったため、民は欧陽脩が死去した後も、彼の政策をしばしば思い出して懐かしんだ。
イ　欧陽脩が州知事のとき、年中行事を五六割がた減らし、町が僧院のように静かになったため、民は欧陽脩が席を外すと、昔を思い出して口々に不平を言った。
ウ　欧陽脩が州知事のとき、数日間で煩雑な事務処理の五六割を削減し、民は多くの恩恵を受けたため、彼が任期を終えて去ると、人々は欧陽脩の優秀さを痛感した。
エ　欧陽脩が州知事のとき、医者を五六割減らす方針を打ち出したが、民は悪質な医者が町を去った後に初めて欧陽脩の聡明さに気づき、そのありがたさを実感した。
オ　欧陽脩が州知事のとき、合理化を進めるあまり仕事の五六割が削られて失業者が増えたため、民は反乱を起こして彼を追放したが、その後も欧陽脩を深く恨んだ。

(☆☆☆◎◎◎)

【高等学校】

【一】次の【一】【二】の二つの文章は、「テクスト論」(主にフランスのポストモダン思想の流れの中で生まれ、日本においても一九八〇年代から三十年にわたって盛んな文芸理論)について述べたものである。これらを読んで、後の問いに答えなさい。

【一】

*ロラン・バルトの『物語の構造分析』が花輪光の訳でみすず書房から発行されたのは、一九七九年、昭和五十四年十一月のことだった。そこには「物語の構造分析序説」を筆答に八つのエッセイが収められ、日本ではその冒頭のエッセイと「作者の死」が特に有名になった。バルトのテクスト概念は、この書物に収められたエ

ッセイで言えば、次の「天使との格闘」の間に百八十度の変化も含み、その転換の上で、「作者の死」や「作品からテクストへ」が書かれたことはほとんど素通りされている。訳者はその解題で次のように言っていた。

テクスト分析はもはやテクストの「客観的構造」(これはむしろ構造分析に属する)ではなく、「読み」にもとづいておこなわれる。そして「読み」とは、「《構造分析》によって辛抱強く有効に記述された構造が、くずされ、開かれ、失われていく場」であり、「構造分析が狂う場」なのである。

「作品」という概念は、〈本文〉という客観的対象を読者がそれぞれの体験のなかで読んでいくために複数の読みが併存してしまうことを指し、これをバルトは「容認可能な複数性」と呼ぶ。バルトはこの「作品」の〈本文〉が読者によってそれぞれ変わる「容認可能な複数性」という概念から、〈本文〉そのものが消失する「還元不可能な複数性」という概念へ、「構造分析が狂う場」へと転換させたのである。そこにはもはや分析する対象のコンテクストは存在しない。〈本文〉が解体され、消去されれば、普遍への可能性は存在せず、〈本文〉は分析の客観的対象、研究の対象ですらなくなってしまう。文学の根拠も消滅し、読者がかってに文学を盲信し、幻想を抱いてきただけのこと、バルトはなぜそのようなことをもくろんだのか。ヨーロッパ・フランスの文明の根にキリスト教の「神と三位一体の理性、知識、法」が生き、これに対抗するためには、テクストに「究極的意味」を与える〈本文〉を殺さなければならなかったからである。人は無限に重なり合った文化や文明、習慣の制度の枠組みなしに生きることはできない。ロラン・バルトは文学作品に解読は存在せず、読みはアナーキーであると捉えることによって、近代文明の制度、思考の制度を積極的に撹乱し、これを解体しようとした。それが彼の批評行為だったのである。〈読みのアナーキー〉を造りだすことは、バルトの戦略、読みの制度的思考に対する積極的、能動的挑戦であり、強固な思考の制度が生き続けるバルトの国フランスでは、一旦それは必須のことだった……。バルトの「テクスト分析」は[1]文化論や文明論に向かう、強力な批評の力を生産する可能性に富んでいたのである。(中略)

文学作品とは読み深められることで、読者のなかにひとつの命が吹き込まれ、それが読者自体をいきいきと造り変えていく。これに対しロラン・バルトのテクスト理論、その「還元不可能な複数性」という概念は文学の根である〈本文〉を消去させることで、文学という赤子をお湯とともに流し、文学研究を文化研究に変容させてしまったのである。

〈テクスト論〉の登場まで近代文学研究状況をリードしていたのは、三好行雄や越智治雄に代表される「作品論」であった。三好行雄の死後、例えば、柘植光彦氏は「作品から作家へ―作家『3534』の問題―」(『専修国文』第50号　平成4・1)で三好行雄のいう〈作品〉とは、「『テクスト』をも包み込む概念であって、『テクスト』と対立するものではない」と述べ、ロラン・バルトの「作品からテクストへ」は「仕事から本文へ」という意味であり、バルトは作者の仕事という「いわば『所有格』から解き放ってニュートラルな『本文』として取り扱おうとした」と指摘している。山田有策氏は「作家論・作品論の彼方―近代文学研究の現在―」(『国文学解釈と鑑賞別冊』平成7・1)で「現代においては〈作品〉を〈作家〉の[a]ショサンであるという前提での『作品論』が試みられる一方で、〈作家〉の死を宣言した立場での〈テキスト論〉が盛んに試みられている。この『作品論』と〈テキスト論〉の[b]乖離の現象は今後も続くに違いないが、作家論という形で〈作家〉への[c]収斂をはかる安定的な『作品論』に対して、何らかのコードを求めつつ試みられる〈テキスト論〉が冒険的・挑戦的という意味で新鮮かつ蠱惑的な魅力に満ちていることは否定しがたいが、その分、いささか不安定で不安にかられる試みであることも事実である。」と述べている。確かに「近代文学研究の現在」の現状はそうなのだろうが、そこには躓きの石が隠れていたのではないか。

思うに、〈本文〉を客観的分析の対象とする三好行雄の立場は、バルトの言う（　A　）であり、〈テクスト論〉者の故前田愛も小森陽一氏も①管見の限り、「容認可能な複数性」と「還元不可能な複数性」をdシュンベツしない、もしくは状況・必要に応じて使い分けていた。例えば前田愛の遺著『文学テクスト入門』（昭和63・3筑摩書房）では、夏目漱石の『草枕』の那美さんと画工の会話を引用しながら、小説は筋を読むのでなく、それを切断してどこから読んでもよいという（　B　）の立場に立って、論じている。だが、芥川の『羅生門』を論じるときは、（　C　）の立場に立って、「構造分析」をなす。当時前田愛は、恐らく二つの立場を必要としていたのである。今日、「〈テクスト／作品〉という二項対立」が学界ジャーナリズムで取り沙汰されたわりには、対立の争点がいかなる所にあるか明らかにならず、両者の対立がことの上澄みだけで事態が進んでしまったが、それは両者の曖昧な混在によるのであり、今では「〈テクスト／作品〉という二項対立」の興味もおおかた薄れ、研究の危機意識すら喪失されているような気がする。

三好行雄は最晩年「〈テクスト／作品〉という二項対立」に関し、「作品の側から妥協の余地が残されていても、テクストから作品への道がまったく閉ざされているゆえに、所詮不毛な論議に終始することになるはず」と述懐した。「2『テクスト』は、たとえ自由な解釈であっても解釈に属することはありえず、爆発に、散布に属する。」とバルトが定義し、仮にこれに従う限り、「作品論」に立った〈テクスト論〉、あるいは〈テクスト論〉に立った「作品論」なぞあり得なかったからである。（中略）

ロラン・バルトの「作品からテクストへ」というエッセイの核心「還元不可能な複数性」という〈テクスト概念〉は、一方で文学研究者にとって常識であるにもかかわらず、今なお、耳になじんでいないという矛盾・混迷にあるのではなかろうか。

ロラン・バルトの『物語の構造分析』が花輪光の訳で翻訳されたとき、「物語の構造分析序説」と「作者の死」「作品からテクストへ」は、多くの日本の読者にとって同時に目に触れるものだった。少なくとも、私のような語学の出来ない者はそうである。「作者の死」の問題はレベルを異にすれば、ニュークリティシズムや「作品論」にもあり、なじみやすく、受け入れやすかったが、「テクスト分析」において〈本文〉が「還元不可能な複数性」であり、「構造分析」と「テクスト分析」のテクスト概念に違いがあると言うより、全く別であることはほとんど[e]カンカされて受容されてしまった。いや、実は「作者の死」もニュークリティシズムや「作品論」で伝記上の作家と作品表現を分けようとしたレベルではなく、「ある究極的意味」を拒否し、「反神学的」、「革命的」な活動を引き起こすものとして[f]措定されたものだった。方法の問題とは、バルトが「作者の死」で「神と三位一体の理性、知識、法」を解体しようとしたように、自己と世界の問題であり、それは認識領域のみならず、読者が自身の生をいかなるものと捉えるか、結局生き方の問題にかかわらざるを得ないことだったのである。

日本の風土に[g]適っていて、しかも一見新しく見えるものに、意外に手強い和風てくすと論がある。既存の読みに対し、別のコードを導入、あるいは既存の物語に対して、さらに別の物語を対置し、読みの多様性を言い、ああも読めるが、こうも読める、そのなかで私の読みはこうだと主張する。果ては〈作家〉まで無媒介に並べ、しかもそれを〈テクスト論〉と標榜する。この自称〈テクスト論〉＝和風てくすと論は三好行雄や越智治雄が追い求めた、幻の唯一の読み、〈本文〉に内在する一義に向かっての厳しい追求を失ったばかりではない、他方で「構造分析」や「テクスト分析」が持っていた批評の攻撃性も持っていなかった。読みの多様性を許容することは戦後民主主義の立場に見え、共感を得たのかもしれない。だが、ここでは読みの多様性がh恣意性の自己主張であることさえ理解されていない。民主主義とは互いに否定し合う相手と共生し合うことを目指しており、ああも読めるが、こうも読めるという〈他者〉のいない世界ではなかったはずである。このナンデモアリは、人によって読みは違っているから、それぞれの読みが許されているという、〈エセ読みのアナーキー〉を野放しにしたのであり、読みの相対主義にはなっていないのである。(中略)

だが、事態は〈エセ読みのアナーキー〉を批判していればよいのではなかった。読みの相対主義、(D)である〈本文〉の消去、文学の解消という根源的な提起に対していかに対応するかであった。文学の可能性を、可能性としてこれを蘇生させていくためには、バルトの〈テクスト概念〉、「還元不可能な複数性」である〈本文〉の消去という根源的な提起、〈読みのアナーキー〉に一旦向き合い、これと格闘、克服しなければなかった。そうでなければ、混迷は済し崩しになりながら、現状は果てしなく、なだらかなかたちで、文学研究は文化研究に変わるしかなく、そこでは文学そのものが終わっていくのである。果たして文学は生きているのか、あるいは生き返るのか。一体バルトの「還元不可能な複数性」という概念、〈読みのアナーキー〉は超えられるのだろうか。

(田中　実『小説の力――新しい作品論のために』による)

【二】

テクスト論とは、これまでの批評理論が「作品」の意味を「作者」の意図、主題、生涯、時代背景へと還元することを通じて確定し、その確定にいたる過程の作業を分析と称する作者還元主義の立場に立っていたのに対して、これに反対し、これとは違う考え方を提起すべく、新しく生まれてきた批評理論である。それは「作品」と「作者」の関係を切断し、「作品」を書かれたもの単独ないし書かれたもの相互の関係性のなかで、分析・考察しようとする。その考え方は、西欧の言語理論とそれに影響を受けた文芸理論として、特にフランスの現代哲学思想、構造主義からポスト構造主義へといたるポストモダン思想の流れの中で育まれ、欧米の著作家、主にフランスの思想家、著述家の著作を経由して、一九六〇年代後半あたりからイギリス、アメリカへとともに、日本へともたらされた。それが日本ではっきりと優性となるのは、浅田彰の『構造と力』の刊行などにより、ポスト構造主義の考え方のメリットが広く知られるようになる、一九八〇年代以降のことである。

「作品」が作者との関係でとらえられた表現物にあたえられた概念であるのに対し、作者との関係を切断した上で、書かれたもの単独ないし相互間の関係性をもつ存在として表現物に与えられた概念が、「テクスト」である。したがって「テクスト理論」は、しばしば[3]「作者の死」という主張を伴い、またそれに支えられる。また、そこでこれまで「作者」による「表現」の行為と考えられてきたものは、書かれる言葉の側の作者に対する抵抗性に力点がおかれ、「テクスト」のほうから見た「書き手」による生成行為という意味で、「書くこと(エクリチュール)」という新しい名称と概念を与えられる。さらに、書かれたもの(=テクスト)相互の関連のうちに[i]トウガイのテクストの意味を確定する必要上、「間テクスト性(インターテクスチュアリティ)」と呼ばれるテクストの相互的な関係性が重視され、これらを能動的に読みとる読み手側の行為が、「読むこと(レクチュール)」として、概念化される。

　このうち、いわゆる作者に還元されない「書くこと」の非人称性ともいうべきものについては*ジャック・デリダが、書くことや作者性を含め、語ること(言述・ディスクール)のもつ政治性、社会性、文化性の問題については*ミシェル・フーコーが、また「作者の死」と読み手の側の読解行為の創造性を取りだした「読者の誕生＝読むことへの権利付与」についてはロラン・バルトが、それぞれ基本的な論考を発表し、その後のテクスト論批評理論に大きな影響を及ぼしている。

さて、このテクスト論の功罪のうち、その功とは何だろうか。わたしは、作者(＝表現主体)と作品(＝表現物)を基本概念とした従来の近代型の表現論の観点を、「書くこと」(＝表現行為)のうちにひそむ非人称的な本質をそこから救抜すべく、否定し、いわば軸足を「作者」から「作品」に逆転した点が、それにあたると思う。わたしもまた、「書くこと」の本質には、この「作者」―「作品」のくびきからの解放の欲求ということが大きな要素としてあると考える。しかし、この従来型の主体に基づく考え方を、やみくもに否定しようとする余り、言表行為から発語主体(＝作者)の項を全面的に「切除」してしまったことは、文学理論・批評理論として、誤りだったと思う。

テクスト論の罪の部分はここから出てくる。

なぜそれが批評理論としてまずいかというと、この考え方に立つと、評者はなぜAという作品とBという作品のうち、Aのほうが優れている(＝価値がある)と考えるか、その根拠が言えなくなる。いわば「作者」という意味の光源を消したテクスト論は、その読みの多次元性、複数性、非真理性を本質とする。その底にあるのは後に見るようにテクストの意味の決定不可能性であり、それは、作品の価値を決定できないからである。それはテクストについて、「このようにも読める」という可能な読みは根拠づけるが、自分には「こうとしか読めない」という□な読みは根拠づけない。それは、自分はこれを評価する、よいと思う、とは言うけれども、これを普遍的な美を備えた価値ある作品だとは、言わない。もしそのように②揚言する批評があれば、それに抵抗するのが、テクスト論なのである。

なぜそうなるのか。簡単にその答えを言っておけば、テクスト論のこの構えには、いわば普遍的な美の原理ともいうべきものの$_j$ハッゲンする余地がない。ここのところは誰もがこう感じるはずだ(したがってBよりはAのほうが優れている)という形での読みは、ここから出てこない。したがって、テクスト論では、テクストをいわば引用の織物として発見し、意味づけ、評者の主観に応じて価値づけることはできるだろうが、その発見、意味づけ、価値づけは、ほんらい、恣意的たらざるをえない。それが普遍性への企投となる足場がここに欠けているのである。

テクスト論の致命的な弱点が、ここにある。それは、ポストモダン思想とりわけポスト構造主義の思想一般と同様、他の思想、他の批評理論の価値を否定し、これを相対化することは得意だが、自分から新しい普遍的な価値、批評原理を提出することについては不得意なのである。

(加藤典洋『テクストから遠く離れて』による)

＊ロラン・バルト……………Roland Barthes(一九一五―八〇年)。フランスの哲学者。
＊ジャック・デリダ…………Jacques Derrida(一九三〇―二〇〇四年)。フランスの哲学者。
＊ミシェル・フーコー………Michel Foucault(一九二六―八四年)。フランスの哲学者。

問一　二重線部a～jについて、カタカナを漢字に改め、漢字は読みをひらがなで書きなさい。
問二　本文【一】中の波線部①、本文【二】中の波線部②の意味を簡潔に説明しなさい。
問三　本文【一】中の空欄(　A　)～(　D　)について、「容認可能な複数性」が当てはまるものにはア、「還元不可能な複数性」が当てはまるものにはイを書きなさい。

問四　本文【一】中に登場する次のア～オの表現を、同類のもの同士で二つのグループに分けたとき、数の多い方のグループに属するものを全て記号で書きなさい(順不同)。

ア　「容認可能な複数性」　イ　「還元不可能な複数性」　ウ　〈読みのアナーキー〉
エ　〈エセ読みのアナーキー〉　オ　読みの多様性

問五　本文【二】の空欄□に当てはまる語として最も適当なものを、次のア～オの中から一つ選び、記号で答えなさい。

ア　不可解　イ　不可算　ウ　不可欠　エ　不可疑　オ　不可能

問六　本文【一】中に傍線部1「文化論や文明論に向かう、強力な批評の力を生産する可能性に富んでいた」とあるが、本文【二】では、ロラン・バルトが批評理論にもたらした変化について、どのような点を評価しているか。九十字以内で説明しなさい。

問七　本文【一】中に傍線部2「『テクスト』は、たとえ自由な解釈であっても解釈に属することはありえず」とあるが、この性質を端的に言い表した表現を本文【二】の中から探し、十四字で抜き出して書きなさい。

問八　本文【二】中の傍線部3「『作者の死』」とは、どのような事態を指していると考えられるか。本文【二】の記述に基づいて二十字程度で説明しなさい。

問九　本文【一】【二】の双方でほぼ共通して述べられている「テクスト論」によってもたらされた弊害はどのようなものか。四十字程度で説明しなさい。

問十　本文【一】の著者は別の書籍において、また本文【二】の著者はこの後に続く章末付近において、「テクスト論」の抱える問題に対してそれぞれ以下のような見解を述べている。これを読んで、後の(1)(2)に答えなさい。

Ⅰ　【一】の著者の別の書籍

私にとっての〈試み〉は「誰が読んでも」という観念を退けたところから始まる。すなわち、「自分にはこうとしか読めないというぎりぎりの所まで、その小説の表現を追い詰めていく」ことは多義の海に一義性を求めながら、〈自己倒壊〉を志す私の願いでもあり、「論を競い合い、議論を重ね合う場」ではないか。それぞれが〈わたしのなかの本文〉で語っているのであるから、「誰が読んでもそうとしか読めない」という共有する基盤の喪失したなかで、「議論を重ね合う」のである。

（田中　実『読みのアナーキーを超えて――いのちと文学』による。ただし、設問の都合上、一部改めた。）

Ⅱ　【二】の章末付近

まともな人士なら、誰もが、自分と同じように、これを傑作と感じるはずだ、という形で、人は、ある作品を「傑作だ（美しい）」と言うのであり、その美の言明が、一つ一つは違いつつもそれぞれが［　　］として行われる。そしてその一つ一つがせめぎあう。これがいわば美の世界の構成の本質なのである。

ある文学作品のテクストの読解が、ある作品Aはある作品Bよりも優れている、という言明を伴うには、それが「こうも読める」ではなく「こうとしか読めない」という読みから成り立っているのでなければならない。ここで「こうも読める」と「こうとしか読めない」の差は、好悪と善・美の間の差と同じ、そこに［　　］の姿勢があるかないかということである。ところで、よく考えてみればわかるが、ある作品が「こうとしか読めない」という形で読まれるのは、そこでの読解が、ふだんわたし達が作品を読むのと同じく、作者はこれをこう感じて書いたに違いない、という作者の像を伴うものとなっている場合に限られる。ふだんわたし達が作品を「こうとしか読めない」と感じながら読む時には、必ずそこにそれぞれの「作者の像」が伴われているのである。

（加藤典洋『テクストから遠く離れて』による）

(1) Ⅱの文中の二つの空欄［　］に共通して当てはまる表現を本文【二】の中から探し、七字で抜き出して書きなさい。

(2) Ⅰ、Ⅱで見解の一致している点をまとめたものとして最も適当なものを、次のア～オの中から一つ選び、記号で答えなさい。

ア 「自分にはこうとしか読めない」という読みは、読者それぞれが別個に小説（作品）と向き合って発見するものだが、自然と誰もが同じ結論に達している点。

イ 「自分にはこうとしか読めない」という読みは、それぞれの読者で異なるが、こうに違いないという確信にいたるまで小説（作品）を突き詰めている点。

ウ 「自分にはこうとしか読めない」という読みは、読者が小説（作品）から恣意的に見出したものだが、こうも読めるというように互いに容認可能である点。

エ 「自分にはこうとしか読めない」という読みは、それぞれの読者が体験のなかで小説（作品）と向き合った結果であるため、論として言明する価値がない点。

オ 「自分にはこうとしか読めない」という読みは、読者が小説（作品）から根拠なく感得したものなのに、誰が読んでもそうなるという思い込みを伴う点。

問十一　本文【一】【二】にみる「テクスト論」の功罪を踏まえた上で、あなたが授業で芥川龍之介『羅生門』の最後の一文「下人の行方は、誰も知らない。」を取り上げて生徒に言語活動をさせるとしたら、どのようなことに留意するか。八十字以上百字以内で書きなさい。

（☆☆☆◎◎◎）

解答・解説

【中高共通】

【二】問一　a　さら(す)　b　つちか(う)　c　おっくう　d　とぼ(しく)　問二　i　吐露　ii　警句　iii　傍ら　iv　淘汰　v　盲信　問三　ア　問四　電子媒体が一回に発信できる言葉の分量では、大衆の怒りを一つの主張にまとめる指導者を生むには不十分であったため、この革命には統一的な思想も革命後の社会形成の体系的な計画もなかった点を見過ごしているから。(百字)　問五　電子媒体は限られた発信量で即時の返信を求められるため、表情も音声も身振りもない上に場所の雰囲気も表現の長い過程もない応答となり、感情本来の微妙な陰影やふくらみが伝えられず、社交的な会話の手段でありながら真の社交を培うことはないという問題。　問六　Ⅰ　イ　Ⅱ　エ　問七　A　選ばれた　B　無名の　X　一方的に与えられる　Y　双方向的に伝え合う　問八　リテラシー　問九　真偽や重要性が責任をもって吟味された情報を指針として、流言蜚語に惑わされたり世界情勢について感覚麻痺に陥ることなく、自己の社会的、政治的態度を決めること。(七十七字)　問十　同じ出来事について、新聞紙上とインターネットでの報道内容を比較し、発表し合うことで、電子媒体の特徴をまとめる。

〈解説〉問一・問二　「常用漢字表」(平成二十二年内閣告示第二号)に示されている漢字・熟字訓の読み、書き、用法を完璧におさえた上で、それ以上の漢字の知識も習得しておきたい。　問三　空欄の後の文に、「本来の感情表現」を「電子メールはそのいっさいを排除してしまう」とある。「感情本来の微妙な陰影やふくらみ」を取り去り、単純化された表現、という意味の選択肢を選べばよい。　問四　傍線部①の直後の段落冒頭に「だが」とある。この段落で、インターネットが果たした役割の否定的側面が述べられる。　問五　傍線部②を含む段落の次段落の「問題は」以下で詳述される。また、「社交」という語は、さらにその次の段落に登場する。　問六　Ⅰ　波線部Ⅰの前に「彼らにとって通信とは情報を伝える手段ではなく、情報を介して他人と触れあい、その存在を感じつづけるための方法」とある。　Ⅱ　波線部Ⅱの後に「淋しさはかえって深まった」、「たえずレーダーのように言葉を発信して他人の反応を待たなければならない」とある。　問七　AとXには「書物」や「雑誌」、「新聞」に関連する表現が、BとYには「電子媒体」に関連する表現が入る。　問八　「リテラシー」の限定的な意味は「読み書き能力」である。そこから転じて傍線部③のような意味を持つ。　問九　傍線部④のを含む段落の次の段落で、傍線部④のような状況が衰えた場合に予想される社会の姿が示されている。この記述をもとに適切な字数でまとめる。　問十　電子媒体のみを見ていても特徴は見えてこない。他の媒体との比較が必要である。

【二】問一　時季…何かの景物によって季節感を濃厚に感じさせられる時。　時期…長いときの流れのうち、何かをするために選ぶべき短い一区分。　時機…何かをするのに、遅からず早からず、ちょうどよい時。
問二　技法…比喩　効果…並木を学校にたとえ、みな同じように揃っている様子を想起しやすくなっている。　問三　人の手が加わって統率の取れた状態のものではなく、独自性の表れた木や景色、人の様子にこそ心引かれているから。　問四　枯れ木が伐られたことによって生じた桜並木の隙間から覗く空の、雲が流れることによって刻一刻と移り変わる様子。　問五　他の木と同様に花を咲かせることができず伐られてしまった枯れ木も、他の人に合わせることができずに集団からはみ出てしまう人も、統率の取れた集団からはじき出されたのではなく、自分の意志で逸脱し、出て行ったのだと思いたいという、集団に馴染まない自由を求める筆者の思い。

〈解説〉問一　熟語の意味の違いだけではなく、個々の漢字の意味の違いも理解しておきたい。　問二　比喩は共通の性質を抽出するものである。［A］の段落には直喩も隠喩もあり、解答例は隠喩に着目した記述となっている。　問三　傍線部②の「こういう景色」とは、枯れ木の混ざる並木である。並木はあくまでも一例である。これを普遍化して答える。　問四　隠喩表現である。傍線部③の直後では、紙芝居で場面が切り替わるかのように、雲が登場しては退場する様子が語られる。　問五　筆者は「伐られた」という否定的な言葉ではなく、「遠くへ飛び去った」という肯定的な表現で枯れ木を捉えようとしている。ここでも枯れ木は一例である。普遍化して答える。

【三】問一　A　ん(む)　B　けれ　問二　a　景色、光景　b　よし　c　マ行下二段活用　d　尊敬(語)　問三　花を好む児と雪を好む児の争いを仲裁しようと思ったから。　問四　オ　問五　もしもこれが雪であったなら何度も袖を払ったことだろう　問六　北谷と南谷、雪と花という対照によって、両者の争いが際立つようになっている。

〈解説〉問一　A　係助詞「や」があるので、連体形を要求される。　B　係助詞「こそ」があるので、已然形を要求される。　問二　a　古語では「物思いにふける」の意もある。　b　「あし」の対義語は「よし」。

「わろし」の対義語は「よろし」。 c 「ほむる」の終止形は「ほむ」。 d 尊敬の動詞「聞こす」に、尊敬の補助動詞「めす」が付いている。 問三 本文末尾に、「しづめてこそ御帰りけれ」とある。二つ目の和歌とともに、争う二者を仲裁するねらいがある。 問四 二つ目の和歌は「花」を讃えている。対照的に一つ目の和歌は「雪」を讃えている。また、空欄直前に「雪にめでられしも理あり」とある。 問五 「まし」は仮定条件句を受けて、仮定の上に立って仮想する意を表す。「…だろう」の意。 問六 人物の対比的な構造は大きな特徴である。

【四】問一 a かつて b すでに c およそ d のみ 問二 凡治人 問三 A 政治 B 治療 問四 病児服薬云無効 問五 ① ウ ② ア 問六 以《テ》二寛簡《(ニシテ)》不《ルヲ》レ擾《サ》為《ス》レ意《ト》
問七 ウ

〈解説〉問一 いずれも漢文の基礎知識である。確実に身につけたい。 問二 先に医者の例が述べられた後で、為政者について述べられている。 問三 Aは「おさめる」、Bは「なおす」の意。 問四 「富医」と「貧医」が対比的に述べられている箇所である。「貧医」に関して述べられている「病児服薬云疾已愈」を参照する。 問五 ①「不レ如二……一」は、「……にしかず」と読む。「……には及ばない」の意。 ②「不レ能二……一」は、「……するあたわず」と読む。不可能の意。 問六 「以」、否定を表す「不」、動詞「為」は下から返って読む。 問七 傍線部④の直後で詳述される。

【高等学校】

【一】問一 a 所産 b かいり c しゅうれん d 峻別 e 看過 f そてい g かなって h しい i 当該 j 発現 問二 ① 自分の狭い見識の範囲では ② 声を

大にして〔公然と〕言う　問三　A　ア　B　イ　C　ア　D　イ　問四　ア・エ・オ
問五　エ　問六　「作品」の意味を「作者」に還元する従来の表現論に対し、軸足を「作者」から「作品」に移すことで「書くこと」の本質に迫るとともに、読み手の読解行為の創造性を取りだした点。（八十三字）
問七　テクストの意味の決定不可能性　問八　表現物と「作者」との関係を完全に切断すること。（二十三字）
問九　ああも読めるが、こうも読めるという、主観的・恣意的な読みの多様性を根拠づけたこと。（二十一字）
問十　(1)　普遍性への企投　(2)　イ　問十一　たとえば、下人の将来を考えるグループ討議をさせる際、どのような将来を想定しても容認するようなことを避け、最後の一文に至るまでの本文を突き詰め、こうとしか読めないという根拠を提示することを生徒に求める。（百字）
〈解説〉問一　個々の漢字の意味を理解した上で、熟語の意味を捉えておきたい。　問二　①「管見」とは、管を通して見るということから、「狭い見識のこと」という意味がある。　②「揚言」の「揚」は、「高く上げる」の意。　問三　【二】の第二段落に「〈作品〉という概念は、〈本文〉という客観的対象を読者がそれぞれの体験のなかで読んでいくために複数の読みが併存してしまうことを指し、これをバルトは「容認可能な複数性」と呼ぶ」、「〈本文〉そのものが消失する「還元不可能な複数性」という概念へ」とある。〈本文〉の有無が重要な差異である。　問四　問三で見た「容認可能な複数性」と「還元不可能な複数性」の対立に、〈エセ読みのアナーキー〉と〈読みのアナーキー〉の対立が対応する。　問五　直前に「可能な読み」とある。これと対立する語が入る。他にも、「可能な読み」に関して「テクストの意味の決定不可能性」とも述べられる。
問六　【二】の第三段落に「〈作者の死〉と読み手の側の読解行為の創造性を取りだした「読者の誕生＝読むことへの権利付与」についてはロラン・バルト」とある。また、第四段落には、テクスト論の功とは「軸足を

「作者」から「作品」に逆転した点」とある。　問七　【二】の第六段落で、テクスト論の罪として述べられている。　問八　【二】の第一段落で、テクスト論は「「作品」と「作者」の関係を切断し、「作品」を書かれたもの単独ないし書かれたもの相互の関係性のなかで、分析・考察しようとする」とある。　問九　【一】は第九段落で、【二】は第六段落で、それぞれテクスト論の弊害が述べられている。　問十　(1)　【二】の第七段落に見られる。個から普遍へと通じようとする試みである。　(2)　二者とも、あらゆる解釈を許容しているのではない。自己の解釈の他者の解釈との競い合い、せめぎ合いが重要なのである。　問十一　「テクストの意味の決定不可能性」は退けられなければならない。他者の主張に対して、各人の主張には〈根拠〉が必要である。

二〇一六年度　実施問題

【中高共通】

【二】次の資料は、学習指導要領「中学校国語」のうち、「読むこと」の学習「文章の構成や展開、表現の仕方について、根拠を明らかにして自分の考えをまとめること」という本時のねらいに基づき、班での話し合いを行っている場面である。これを踏まえて後の各問いに答えなさい。

田中　発言番号1「使命を果たした主人公が最後に階段を踏み外す場面は、なぜあるんだろう。かっこ悪いよね。」
鈴木　発言番号2「この場面を設けることで作者は、読者が主人公を神格化してしまわず、普通の人間が努力して成し遂げたというふうに読んでほしかったんじゃないかな。」
佐藤　発言番号3「そう言えば、真ん中ぐらいのところにも、主人公は大切なツールを、忘れ物するよね。」
田中　発言番号4「そうか。あの場面、なぜあるのかわからなかったけど、その二か所から、作者の意図を読み取ることができそうだね。」
伊藤　発言番号5「クラスのみんなにもそう分かってもらうためには、あと何か所かそういう行動を探す方がいいんじゃない？」
佐藤　発言番号6「そうだね。全体に発表するとき、その方が説得力があるよね。」
田中　発言番号7「気付いたんだけどさ、僕はこの文章の主題は、『信頼』だと思うんだ。約束を果たしてもらえないかもしれない不安から、果たしてもらえたときの主人公の喜びを想像すると、この文章の主題は『信頼』でまちがいないよ。僕は絶対そう思うな。」

伊藤　発言番号8「うん、確かに『信頼』は読み取れるよな。僕もそれは思った。でも、今日はまだそこまでいかなくてもいいんじゃないかな。」

教師　「はい、時間になりました。机を元に戻してください。」「そばで話し合いを聞いていましたが、各自、はきはきと大きな声で話せていて、中学二年生として身に付けておきたい力が付いていると思いました。作者の意図を文章の中から探そうと、みなさんが教科書をあちこち探しているのもすばらしいと思いました。さらに先生が何よりも感心したのは、この文章の主題を自分の力で読み取った人がいたことです。みなさんも見習ってください。」

(1)「話すこと・聞くこと」の学習で身に付けた「相手の立場や考えを尊重し、(中略)自分の考えを広げる」という観点から見た場合、その力が十分に付いていないと思われるのはどの発言か。発言を一つ選んで発言番号を答えなさい。また、そのように考えた理由を簡潔に答えなさい。

(2) 教師の発言には、「指導と評価の一体化」の視点からは「読むこと」の学習「文章の構成や展開、表現の仕方について、根拠を明らかにして自分の考えをまとめること」という本時のねらいとは関係が薄い点が二つみられる。

〔一〕　教師の発言内容は、どのような点で本時のねらいと合っていないか。二点それぞれ説明しなさい。

〔二〕　この学習活動を適切に評価するために教師はどのような発言をすべきか。生徒に話すように、簡潔に答えなさい

(☆☆☆◎◎◎)

【二】「論理」と「理論」の意味の違いを、生徒に分かるように説明しなさい。ただし、用例は用いないこと。
（☆☆☆◎◎◎）

【三】次の①～⑤の＿＿について、漢字は読みを平仮名で、平仮名は漢字に直して答えなさい。

① 彼は辣腕の検事だ。
② 延伸計画が頓挫する。
③ 社会にかんげんする。
④ きょうせい視力
⑤ 国民をあざむく。

（☆☆☆◎◎◎）

【四】次の文章を読み、後の各問いに答えなさい。

言葉は人々のあいだでの共通了解可能性を保証する。ではどのような了解を保証するのか。現在では多くの人が言葉をコミュニケーションの手段だと見なす。①帰納的にはそれでいいが、②それだけでは言葉の機能を説明することはできない。また、言葉ではないコミュニケーションの手段と、言葉の区別ができない。

ここで言葉に関するイメージを注記しておく。現代では言葉はほぼ「使い捨て」と見なされている。その場合の言葉のイメージとは、「確固たる自分や他人があり、フラフラとした言葉がその間を飛び回っている」といった感じのものであろう。しかし、最初の数章で詳説したように、言葉は固定している。他方、脳はひたすら変化している。したがって、社会のなかには、表現された言葉という不動の固いものがあり、その周囲にその言葉を聞き、あるいは読んで解釈している、不定形の、つまり「やわらかい」脳が多数とりついている、そういうイメージのほうがここでの議論に合う。

自己は固定しているが、言葉はフラフラ動く。そうしたイメージから生じた具体的な社会変化は、たとえば「約束」の意味の変化であろう。いまでは約束を守るという徳目が消えたように思われる。なぜならヒトは変わらないという前提なので、約束を守れない状況がくれば、それは状況が変わったのだと見なされるからである。そうした考え方のもとでは、約束を守る意味がもともとない。だから約束を守ることが徳目ではなくなる。しかしヒトは変わるという前提があれば、約束を守ることに強い意味が生じる。変わる以前の約束をした過去の自分もまた自分だという社会的規定が生じるからである。「武士の一言」とはその意味だと思われるが、いまではだれもそんなことは信じないであろう。「走れメロス」や「菊花の契り」とは、まさに中世的世界なのである。

ここではこうして言葉を固定したものとして論じている。したがって、現代社会の常識で読んでいただくと、なにがなんだか話がわからないという結果になるはずである。

言葉はある種の了解可能性を保証するが、他の種の了解可能性は保証しない。それが以下の主題である。たとえば色を考えてみよう。赤と呼ばれる色を見たとき、われわれは「暖かい色」という感じを受けるかもしれない。しかし人によっては、「冷たい」と思うかもしれない。しかし赤色の与える直接の印象は、個人においてつねに固定していると感じられる。そこで、その印象に対して、たとえば「赤」という文字およびアカという音声記号を与える。そうすることによって、ひょっとすると、赤色を見てふつうの人なら青色を見たときの冷たい感じを受ける人であっても、言語のなかでは同じ「赤」という記号を用いることができる。つまり

「この壁紙は赤色だ」という言明は、赤を見たときの直接印象が、個人間でかなり差異があったとしても、了解可能なものとして成り立つ。

右は感覚の例だが、普通名詞であっても、話は似ている。たとえば「木」という単純な名詞を例にとろう。「木」という記号を見たとき、それが人々の頭のなかに引き起こす反応ないしは連想のすべてを、われわれは特定することができない。しかし木という言葉を、われわれはただちに「了解する」。それはそのままこの言葉の相互了解に通じる。これはずいぶん「変な」了解ではないか。そもそもいったいこの「木」とは、具体的にどんな木なのか。それがわからない。背が高いのか、低いのか、葉は枯れているのか、青葉か、新芽か、どこに生えているか、どんな形か、一切不明である。そう考えると、「木」という単語あるいは記号によって、われわれはいったいなにを了解しているのか。

逆に具体性が不明でなければ、「木」という記号は、特定の木になってしまうかもしれない。その特定の木を私が知らなかったら、木という言葉がなにを意味するのか、私にはわからないはずである。それは［A］によく当てはまる事情である。池田清彦とか磯知七美というたところで、知っている人にはどんな人かわかるが、知らない人にはまったくわかるまい。ではその「知っている」とは、いったいなにを「知っている」のか。素朴実在論者であれば、そりゃ当の本人を知っているのサ、で済ませるであろう。しかし私の考えている池田清彦の人物像と、池田夫人の考えている人物像は、まったく異なっているかもしれないのである。

西洋人はしばしば「言葉で言えないことは『ない』」、つまり「存在しない」という。聖書には「はじめに言葉ありき」と述べられている。これはいったい、どういう意味であろうか。以前私は豪州に留学した。そこで論文を書き、原稿を豪州人の同僚に見てもらったことがある。その論文の一部について、「どうもうまく英語でいえないんだが」といったら、その同僚が私をジロッと見て、「英語でいえない事実はない」といった。

これを解釈すれば、言葉でいえないことは、社会的には存在しないと見なしてよい、ということである。彼らの社会は、そういう社会なのである。だから逆に、彼らの世界ではクオリアが問題となる。

「言葉にならないことは存在しない」と主張したとき、日本人ならほとんどだれでも、それは極端だと考えるであろう。むしろわれわれは言葉にならないことが存在［B］という常識で生きてきたからである。むしろ③クオリア問題は、日本人にとっては、ふだん鮮明には意識されない問題だと見てもいい。しかし言葉というものを中心に考える西洋人たちが、クオリアを問題にしてきたことは、なにを示唆するか。それはおそらく、言葉という情報システムが、むしろクオリアを消去することによって機能する、ということである。言葉でいえないことはないと主張したとき、それならクオリアはどうなるという疑問が、ただちに生じるからである。それが実際に西洋人の頭に起こることなのであろう。いうなれば、自然科学はそれを「主観」として排除した。

この場合のクオリアとは、たとえば赤色を見たとき、それを暖かいと感じるか、冷たいと感じるか、さらにいいようのないさまざまな感じを持つ、そのことである。言葉はそれを正確に表現できない。むしろそうした「もろもろ」を消すことによって、われわれは赤という記号を「言葉として」利用する。なぜなら赤という記号が「暖かい感じ」およびその他もろもろを含まなければ通じないとすると、「赤」という言葉は共通了解可能性を欠いてしまうからである。だってあの色は私には冷たく感じられるのだもの、という人がいるかもしれないからである。

言葉はそうしたある種の「主観性」すなわちクオリアを消して成り立っている。そこがこの議論の要点である。なぜ言葉はクオリアを消すのか。クオリアは必ずしも了解可能、換言すれば、伝達可能ではないからである。赤の直接印象はある個人にとってつねに一定だと述べた。だからこそわれわれは赤を赤といえる。昨日は赤に見えていたものが、今日から青に見えているというのでは、赤や青という言葉は成立しない。

すでに情報の基本的性質として、不変性を挙げた。なぜ不変である必要があるのか。それが了解可能性をまず確保するからである。われわれは言葉という不変なものを媒介にして、共通了解可能性を確保する。だから言葉は音声や文字という記号として外部化される。外部化されたものは、不変だからである。

（『養老孟司の人間科学講義』より　一部改変）

（1）①帰納的　とあるが、

〔一〕一般に「帰納的に理解する」とは、どのような理解の方法か、説明しなさい。

〔二〕また、この語句の対義語を漢字で答えなさい。

（2）②それの指す内容を二十五字以内で答えなさい。

（3）［A］には文法の用語を漢字で、［B］には文脈に合う平仮名の言葉を補いなさい。

（4）③クオリア問題とは、ここではどのような問題のことか。これより前の文章を参考にして、「という問題」に続くように三十字以内で答えなさい。

（5）この文章の書き方の特徴について述べたものとして適切なものを二つ選んで記号で答えなさい。

ア　初めと終わりの両方で主張を述べることで、読者が根拠を確かめながら読み進められるようにしている。

イ　具体例を挙げることで、読者が自分の体験と照らし合わせながら理解できるように工夫している。

ウ　形式段落の初めに接続詞を用いることで、段落と段落のつながり方をわかりやすくしている。

エ　読者の誤解を予測して予め説明を加えておくことで、本来伝えたいことが伝わりやすいようにしている。

オ　持論の展開に必要な重要な概念を「　　」で目立たせることで、読者の理解を確実なものにしている。

（6）他の種の了解可能性は保証しないとあるが、どういうことか。本文に述べられた事例に即して説明しなさい。

（7）評価について述べたア～オのうち、現行の学習指導要領に基づいて、正しいものを全て選び、記号で答えなさい。なお、（　）は、この大設問【4】の各問いの番号を指している。

ア　（4）のような、文脈の中での語句の意味を理解しているかどうかを確かめる学習活動は、「読むこと」で評価する。

イ　（1）のような、語句の意味を調べたり知っているかどうかを確かめる学習活動は、「言語についての知識・理解・技能」で評価する。

ウ　（5）のような、文章の書き方（構成や表現の特徴）に気づかせる学習活動は、応用問題なので「関心・意欲・態度」で評価する。

エ　（6）のような、伝えたい事実や事柄を明確にして説得力のある文章を書かせる学習活動は、「書くこと」で評価する。

オ　（6）のような、文章の内容について自分の考えをもたせる学習活動は、読み取った内容と密接に結びついているので「読むこと」で評価する。

（☆☆☆◎◎◎）

【五】次の古文を読み、後の各問いに答えなさい。

【文章A】

よき人は、知りたることとて、①さのみしたり顔にや言ふ。②片ゐ中よりさし出でたる人こそ、よろづの道に心得たるよしのさしいらへはすれ。さればよと注一恥づかしき方もあれど、身づからもいみじと思へるけしき、③頑ななり。

よく弁へたる道には、かならず口重く、問はぬ限りは言はぬこそいみじけれ。

注一　恥づかしき方もあれど……気恥ずかしくなるほどすばらしいこともあるけれども

【文章B】

亀山殿の池に注二大井河の水をまかせられむとて、大井の土民に仰せて、水車を造らせられけり。多くのあしを給て、日数経て営み出して、懸けたりけるに、大方④めぐらざりければ、とかくなをしけれども、つゐに廻らで、いたづらに立てりけり。

さて、宇治の重人を召して調ぜさせられければ、安らかに結ひて⑤まゐらせたりけるが、思ふやうにめぐりて、水を汲みて入るること、めでたかりけり。

よろづに、其道を知れる者は、やむごとなきこと也。

注二　大井河……嵯峨・嵐山を流れる川。「亀山殿」の離宮がこの地にあった。

新　日本古典文学大系『徒然草』より

（1）①さのみしたり顔にや言ふ。を、「そのようにばかり得意顔で」に続けて口語訳しなさい。

（2）②片ゐ中より　さし出たる　の読み方を全て平仮名・現代仮名遣いで答えなさい。

（3）③頑なり。とは、本文中でどういう意味か。次のア～エから一つ選んで記号で答えなさい。

ア　頑固だ。　イ　勇ましい。　ウ　冷静だ。　エ　愚かしい。

（4）④めぐらざりければ　を口語訳しなさい。

（5）⑤まゐらせ　は、誰への尊敬を表す語か。次のア～エから一つ選んで記号で答えなさい。

ア　亀山殿　イ　大井の土民　ウ　宇治の里人　エ　天皇

（6）【文章A】【文章B】は同じ筆者によるものであるが、述べたいことを伝える手法が異なっている。その違いを説明しなさい。

（☆☆☆◎◎◎）

【六】次の漢文を読み、後の各問いに答えなさい。（一部訓点を省略した箇所がある。）

王子猷注一子敬、曽《かつ》テ倶ニ坐二一室一。上注二①忽発レ火。

子猷遽走避、不レ惶《いとま》アラレ取ルニレ屐注三ヲ。〔　　　〕

子敬神色恬然トシテ、徐《おもむ》ロニ喚二左右一、扶注四憑セラレテ而出、②不異平常。

世以㆑此定㆓二王③神宇㆒。

『雅量』より。標準的な文字遣いに直した。

注一　子猷子敬……王羲之の子、子猷と子敬。
注二　上……家の奥
注三　屐……下駄状の履き物
注四　扶憑……かいぞえさせて

（1）①忽発㆑火　の読み方を、全て平仮名で答えなさい。
（2）②不異平常　を「へいじょうにことならず」と読むときの返り点を記入しなさい。
（3）③神宇とはどのようなことを指すと思われるか。次のア～エから一つ選んで記号で答えなさい。
ア　世界観　　イ　器量　　ウ　友情　　エ　敏捷性
（4）文章の構成をいっそう整えるとすれば、〔　　〕にどのような内容があるとよいか。「対」になることを意識して、口語で答えなさい。
（5）生徒に漢文の書き下し文を音読させることの意義を、昨今の生徒の言語生活の特徴に照らして説明しなさい。

（☆☆☆◎◎◎）

【高等学校】

【二】次の文章は、『紫式部日記』の一部で、一条天皇の中宮彰子が出産のために土御門《つちみかど》殿(父藤原道長の邸)に滞在していたときの記述である。よく読んで、後の各問いに答えなさい。

*御前の池に、水鳥どもの日々におほくなりゆくを見つつ、入らせたまはぬさきに雪降らAなむ、この御前の有様、いかにをかしからむと思ふに、①あからさまにまかでたるほど、二日ばかりありてしも雪は降るものか。見どころもなき古里の木立を見るにも、ものむつかしう思ひみだれて、年ごろつれづれにながめ明かし暮らしつつ、花、鳥の、色をも音をも、春、秋に、行きかふ空のけしき、月の影、霜、雪を見て、そのとき来にけりとばかり思ひわきつつ、*いかにやいかにとばかり、行く末の心ぼそさはやるかたなきものから*はかなき物語などにつけて、うち語らふ人、おなじ心なるは、あはれに書きかはし、すこしけ遠きたよりどもをたづねてもいひけるを、ただBこれをさまざまにあへしらひ、そぞろごとにつれづれをばなぐさめつつ、世にあるべき人かずとは思はずながら、さしあたりて、恥づかし、いみじと思ひ知るかたばかりのがれたりしを、さも残ることなく思ひ知る身の憂さかな。

こころみに、物語をとりて見れど、見しやうにもおぼえず、あさましく、*あはれなりし人アの語らひしあたりも、われをいかに*おもなく心浅きものと思ひおとすらむと、おしはかるに、それさへいと恥づかしくて、②えおとづれやらず。③心にくからむと思ひたる人は、*おほぞうにては文や散らすらむなど、④うたがはるべかめれば、⑤いかでかは、わが心のうちあるさまをも、深うおしはからむと、ことわりにて、いと⑥あいなければ、中絶ゆとなけれど、おのづからかき絶ゆるもあまた。住み定まらずなりにたりとも思ひやりつつ、おとなひ来る人も、かたうなどしつつ、すべて、はかなきことにふれても、あらぬ世に来たる心地ぞ、Cここにてしもうちまさり、ものあはれなりける。

ただ、えさらずうち語らひ、すこしも心とめて思ふ、こまやかにものをいひかよふ、さしあたりておのづからむつび語らふ人ばかりを、すこしもなつかしく思ふぞものはかなきや。

＊大納言の君イの、夜々は、御前にいと近う臥したまひつつ、物語したまひしけはひウの恋しきも、なほ世にしたがひぬる心か。

浮《う》き寝《ね》せし水の上のみ恋しくて鴨の上毛《うはげ》に＊さえぞおとらぬ　…(Ⅰ)

かへし、

うちはらふ友なきころのねざめにはつがひし＊鴛鴦《をし》ぞa夜半に恋しき　…(Ⅱ)

書きざまなどさへいとをかしきを、＊まほにもおはする人かなと見る。

「雪をD御覧じて、をりしもまかでたることをなむ、いみじくにくませたまふ」と、人々ものたまへり。＊殿の上の御b消息には、「まろがとどめしたびなれば、ことさらにいそぎまかでて、疾くまゐらむとありしもそらごとにて、ほどふるなめり」と、のたまはせたれば、たはぶれにても、さ聞こえさせ、たまはせしことなれば、かたじけなくてまゐりぬ。

（新編日本古典文学全集による。ただし、一部表記を改めた箇所がある）

（注）＊御前の池…土御門殿の庭の池。
＊いかにやいかにとばかり…自分の身は結局どうなることだろう、の意。「世の中をかくいひいひのはてはてはいかにやいかにならむとすらむ」（拾遺・雑上読人しらず）の歌を引く。
＊はかなき物語…自作の『源氏物語』を指す。

*あはれなりし人…共感してくれた人。

*おもなく…「面無し」で不面目、不名誉の意。

*おほぞう…「大様」「大雑」などの転という。通りいっぺん、いいかげん、おおざっぱ、の意。

*大納言の君…中宮彰子の女房の一人。藤原道長の正室・倫子の姪。

*さえ…動詞「冴ゆ」の名詞形「冴え」。「冷え」の意。

*鴛鴦…おしどり。

*まほにもおはする人…申し分のないお方。

*殿の上…源倫子。藤原道長の正室で彰子の母。紫式部とはまたいとこの関係。

（1）波線部a「夜半」、b「消息」の読みを、ひらがな・現代仮名遣いで書きなさい。
（2）二重傍線部A「なむ」と同じ用法の「なむ」を含むものを次の中から一つ選び、記号で答えなさい。
ア　日ごろ山寺にまかり歩き侍りてなむ。
イ　ねがはくは花の下にて春死なむそのきさらぎのもち月のころ
ウ　みつせ河渡らぬさきにいかでなほ涙の澪の泡と消えなむ
エ　はや夜も明けなむと思ひつつゐたりけるに、鬼はや一口に食ひてけり。
（3）傍線部①「あからさまにまかでたるほど、二日ばかりありてしも雪は降るものか。」、⑤「いかでかは、わが心のうちあるさまをも、深うおしはからむ」をそれぞれ現代語訳しなさい。ただし、①については具体的な内容がわかるように言葉を補うこと。
（4）二重傍線部B「これ」、C「ここ」が指し示す対象を、それぞれ本文中から抜き出して答えなさい。

（5）傍線部②「えおとづれやらず。」となった理由を六十字前後で説明しなさい。

（6）傍線部③「心にくからむ」、⑥「あいなければ」の解釈として最も適当なものを次の中からそれぞれ一つずつ選び、記号で答えなさい。

③「心にくからむ」……ア　無愛想だ　イ　よく知りたい　ウ　奥ゆかしくあろう
　エ　警戒すべきだ

⑥「あいなければ」……ア　不都合なので　イ　情緒がないので　ウ　どうしようもないので
　エ　つまらないので

（7）傍線部④「うたがはるべかめれば」の文法的説明として最も適当なものを次の中から一つ選び、記号で答えなさい。

ア「うたがは」は動詞、「る」は受身の助動詞、「べかめれ」は推量の助動詞、「ば」は接続助詞

イ「うたがは」は動詞、「る」は自発の助動詞、「べか」は推量の助動詞、「めれ」は推定の助動詞、「ば」は接続助詞

ウ「うたがは」は動詞、「る」は受身の助動詞、「べか」は推量の助動詞、「めれ」は推定の助動詞、「ば」は接続助詞

エ「うたがは」は動詞、「る」は自発の助動詞、「べかめれ」は推量の助動詞、「ば」は接続助詞

（8）破線部ア～ウの「の」のうち、同格の意味で用いられているものを一つ選び、記号で答えなさい。

（9）(Ⅰ)の歌に使われている掛詞を上の句から探し、簡潔に指摘しなさい。

（10）(Ⅱ)の歌を解釈しなさい。

（11）二重傍線部D「御覧じ」は誰から誰への敬意を表しているか。次の中からそれぞれ一つずつ選び、記号

で答えなさい。

ア　紫式部　イ　一条天皇　ウ　中宮彰子　エ　大納言の君　オ　人々　カ　殿の上

(12)　平安時代に成立した日記文学を成立順に並べたとき、『紫式部日記』はどこに入るか。次の（ア）～（オ）の中から一つ選び、記号で答えなさい。

（ア）→『土佐日記』→（イ）→『蜻蛉日記』→（ウ）→『更級日記』→（エ）→『讃岐典侍日記』→（オ）

(☆☆☆☆◎◎◎)

【二】次の漢文を読んで、後の各問いに答えなさい。(問題の都合上、訓点を省略した箇所がある。)

荘子者、蒙*ノ人也。名ハ周。周嘗^Aテ為リ二蒙*ノ漆園ノ吏一。(中略)其ノ言洸*洋トシテ自ラ恣《ほしいまま》ニシテ以テ適《かな》フレ己ニ。故ニ^①自リ二王公大*人一不レ能ハレ器トスルレ之ヲ。楚ノ威王聞キ二荘周ノ賢ナルヲ一、^②使使厚*幣迎之、許以為相。荘周笑ヒテ謂ヒテ二楚ノ使者ニ一曰ク、「千金ハ重*利ニシテ、卿相ハ尊位也。子^③独不レ見二郊*祭之^④犠牛一乎。養二‐食スルコト之ヲ一数歳、衣《き》スルニ以テシ二文*繡《しう》ヲ一、以テ入ル二大*廟ニ一。当リ二是之時ニ一、^B雖レ欲スト レ為ラント*二孤豚一、^⑤豈可得乎。子亟《すみや》カニ去リ、^⑥無汚我。我ハ^C寧游二‐戯シ汚*《を》瀆《とく》之中ニ一自ラ快トセン。無ク^⑦レ為ルコト二有《たも》ツレ国者ノ所一ト羈《つな》グ、終《お》フルマデレ身ヲ不レ仕ヘ、以テ快クセントガ二吾志ヲ一焉。」

『史記』「老子韓非列伝」による)

(注)　蒙*…梁国の県名。

※漆園…漆を栽培するところ。
※洸洋…深遠ではかりがたいこと。
※大人…徳のある者や地位の高い者。
※幣…客への贈り物。進物。
※重利…大金。
※郊祭…郊外でしばを炊いて天をまつる祭り。
※文繍…綾模様の刺繍のある美しい衣。
※大廟…天子・諸侯の始祖を祭る霊廟。
※孤豚…だれにもかまってもらえない豚。
※汚瀆…きたないみぞ。どぶ。

（１）二重傍線部Ａ「嘗」、Ｂ「雖」、Ｃ「寧」の読みを、送り仮名を含めて、ひらがな・現代仮名遣いで書きなさい。
（２）傍線部①「自二王公大人一不レ能レ器レ之。」とはどのようなことか。説明しなさい。
（３）傍線部②「使使厚幣迎之、許以為相。」の書き下し文として最も適当なものを次の中から一つ選び、記号で答えなさい。
ア　使をして厚く幣を迎へしめに之き、許すに相たるを以てせしむ。
イ　使をして幣を厚くし之を迎へ、許すに相と為すを以てせしむ。
ウ　使をして厚く幣を迎へに之かしめ、許すに相と為るを以てす。

エ　使をして幣を厚くし之を迎へしめ、以て相の為に許す。

（4）傍線部③「子」とは誰を指すか。最も適当なものを次の中から一つ選び、記号で答えなさい。

ア　王公大人　　イ　楚威王　　ウ　荘周　　エ　楚使者

（5）傍線部④「犠牛」は、ここではどのようなものをたとえた表現か。最も適当なものを次の中から一つ選び、記号で答えなさい。

ア　結局は殺されるもの

イ　人々の尊敬を集めるもの

ウ　自由をもたないもの

エ　だまされ裏切られるもの

（6）傍線部⑤「豈可得乎。」の読み方として最も適当なものを次の中から一つ選び、記号で答えなさい。

ア　あにうべけんや。

イ　あにうべきなり。

ウ　あにうべきか。

エ　あにうることかなるか。

（7）傍線部⑥「無汚我。」を現代語訳しなさい。

（8）傍線部⑦「為二有レ国者所一レ羈」とほぼ同じ意味を表す部分を本文中から二字で抜き出して答えなさい。

（訓点は施さないこと。）

（9）この文章に表れている荘子の哲学を何というか。漢字四字で答えなさい。

（☆☆☆◎◎◎）

【三】次の表は、「高等学校学習指導要領」（平成二十一年三月告示）における「古典A」と「古典B」について、その特色をまとめたものである。空欄（　ア　）～（　ソ　）に適する語句を答えなさい。

	古典A	古典B
標準単位数	（　ア　）単位	（　ケ　）単位
目標	我が国の（　イ　）と（　ウ　）に対する理解を深める。 生涯にわたって（　エ　）態度を育てる。	古典を（　コ　）を養う。 古典についての理解や関心を深めることによって（　サ　）態度を育てる。
内容	言語文化について課題を設定し（　オ　）する。 古文と漢文の（　カ　）を取り上げることができる。	古典を読み味わい、作品の（　シ　）について考察する。 古文と漢文の（　ス　）を取り上げる。
内容の取扱い（教材）	特定の文章や作品、文種や形態で（　キ　）のあるもの中心。 古典に関連する（　ク　）以降の文章を含める。	言語文化の（　セ　）についての理解に資するもの。 （　ソ　）を含める。

（☆☆☆◎◎◎）

解答・解説

【中高共通】

【一】（1） 発言番号…7　理由…自分の考えを主張しているだけで、それまでの話し合いの内容を踏まえた発言ではないから。　（2）〔一〕・声の大きさなど、話す・聞く能力の視点から評価している点　・読むことの指導として、今はない「主題」を読み取るという点から評価している点　〔二〕複数の根拠を挙げて、文章の展開について考えを持つことができました。

〈解説〉（1） 設問にある本時のねらいは、中学第二学年の「C読むこと」のウに示されている。班での話し合いを見ると、発言番号1～6は作者の主人公の描写について、7・8は「主題」についての話し合いとなっている。この話し合いを「相手の立場や考えを尊重し…自分の考えを広げる」の観点から見た場合、他者の立場や考えを尊重していない発言と考えられるのは、話題を主人公の描写から「主題」に突然変更している7である。（2） 問題の意図を把握して教師の言葉を読めば、教師の発言のポイントは「はきはきと大きな声で話している」「作者の意図を文章の中から探そうとしている」「文章の主題を自分の力で読み取る」の三点しかないことがわかるので、探しやすいだろう。発言番号1～6は「文章の構成や展開、表現の仕方について」根拠を明確にして発言しているので、この点を評価した発言を行うとよいだろう。

【二】「論理」は考えるときの筋道であり、「理論」は事象を解釈して一般化することで他の事象を予測しうる知識体系である。

〈解説〉同音異義語など、言葉の意味については正確に把握しておきたい。ことわざや慣用句の誤用なども頻出なので、おさえておくこと。

【三】①　らつわん　②　とんざ　③　還元　④　矯正　⑤　欺く

〈解説〉音訓の読みとともに同音(訓)異義語や類似の字形に注意すること。正しい漢字を選択するには、それぞれの漢字の原義を知っておくとよい。

【四】(1)〔一〕多くの事実や経験から、それらを説明できる、確からしい原理、原則を得る理解の方法。〔二〕演繹(的)　(2)　言葉をコミュニケーションの手段だと見なすこと。(二十三字)　(3)　A　固有名詞　B　する　(4)　言葉にならないことが存在することを認めるか認めないか(という問題)(二十六字)

(5)　イ、エ　(6)　同じ「赤」という言葉を使ったとしても受ける印象は個人差があるということ。

(7)　ア、オ

〈解説〉(1)「帰納」とは推理および思考の手段の一つで、個々の具体的事実(特殊)から一般的な命題ないし法則(普遍)を導き出すことをいい、対義語は「演繹」である。(2)　②の「それ」は指示代名詞で、一般的には前に示した内容を指す。ここでは「言葉をコミュニケーションの手段だと見なす」ことが該当する。

(3)　Aには A以下にある人名とのかかわりを考える。Bには「言葉にならないことは存在しない」の逆の内容を述べる動詞が入る。　(4)　クオリアは「…といった感じ」といった表現で説明されることがあるが、言葉の意味がわからなくとも③の前文、前段落の内容をまとめて考えるとよい。後文で、クオリアを「ある種の主観性」と説明していることを踏まえて考えると、「言葉にならないことは存在するかどうか」についての英語圏の西洋人の考えと日本人の考えの違いの問題であり、両者の主観による認識の違いの問題と考えることができる。（5）この文章は双括法を用いて言葉の共通了解可能性をのべているが、読者の誤解を予測して説明を加え、また具体的な例を示して読者の体験と関連させて理解が深まるように工夫がされている。段落相互の内容をつなぐ接続詞は多用されず、主語文節による段落の文のスタートが多く見られる。また持論の展開に必要な部分以外にも叙述上、重要部分は括弧で閉じて読者の理解を深めている。（6）視覚的な「赤」の記号言葉はすべての人に共通だが、「赤色」を見たときの印象は個人によって異なるということを述べている。（7）イ　語句の意味を調べる学習は「C 読むこと」の評価に属する。ウ「C 読むこと」の学習における「自分の考えの形成に関する指導事項」の評価に属する。エ　説明的文章の解釈に関する指導であり、「C 読むこと」の評価に属する。

【五】（1）（そのようにばかり得意顔で）言うだろうか（いや言わない）。（2）かたいなかよりさしいでたる（3）エ（4）回らなかったので（5）エ（6）Aは主張のみを抽象的に述べていて、Bは具体的な出来事を述べ、そこから言えることを述べている。

〈解説〉（1）①の「さのみ」はそうむやみに、という意味の、「したり顔」は得意顔のことで、異本では「知り顔」になっている。「や言ふ」は反語で、言うであろうか。いや言わない、と訳す。（2）「現代仮名遣い」は現代語音に基づいて現代語をかなで書き表すときの準則。（3）③は「かたくななり」と読む。アの意味もあるが、ここは「愚かしい」という意味で使われている。（4）④の「めぐら」は「めぐる」（自ラ四）の未然形で、廻る・図るという意味、「ざり」は打消の助動詞「ず」の連用形、「けれ」は過去の助動詞「けり」の已然形、「ば」は既成条件を表す接続助詞である。（5）⑤は「まゐらす」（補助サ下二）の連用形で「〜してさし上げる」の意。ここは宇治の村人をお呼びになって水車をお作らせになった後嵯峨天皇への作者の尊敬表現である。（6）文章Aは教養ある人間についての一般論であるが、文章Bは後嵯峨天皇が大井川の水を引き入れるための水車づくりを詳細かつ具体的に述べている。

【六】（1）たちまちひをはっす　（2）不レ異二平常一　（3）イ　（4）いつもの様子とは全く違っていた。
（5）メールやラインで文字入力する言葉まで話し言葉になってきているので、日本語の文字言語の一方の良さである重く硬い文体や漢詩調のリズムに接する機会を作るのに役立つ。
〈解説〉（1）「忽チ発スレ火ヲ」の書き下し文である。（2）返読文字「不」や述語・補語の関係に注意して返り点をつけるとよい。（3）③の「宇」は器量・度量という意味である。（4）突然の火災に対する子猷と子敬の対応の違いが対句的に表現されている。子敬の「不異平常」の対になるのは、子猷の「異平常」が適切。子猷の大災に対しての精神的動揺（平静さを失った様子）を述べる。（5）漢文の書き下し文の音読は、同時に古文（和文）の音読でもある。漢文を音読して古典特有のリズムを味わいながら、古典への関心と文字言語の特質（表意性）を理解させることが大切である。昨今の言語生活の特徴は流行語や話し言葉中心の文字表現であるため、漢字の表意文字とその訓読による書き下し文を音読しながら「話し言葉」と「書き言葉」の違いを理解させ、正しい日本語の教育指導を十分考慮しておく必要がある。

【高等学校】

【一】（1）a　よわ　b　しょうそこ　（2）エ　（3）①（私が）ちょっと実家へ退出していた間に、二日ほどしてなんと意地悪くも（土御門邸で見たいと願っていた）雪が降るではないか。⑤（友人たちが）どうして私の内心の有様をも深く推察してくれようか、くれるわけがない。　（4）B　（はかなき）物語
C　古里　（5）共感してくれた人で共に言い交わした人も、自分をどんなに厚かましく浅薄な者として軽

蔑しているだろうと想像するとはずかしいから。(六十二字)　(6)③ウ　⑥エ　(7)イ

(8)ア　(9)「浮」に「憂」を掛けている。　(10)上毛の霜を払いあうような友がないこの頃の夜半の寝覚には、つがいのおしどりのようにいつも一緒だったあなたを恋しく思い出しています。

(11)誰から…オ　誰へ…ウ　(12)ウ

〈解説〉(1)　aは「よわ(は)」、bは「しょうそこ(せうそこ)と読む。bはここでは「たより、手紙」という意味で使われている。　(2)　Aの「なむ」はあつらえの格助詞で活用語の未然形につく。アは係助詞、イは「死ぬ」(ナ変)の未然形＋意志の助動詞、ウは完了の助動詞「ぬ」の未然形＋推量の助動詞、エはあつらえの終助詞である。　(3)　①の「あからさまに」は、「あからさまなり」(形動・ナリ)の連用形で、ちょっとかりに、ほんのかりそめに、という意味であり、「まかでたるほど」は「まかづ」(自ダ下二)の連用形＋完了の助動詞「たり」の連体形＋「ほど」(名詞)で、ついちょっと実家に退出している間、と訳す。「二日ばかりありてしも」の「しも」は強意を表す副助詞で「二日ほど経ってなんとまあ」という意味、「雪は降るものか」は、雪が降るではないか、と訳す。文章の冒頭の「御前の庭」は、藤原道長の邸宅「土御門殿の庭」である。筆者は「この御前の有様、いかにをかしからむ」と心待ちにしていたのである。このことも解釈の中に含めておこう。⑤の「いかでかは」は疑問・反語を表す副詞。「いかでかは…む」は、係結びで反語を表す。(そんな人が)どうして私の心のうちを深くおしはかってくれようか、(いやくれはすまい)、と訳す。　(5)　②の「え…ず」は不可能を表す。「おとづれやる」は、手紙でたずねる、という意味である。文通もできない理由は、文中の「あはれなりし人の語らひしあたりも、われをいかとおもなく心浅きものと思ひおとすらむと、おしはかるに、それさへいと恥づかしくて」に示されている。「あはれなりし人」とは前文で「うち語らふ人、同じ心なるはあはれに書きかはし」とあった人を指し、かつて愛着を感じた人で、親しく語りあった友のことである。その

人(友)が、宮仕えに出た自分を、どんなに「面なく心浅きものと思ひおとすらむ」(あつかましく、あさはかなものと軽蔑しているだろう)と「おしはかるに」(私が推測すると)、「それさへいと恥づかしくて」の「それ」は「おしはかる」ことをさす。(6)③は「心にくし」(形・ク)の未然形で、奥ゆかしい、という意味である。「む」は、意志を表す助動詞、「ば」は接続助詞である。⑥の「あいなけれ」は「あいなし」(形・ク)の已然形で、つまらないという意味で、「心かめれ」は「べし」＋「めり」の形で「べかるめれ」の撥音便「べかんめり」の「ん」の無表記、「うたかはる」の「る」は自発の助動詞である。(7)④は「つい疑う気にもなるであろうから」という意味である。(8)イとウは、主格を表す。(9)(Ⅰ)の歌の上の句「浮き寝せし水の上のみ恋しくて」の「浮き」と「憂き」が掛詞になっている。「浮き寝」「水の上」と下の句の「鴨の上毛」は縁語である。(10)(Ⅱ)の歌意は「おしどりがお互いに上毛の霜を払いあうような友のいないこのごろの夜半のねざめには、いつも一緒にいらしたあなたのことが、恋しくてなりません」である。大納言の君の返歌である。(11)Dは人々(女房たち)の中宮彰子への尊敬表現である。(12)『紫式部日記』は一〇一〇年ごろの成立であり、『土佐日記』は九三五年、『蜻蛉日記』は九七四年ごろ、『更級日記』は一〇二〇年ごろ、『讃岐典侍日記』は一一〇九年ごろの成立である。

【二】(1)A　かつて　B　いえども　C　むしろ　(2)王公や地位の高い者であっても、荘子を仕えさせることはできなかったということ。(3)イ　(4)エ　(5)ウ　(6)ア　(7)私を汚さないでくれ。　(8)為相　(9)無為自然

〈解説〉(1)それぞれの意味は、Aは「以前」、Bは逆接の接続詞、Cは「どちらかといえば」である。(2)①の「不能器之」は「荘子を用立てて使うということはできなかった」という意味である。

（3）②「使《ム》二使《ヲシテ》厚《クシ》レ弊《ヲ》迎《ヘ》レ之《ヲ》許《スニ》以《テセ》レ為《スヲ》レ相《ト》」の書き下し文である。使役形であることに注意する。（4）「子」(シ)は第二人称の代名詞で、あなた、という意味で、ここでは楚の使者を指す。（5）④は「いけにえの牛」という意味である。犠牛のように何年も大切に育てられ、結局は祭りのいけにえになるときに、「孤豚たらんと欲すと雖も、豈には得べけんや」(いけにえになる牛がだれにもかまってもらえない豚だった方がよかったといっても、まにあうものではない)という荘子の考えから判断する。（6）「豈《ニ》可《ベケンヤ》レ得乎」の書き下し文である。反語形に注意すること。（7）「無《カレ》レ汚《ス》レ我《ヲ》」(我を汚す無かれ)の現代語訳である。（8）⑦の「有国者」とは国の権力者である王侯のこと。「羈」は、自由を奪われ束縛の身になること。つまり、王侯によって大臣の地位を与えられ自由を奪われること。「為相」がこれにあたる。（9）「荘子」は戦国時代の思想家。孟子と同時代に老子の「無為自然」の思想を受け継ぎ、孔子や孟子の儒家と対立した。「無為自然」は、儒家的な人為的道徳や礼儀を排撃して人為人知の行われない太古素朴な自由な時代を理想とする哲学であり、この文章の生き方にそれが表れている。

【三】ア 2　イ 伝統　ウ 文化　エ 古典に親しむ　オ 探究　カ 両方またはいずれか一方(どちらか一方)　キ まとまり　ク 近代　ケ 4　コ 読む能力　サ 人生を豊かにする　シ 価値　ス 両方　セ 変遷　ソ 日本漢文

〈解説〉「古典A」は、古典としての古文と漢文、古典に関連する文章を読むことによって、我が国の伝統と文化に対する理解を深め、生涯にわたって古典に親しむ態度を育成することをねらいとした選択科目である。また、古文と漢文の両方又はいずれか一方を取り上げることができるようにしている。教材は、特定の文章や作品、文種や形態などについて、まとまりのあるものを中心として適切に取り上げるようにし、古典に関連する近代以降の文章を含めることにしている。一方、「古典B」は、古典としての古文と漢文を読む能力を育成するとともに、ものの見方、感じ方、考え方を豊かにすることをねらいとした選択科目である。また、古文及び漢文の両方を取り上げるものとし、一方に偏らないようにしている。教材は、言語文化の変遷についての理解に資するものとを取り上げることとし、必要に応じて古典についての評論文などを用いることができるようにしている。

●書籍内容の訂正等について

弊社では教員採用試験対策シリーズ（参考書，過去問，全国まるごと過去問題集），公務員試験対策シリーズ，公立幼稚園・保育士試験対策シリーズ，会社別就職試験対策シリーズについて，正誤表をホームページ（https://www.kyodo-s.jp）に掲載いたします。内容に訂正等，疑問点がございましたら，まずホームページをご確認ください。もし，正誤表に掲載されていない訂正等，疑問点がございましたら，下記項目をご記入の上，以下の送付先までお送りいただくようお願いいたします。

① **書籍名，都道府県（学校）名，年度**
（例：教員採用試験過去問シリーズ　小学校教諭 過去問　2025 年度版）
② **ページ数**（書籍に記載されているページ数をご記入ください。）
③ **訂正等，疑問点**（内容は具体的にご記入ください。）
（例:問題文では“ア～オの中から選べ”とあるが,選択肢はエまでしかない）

〔ご注意〕
○ 電話での質問や相談等につきましては，受付けておりません。ご注意ください。
○ 正誤表の更新は適宜行います。
○ いただいた疑問点につきましては，当社編集制作部で検討の上，正誤表への反映を決定させていただきます（個別回答は，原則行いませんのであしからずご了承ください）。

●情報提供のお願い

協同教育研究会では，これから教員採用試験を受験される方々に，より正確な問題を，より多くご提供できるよう情報の収集を行っております。つきましては，教員採用試験に関する次の項目の情報を，以下の送付先までお送りいただけますと幸いでございます。お送りいただきました方には謝礼を差し上げます。
（情報量があまりに少ない場合は，謝礼をご用意できかねる場合があります）。

◆あなたの受験された面接試験，論作文試験の実施方法や質問内容
◆教員採用試験の受験体験記

送付先

○電子メール：edit@kyodo-s.jp
○FAX：03-3233-1233（協同出版株式会社　編集制作部 行）
○郵送：〒101-0054　東京都千代田区神田錦町2-5
協同出版株式会社　編集制作部 行

○HP：https://kyodo-s.jp/provision（右記のQRコードからもアクセスできます）

※謝礼をお送りする関係から，いずれの方法でお送りいただく際にも，「お名前」「ご住所」は，必ず明記いただきますよう，よろしくお願い申し上げます。

教員採用試験「過去問」シリーズ

京都市の

国語科 過去問

編　集　　©協同教育研究会
発　行　　令和6年2月25日
発行者　　小貫　輝雄
発行所　　協同出版株式会社
〒101-0054　東京都千代田区神田錦町2－5
電話　03－3295－1341
振替　東京00190－4－94061
印刷所　　協同出版・POD工場

落丁・乱丁はお取り替えいたします。

本書の全部または一部を無断で複写複製（コピー）することは，著作権法上での例外を除き，禁じられています。

2024 年夏に向けて
—教員を目指すあなたを全力サポート！—

●通信講座

詳細はこちら

志望自治体別の教材とプロによる
丁寧な添削指導で合格をサポート

●公開講座（＊1）

詳細はこちら

48 のオンデマンド講座のなかから、
不得意分野のみピンポイントで学習できる！
受講料は 6000 円～　＊一部対面講義もあり

●全国模試（＊1）

詳細はこちら

業界最多の **年5回** 実施！
定期的に学習到達度を測って
レベルアップを目指そう！

●自治体別対策模試（＊1）

詳細はこちら

的中問題がよく出る！
本試験の出題傾向・形式に合わせた
試験で実力を試そう！

上記の講座及び試験は，すべて右記のQRコードからお申し込みできます。また，講座及び試験の情報は，随時，更新していきます。

＊1・・・ 2024 年対策の公開講座、全国模試、自治体別対策模試の情報は、2023 年 9 月頃に公開予定です。

協同出版・協同教育研究会
https://kyodo-s.jp

お問い合わせは
通話料無料の
フリーダイヤル
0120（13）《いいみ》7300《なさんおうえん》
受付時間：平日（月～金）9 時～ 18 時　まで